商务礼仪与实训

主　编　张宏亮　陈　琳
副主编　张　策　李　勉　刘红一
　　　　王中州　张　钊

内 容 简 介

随着社会的发展，人们的商务活动越来越频繁，商务礼仪的未来发展趋势逐渐倾向国际化、实用化和灵活化。本书的写作，深入浅出、具体翔实地论述了商务人员在商务活动中应该遵循与注意的礼仪规范，具有很强的可操作性。本书按照标准商务流程来设计的，本书内容的广度、深度以及新鲜度都是领先的。本书首先从商务人士的形象塑造礼仪，介绍了商务人员的服饰礼仪、仪容礼仪和仪态礼仪。针对商务活动特点，又详细介绍了商务交际礼仪，商务接待、拜访礼仪，商务宴请礼仪，商务谈判礼仪，商务会务礼仪，商务仪式礼仪，商务旅行礼仪，商务通讯礼仪。本书最后还介绍了常见的涉外礼仪及世界各国的礼仪文化等内容，希望本书能对广大商务人士有所助益，促进商务活动的沟通和协调，塑造良好的企业形象。

本书适合作为高等院校通识课教材，也可供商务人士阅读。

图书在版编目(CIP)数据

商务礼仪与实训/张宏亮，陈琳主编. — 北京：北京大学出版社，2009.8
（21 世纪全国高等院校通识课规划教材）
ISBN 978-7-301-15296-6

Ⅰ. 商… Ⅱ. ①张…②陈… Ⅲ. 商务—礼仪 Ⅳ. F718

中国版本图书馆 CIP 数据核字（2009）第 091372 号

书　　　名	商务礼仪与实训
	SHANGWU LIYI YU SHIXUN
著作责任者	张宏亮　陈　琳　主编
策 划 编 辑	周　伟
责 任 编 辑	周　伟
标 准 书 号	ISBN 978-7-301-15296-6
出 版 发 行	北京大学出版社
地　　　址	北京市海淀区成府路 205 号　100871
网　　　址	http://www.pup.cn　新浪微博：@北京大学出版社
电 子 信 箱	zyjy@pup.cn
电　　　话	邮购部 010-62752015　发行部 010-62750672　编辑部 010-62754934
印 刷 者	天津和萱印刷有限公司
经 销 者	新华书店
	787 毫米×980 毫米　16 开本　15.75 印张　309 千字
	2009 年 8 月第 1 版　2023 年 7 月第 7 次印刷
定　　　价	39.00 元

未经许可，不得以任何方式复制或抄袭本书之部分或全部内容。
版权所有，侵权必究
举报电话：010-62752024　电子信箱：fd@pup.pku.edu.cn
图书如有印装质量问题，请与出版部联系，电话：010-62756370

前 言

中国自古就有"礼仪之邦"之称,在春秋战国时期就诞生了中国第一本关于记述礼仪的书籍。时光荏苒,数千年已逝,礼仪也随着社会的沧海桑田而日新月异。尤其是市场经济的发展,商务竞争的日益加剧,作为商务人员的软素质——商务礼仪规范也成为商务活动成功的"催化剂",受到了广大商务人员的极大重视。基于此,《商务礼仪与实训》的写作紧跟时代步伐,响应时代召唤,力求能够为商务人员软实力的提升有所裨益。

本书的特色有以下三个方面:

一、实训部分极为突出

本书的实训篇幅比重大,占整体内容的三分之一强,并坚持以"理论够用"为原则,更强调操作性和实用性,以项目为导向,体现完整的工作过程,实现"教学做一体"。本教材内容的选择是基于商务活动的工作过程和具体的工作任务,每一个能力模块为一章。

二、内容的编排新颖、丰富

本书的编写始终贯彻"以学生为本"的编写理念,在内容的编排和选取上做到"与时俱进",结合国内的新鲜案例,并参照国际上富有代表性的最新版的教材和体例,图、表、文并茂,清晰可观;内容十分丰富,有典型案例、复习思考题、技能实训、礼仪常用英语等,凸显本书的新颖性、趣味性、可读性。

三、职业针对性强

本书的组织编写正是在国家大力发展高职示范校的时代背景下,针对高职学生的特点,围绕职业教育的目标编写的。本书纠正并调整了很多只适于普通高等教育而不适用于高职教育的内容,体现高等职业院校的特点和特色,符合其实际的教学要求,不盲目追求教材的系统性和完整性。

本书适用于国际贸易、市场营销、电子商务、文秘管理等专业,还可以作为企业员工商务礼仪方面的培训用书和商务人员自学读物。它是各位老师辛勤耕耘、集体努力的结晶。

本书由天津职业大学的张宏亮负责组织编写并统稿审定,各章节编写的具体分工如下:张宏亮负责编写绪论、第一章、第二章、第三章;济南铁道职业技术学院的李勉负责编写第四章、第五章,山东济南大学管理学院的陈琳负责编写第六章、第七章;山东工业职业技术学院的张策负责编写第八章、第九章;天津职业大学的王中州负责编写第十章,辽宁经济职业学院的刘红一负责编写第十一章。在编写的过程中，还参考了大量的关于商务礼仪的著作，并请教了相关礼仪专家和行业内人士，在此一并谢过。另外，辽宁经济职业学院的张钊老师也参加了其中的编写工作，并为本书的编写提供了相关的资料。

在本书的撰写过程中，我们阅读了大量的图书杂志等文献资料，这些都以参考文献的形式列出，由于篇幅关系，本书只能在书尾注明，未在正文中一一注明出处。在此，谨向这些文献的作者和版权所有者表示深深的感谢！同时感谢北京大学出版社给本书的编写提供了一个非常好的平台，给予了大力的支持和帮助，深表谢意！

由于作者的水平有限，加之时间较紧，疏漏之处在所难免，敬请广大师生和读者指正，以期对本书的不断完善。

张宏亮

2009 年 4 月于天津

目 录

第一章 商务礼仪概述 1
  第一节 礼仪的含义及特点 1
  第二节 商务礼仪的含义及内容 4
  第三节 商务礼仪的作用和原则 5
  第四节 商务礼仪的学习方法 11
  复习思考题 12

第二章 商务人员形象礼仪 13
  第一节 商务人员服饰礼仪 13
  第二节 商务人员的仪容礼仪 31
  第三节 商务人员的仪态礼仪 35
  复习思考题 41
  项目实训 41

第三章 商务交际礼仪 46
  第一节 称呼礼仪 46
  第二节 介绍礼仪 49
  第三节 名片礼仪 53
  第四节 握手礼仪 56
  第五节 致意礼仪 58
  复习思考题 60
  项目实训 61

第四章 商务接待、拜访礼仪 63
  第一节 商务接待礼仪 63
  第二节 商务拜访礼仪 67
  第三节 商务馈赠礼仪 71

复习思考题 75
　　项目实训 76

第五章　商务宴请礼仪 79
　　第一节　宴请基本礼仪 79
　　第二节　中餐宴会礼仪 87
　　第三节　西餐宴会礼仪 90
　　第四节　其他的酬宾礼仪 97
　　复习思考题 100
　　项目实训 101

第六章　商务谈判礼仪 103
　　第一节　商务谈判礼仪的基本原则 103
　　第二节　商务谈判前的准备 107
　　第三节　商务谈判中的礼仪 113
　　复习思考题 121
　　项目实训 122

第七章　商务会务礼仪 125
　　第一节　洽谈会礼仪 125
　　第二节　商品展销会礼仪 129
　　第三节　新闻发布会礼仪 132
　　第四节　茶话会礼仪 137
　　复习思考题 144
　　项目实训 145

第八章　商务仪式礼仪 148
　　第一节　开业仪式礼仪 148
　　第二节　剪彩仪式礼仪 156
　　第三节　签字仪式礼仪 161
　　第四节　交接仪式礼仪 167
　　复习思考题 171
　　项目实训 172

第九章　商务旅行礼仪　　176

第一节　商务旅途中的基本礼仪　　176

第二节　商务出行礼仪　　181

第三节　宾馆礼仪　　186

复习思考题　　189

项目实训　　190

第十章　商务通讯礼仪　　193

第一节　接打电话礼仪　　193

第二节　收发电子邮件和传真礼仪　　198

第三节　常用商务文书礼仪　　200

复习思考题　　206

项目实训　　208

第十一章　涉外商务礼仪　　211

第一节　部分国家的商务礼仪　　211

第二节　出国访问礼仪　　218

第三节　接待外宾礼仪　　228

复习思考题　　234

项目实训　　235

附录　商务礼仪常用英语　　238

参考文献　　241

第一章 商务礼仪概述

> **学习目标**
>
> 通过本章的学习，了解商务礼仪的含义、基本内容和商务礼仪的重要作用，掌握商务礼仪的基本原则，掌握商务礼仪学习的基本方法和商务礼仪学习和运用中应该注意的问题。

第一节 礼仪的含义及特点

中华民族是人类文明的发祥地之一，文化传统源远流长。礼仪作为中华民族文化的基础，也有着悠久的历史。自古以来，中国都素有"礼仪之邦"之称。

一、礼仪的起源

礼仪究竟怎么起源的，自古以来，人们做过种种探讨，归纳起来有以下几种说法：一说是起源于鬼神崇拜，礼仪的本质是治人之道，是鬼神信仰的派生物。人们认为一切事物都有看不见的鬼神在操纵，履行礼仪即是向鬼神讨好求福，因此，礼仪起源于鬼神信仰，也是鬼神信仰的一种特殊体现形式。二说是起源于古代社会劳动人民之间的情感和信息交流。三说是起源于封建社会统治阶级对被统治阶级实行教化统治。

二、礼的内涵

"礼"，在世界其他的民族一般指礼貌、礼节，而在中国乃是一个独特的概念。我国古代"礼"的概念，包含着丰富的内容，大体可归结为三个层面：

一是指治理奴隶制、封建制国家的典章制度，在礼仪的建立与实施过程中，孕育出了中国的宗法制；

二是古代社会生活所形成的作为行为规范和交往仪式的礼制及待人接物之道；

三是对社会成员具有约束力的道德规范，就是礼教。

纵观我国礼仪内容和形式的演变与发展，可以看出"礼"和"德"不但是统治者权力的中心支柱，而且其在几千年的历史发展中形成了许多有广泛社会性与强大号召力的优良道德规范和人际交往的礼节仪式及生活准则，并且已成为中华民族共同的财富，对中华民族精神素质的修养起了极其重要的作用。

礼仪是指人们在社会交往中由于受历史传统、风俗习惯、宗教信仰、时代潮流等因素而形成，既为人们所认同，又为人们所遵守，是以建立和谐关系为目的的各种符合交往要求的行为准则和规范的总和。简言之，礼仪就是人们在社会交往活动中应共同遵守的行为规范和准则。

三、礼仪的特点

（一）普遍性

古今中外，从个人到国家，礼仪无时不在，无处不在。凡是有人类生活的地方，就存在着各种各样的礼仪规范。远古时候，人类为了求生存要祭神以求保护，这种礼仪形式至今在一些偏僻地区依然存在，如在春节时，家家户户要摆起烛台祭祖宗，祭天神、地神和灶神，以求来年风调雨顺，阖家幸福，这是人类一种美好愿望的寄托。尽管有封建迷信的色彩，但仍旧作为一种礼仪而存在。现代社交礼仪的内容已渗透到社会的方方面面，从政治、经济、文化领域，到人们的日常生活方面，礼仪活动普遍存在。如大到一个国家的国庆庆典，小到一个企业的开张志喜，再到人们日常生活中的接待、见面谈话、宴请等，均需要讲究礼仪规范，遵守一定的礼仪行为准则。

礼仪是人类在社会生活的基础上产生的行为规范，全体社会成员均离不开一定的礼仪规范的制约。在生活中，许多礼仪是不随人的意志为转移的，它的存在本身具有很强的普遍性，无时无刻不约束着人们的行为规范，反映着人们对真善美的追求愿望。如最简单的问候语"你好""再见"等，这几乎是全世界通用的一种问候礼节，具有绝对的普遍性。

（二）规范性

礼仪具有规范性，主要是指它对具体的交际行为具有规范性和制约性。这种规范性本身所反映的实质是一种被广泛认同的社会价值取向和对他人的态度。无论是具体言行还是具体的姿态，都可反映出行为主体的包括思想境界、道德修养等内在品质和外在的行为标准。礼仪是全社会的约定俗成，是全社会共同认可、普遍遵守的准则。礼仪代表一个国家、一个民族、一个地区的文化习俗特征。但我们也看到很多礼仪是全世界通用的，具有全人类的共同性。如问候、打招呼、礼貌用语、各种庆典仪式、签字仪式等。可以说共同的文化孕育了共同的礼仪。礼仪的普遍认同性表明社会中的规范和准则，必须得到全社会的认同，才能在全社会中通用。

（三）传承性

礼仪本身是个动态发展过程，是在风俗和传统变化中形成的行为规范，礼仪文化的发展是一个扬弃的过程，一个剔除糟粕、继承精华的过程，必将随着人类历史的不断进步而发展。礼仪一旦形成，就有一种相对独立性。那些反映劳动人民的精神风貌、代表劳动人民道德水平和气质修养的健康高尚的礼仪得到了肯定和发扬，而那些代表剥削阶级帝王将相封建迷信的繁文缛节得以根除。如古代的磕头跪拜风早已被现代的握手敬礼所替代，古代朝见天子的三跪九叩早已成为历史的一页。而那些"温良恭俭让""尊老爱幼"的行为规范则得到了弘扬。以往老人生日寿辰时，晚辈得行祝寿礼仪，置办寿辰酒宴以祝老人福寿无疆、万事如意，而如今的年轻人除了摆寿酒外，还在电视台点节目以祝老人生日快乐、寿长福远。这种变迁不仅反映了人类礼仪的一脉相承，也反映了礼仪在继承过程中得到了丰富发展，更突出了人类对那些代表礼仪本质东西的倾心向往。

（四）差异性

人说"十里不同风，百里不同俗"，不同的文化背景，产生不同的礼仪文化，不同的地域文化决定着礼仪的内容和形式。我国疆土辽阔，是一个多民族的大家庭，不同的民族，其风俗习惯、礼仪文化各有千秋。就说见面问候致意的形式就大不一样，有脱帽点头致意的，有拥抱的，有双手合十的，有手抚胸口的，有口碰脸颊的，更多的还是握手致意。这些礼仪形式的差异均是由不同地方的风俗文化决定的，具有约定俗成的影响力。

礼仪的差异性除了地域性的差异外，还表现在礼仪的等级差别上，对不同身份地位的对象施以不同的礼仪。同样是宴会就会因招待对象的身份地位高低的差别而有所不同，身份和地位高的，可能就会受到更高级的款待，身份低的相对就低一等。

（五）时代性

礼仪作为一种文化范畴，必然具有浓厚的时代特色。任何时代的礼仪由于其时代的特性和内容，往往就决定了它的表现。比如，礼仪本起源于原始的祭神，因而人类最初的礼仪是从祭神开始的，如古代把怀孕的妇女陶塑像作为生育女神来祭拜，这正是基于人类在蒙昧时期无法更好地保护自己而产生的强烈的对生殖崇拜的一种礼仪表现。

时代的特色对文化冲击的烙印是巨大的，可以说，每个时代的文化正是时代变迁的缩影，而礼仪文化也如此。例如，据1912年3月5日《时报》记载："清朝灭，总统成，皇帝灭……新礼服兴，翎顶补服灭，剪发兴，辫子灭，爱国帽兴，瓜皮帽灭，放足鞋兴，菱鞋灭，鞠躬礼兴，跪拜礼灭，卡片兴，大名刺灭……"。由此可见，礼仪文化总是一个时代的写照。而现在丰富多彩的服饰文化也正是现代人丰富的内心世界的反映，也是社会改革开放的投影。

总之，时代总在不断地前进。礼仪文化也不是一成不变的，而是随着社会的进步而不断发展。一方面，礼仪文化随时代的不断进步而时刻地发生着变化，如现代人所派发的礼仪贺卡、短信祝福、电视贺喜等礼仪形式就是时代进步而产生的新生事物；另一方面，随着国家对外交往的不断扩大，各国的政治、经济、思想、文化等诸种因素的互相渗透，我国的传统礼仪也融合了许多新鲜的内容。礼仪变革向符合国际惯例的方面发展，礼仪规范更加国际化。礼仪规范的这种发展性总是与时代精神密切地结合在一起，它的发展总是受时代发展变化的推动的，礼仪虽然有较强的相对独立性和稳定性，但它也毫不例外地随着时代的发展而发展变化。如现代经济的快节奏、高效率，使现代礼仪向简洁、务实的方向发展。总而言之，随着时代的不断进步，人类的礼仪规范必将更为文明、优雅、实用。

第二节　商务礼仪的含义及内容

一、商务礼仪的含义

商务礼仪是人们在日常商务交往活动中体现相互尊重的行为准则，它是一种商务交往艺术。我们可以用一种简单的方式来概括商务礼仪，它是商务活动中对人的仪容仪表和言谈举止的普遍要求。如何掌握基本的商务活动，使您适应商务场合的礼仪要求？如何熟悉与掌握礼仪规范，在商务"餐"中亮出您的风度和端庄？如何避免商务交流中可能遇到的尴尬问题，如着装不妥、用餐时手足无措？如何杜绝事情虽小，但会对个人以致企业的形象产生意想不到的不良影响？商务礼仪系统地介绍现代商务礼仪的特点、要点、规范，使您在商务场合中事事合乎礼仪，处处表现自如、得体，从而使商务交往活动顺利进行，事半功倍。商务礼仪是在商务活动中体现相互尊重的行为准则。商务礼仪的核心是一种行为的准则，用来约束我们日常商务活动的方方面面。商务礼仪的核心作用是为了体现人与人之间的相互尊重。这样我们学习商务礼仪就显得更为重要。

商务礼仪知识共享礼仪是人际交往的艺术，教养体现细节，细节展现素质，愿以下社交礼仪知识能帮助我们提高自身修养。

二、商务礼仪的基本内容

商务礼仪的基本内容包括以下几个方面：

（1）商务人员的形象塑造，包括商务人员服饰礼仪、商务人员仪表礼仪和商务人员仪态礼仪；

（2）商务日常见面礼仪，包括称呼礼仪、介绍礼仪、名片礼仪和握手礼仪；

（3）商务接待、拜访礼仪，包括商务接待礼仪、商务拜访礼仪和礼品馈赠礼仪；

第一章 商务礼仪概述

（4）商务宴请礼仪，包括宴请基本礼仪、中餐宴会礼仪、西餐宴会礼仪和其他的酬宾礼仪；

（5）商务谈判礼仪，包括商务谈判礼仪的基本原则、商务谈判前的准备和商务谈判中的礼仪；

（6）商务会务礼仪，包括商贸洽谈会礼仪、产品展销会礼仪、新闻发布会礼仪和茶话会礼仪；

（7）商务仪式礼仪，包括开业仪式礼仪、剪彩仪式礼仪、签字仪式礼仪和交接仪式礼仪；

（8）商务旅行礼仪，包括商务旅途中的基本礼仪、商务出行礼仪和宾馆礼仪；

（9）商务通讯礼仪，包括接打电话礼仪、收发传真、电子邮件礼仪和常用商务文书礼仪；

（10）涉外商务礼仪，包括部分国家的商务礼仪、出国访问礼仪、接待外宾礼仪。

第三节 商务礼仪的作用和原则

一、商务礼仪的作用

（一）塑造个人与企业的良好形象

我们在别人心目中的印象一般在15秒内形成。别人依据我们的衣着打扮、谈吐与行为来构成印象，然后推断我们的性格。要改变恶劣的初次印象并不容易，因此在职人士必须在客户面前建立一个良好的初次印象，才能使得合作顺利，良好的印象可以事半功倍，一个人讲究礼仪，就会在众人面前树立良好的个人形象。

一个组织的成员讲究礼仪，就会为自己的组织树立良好的形象，赢得公众的赞誉。现代市场竞争除了产品竞争外，更体现在形象竞争。良好的企业形象是企业的无形资产，无疑可以为企业带来直接的经济效益。一个拥有良好的信誉和形象的企业就容易获得社会各方的信任和支持，就可在激烈的市场竞争中处于不败之地。所以，商务人员时刻注重礼仪，既是个人和组织良好素质的体现，也是树立和巩固良好形象的需要。个人形象代表企业形象，个人的所作所为就是本企业典型的活体广告。

（二）规范我们日常的商务行为

礼仪最基本的功能就是规范各种行为。商务礼仪可强化企业的道德要求，树立企业遵纪守法、遵守社会公德的良好形象。我们知道，道德是精神的东西，只能通过人的言行举止,通过人们处理各种关系所遵循的原则与态度表现出来。商务礼仪使企业的规章制度、规范和道德具体化为一些固定的行为模式,从而对这些规范起到强化作用。企业的各项规章制度既体现了企业的道德观和管理风格,也体现了礼仪的要求。员工在企业制度范围内调整自己的行为,实际上就在固定的商务礼仪中自觉维护和塑造着企业的良好形象,能展示企业的文明程度、管理风格和道德水准。

（三）传递信息、展示价值

良好的礼仪可以更好地向对方展示自己的长处和优势,它往往决定了机会是否降临。如在公司,你的服饰得当与否可能就会影响到你的晋升或与同事的关系;带客户出去吃饭时你的举止得体与否也许就决定了交易的成功与否;又或者,在办公室不雅的言行或许就使你失去了一次参加老板家庭宴请的机会……这是因为礼仪是一种信息,通过这个媒介表达出尊敬、友善、真诚的感情。所以在商务活动中,恰当的礼仪可以获得对方的好感、信任,进而推动事业的发展。

案例（一）

小张今年23岁,××财经大学本科毕业。2008年9月的一个周五,加了一会儿班,小张离开办公室已是晚上7点多了。大厦电梯载着他开到11楼时,进来一位老人。小张不认识,但是老人却先开口说:"小伙子,你是哪个公司的?"小张没有搭话,还瞟了对方一眼,没开口。老人不悦地问:"你是哪个公司的?告诉我",小张才回答说:"期货公司的,有什么事情吗?"也就是这段对话,回到家后,小张接到经理的电话,才知道那位老人是他"领导的领导"。就这样,小张被下通牒:"你打个辞职报告,可以不来上班了。"小张的做法缺乏基本的礼仪修养,毁坏了个人形象,可见,礼仪无小事。

从某种意义上说,商业礼仪已经成为建立企业文化和现代企业制度的一个重要方面。现今全球经济一体化,商业社会竞争激烈,要比别人优胜,除了拥有卓越的能力外,还要掌握有效沟通及妥善的人际关系,而更重要的是拥有良好优雅的专业形象和卓越的商务礼仪。随着中国加入世贸,商机蓬勃,位处中国的商务人员若能掌握国际商务礼仪之知识,必能巩固国际商业关系。

二、商务礼仪的基本原则

（一）平等尊敬

不尊重别人的人,别人也不会尊重他。正所谓"己所不欲,勿施于人"。别抱怨别人

第一章 商务礼仪概述

不尊重你，要先问问自己是否尊重别人。所有的真爱基于一份尊重，没有任何一个人有资格否认另一个人，每个人都有存在的价值。虽然我们有时很难不用自己的价值观去判断别人，但是一颗尊重的心可以帮助我们不会错得太多。关爱是世界上最好的礼物，当你给人时，别人会用同样的方式来回敬你。在商务交往中我们要充分地考虑别人的兴趣和感情。人与人是平等的，尊重长辈、关心客户是一种至高无上的礼仪。当然，礼貌待人也是一种自重，不应以伪善取悦于人，更不可以富贵骄人。尊重他人的喜好、禁忌与当地的风俗和习惯。著名的社会哲学家弗洛姆说："尊重生命、尊重他人也尊重自己的生命，是生命进程中的伴随物，也是心理健康的一个条件。"

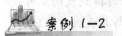 案例 1—2

> 某纽约商人看到一个衣衫褴褛的铅笔推销员，出于怜悯，他塞给那人一元钱，不一会，他返回来，从卖笔的那儿取出几支铅笔，并抱歉地解释自己忘取笔了，末了说："你跟我都是商人，你有东西要卖。"几个月后，再次相遇，那位铅笔推销员已成为推销商，并感谢这位纽约商人说："你重新给了我自尊，告诉了我，我是个商人。"

（二）真诚宽容

商务人员的礼仪主要是为了树立良好的个人形象和组织形象，商务活动并非仅仅是短期行为，人们越来越注重其长远利益，只有恪守真诚原则，放眼将来，通过长期潜移默化的影响，才能获得最终的利益。商务人员不应仅追求礼仪外在形式的完美，更应将其情感的真诚流露与表达作为根本。商务人员要宽容、心胸坦荡、豁达大度，就是要能设身处地为他人着想，谅解他人的过失，不计较个人的得失，有很强的容纳意识和自控能力。中国传统文化历来重视并提倡宽容的道德原则，并把宽以待人视为一种为人处世的基本美德。从事商务活动，也要求宽以待人，在人际纷争问题上保持豁达大度的品格或态度。在商务活动中，出于各自的立场和利益，难免出现冲突和误解。遵循宽容的原则，凡事想开一点，眼光看远一点，善解人意、体谅别人，才能正确地对待和处理好各种关系与纷争，争取到更长远的利益。

案例 1—3

> 有一个年轻人，好不容易获得一份销售工作，勤勤恳恳干了大半年，非但毫无起色，反而在几个大项目上接连失败。而他的同事个个都干出了成绩。他实在忍受不了这种痛苦。在总经理办公室，他惭愧地说可能自己不适合这份工作。

> "安心工作吧,我会给你足够的时间,直到你成功为止。到那时,你再要走我不留你。"老总的宽容让年轻人很感动。他想,总应该做出一两件像样的事来再走。于是,他在后来的工作中多了一些冷静和思考。过了一年,年轻人又走进了老总的办公室。不过,这一次他是轻松的,他已经连续七个月在公司销售排行榜中高居榜首,成了当之无愧的业务骨干。原来,这份工作是那么适合他!他想知道,当初,老总为什么会将一个败军之将继续留用呢?
>
> "因为,我比你更不甘心"老总的回答完全出乎年轻人的预料。老总解释道:"记得当初招聘时,公司收下100多份应聘材料,我面试了20多人,最后却只录用了你一个。如果接受你的辞职,我无疑是非常失败的。我深信,既然你能在应聘时得到我的认可,也一定有能力在工作中得到客户的认可,你缺少的只是机会和时间。与其说我对你仍有信心,倒不如说我对自己仍有信心。我相信我没有用错人。"

(三)把握尺度

应用礼仪时要注意把握分寸,认真得体。适度就是把握分寸。礼仪是一种程序规定,而程序自身就是一种"度"。礼仪无论是表示尊敬还是热情都有一个"度"的问题,没有"度",施礼就可能进入误区。人际交往中要注意各种不同情况下的社交距离,也就是要善于把握住沟通时的感情尺度。适度,不是中庸,而是一种明智的生活态度,自然与适度是唯美的人生境界。在人际交往中,沟通和理解是建立良好的人际关系的重要条件,但如果不善于把握沟通时的感情尺度,即人际交往缺乏适度的距离,结果会适得其反。如在异性间握手时,握的时间、力度都要适可而止。时间太短、用力太轻显得不热情,给人不尊重的感觉;但时间太长不肯放手就又是对人家的侵犯了,用力太重会把人家的手弄疼。与人交谈时,眼光要看着对方,但又不能盯着不放。不看着对方,给人以心不在焉的感觉,是不礼貌的;但如果盯着对方,又是不尊重人家了。所谓适度,就是要注意感情适度、谈吐适度、举止适度。只有这样才能真正赢得对方的尊重,达到沟通的目的。

(四)准时守信

遵守规定或约定的时间也是尊重别人的重要体现。谁对时间最吝啬,时间对谁越慷慨。要时间不辜负你,首先你要不辜负时间。放弃时间的人,时间也放弃他。歌德说:"今天所做之事勿候明天,自己所做之事勿候他人。"守时为立业一要素。为了深化"时间就是金钱"这个观念,科特迪瓦总统洛朗·巴博出资请当地的一家公关公司举办了一个名叫"守时之夜"的活动,奖励那些特别守时的商业人士和公务员。值得一提的是,只要你能证明自己是个最守时的人,就可以获得一幢价值6万美元的别墅。

第一章 商务礼仪概述

 案例1-4

上海市静安区业余大学引进国际教育管理中心（IEDMC），建立了语言文化中心，并运用享誉国际职场的Achievers教育系统，打造了职业拓展中心CDC。"面对800余名报名职前培训的应届大学生，提供免费培训的职业拓展中心（CDC）只留下了26人。2003年，CDC首次在上海大学挑选了30位应届大学生进行培训，结果有半数的学生最后进入了GM、GE、英特尔等世界500强企业。用培训方负责人Tony的话来说，"被淘汰的人往往不知道自己被取消资格的原因，这也正是CDC要教会他们的——在求职或者在职场的生存发展中，重要的是良好的职业习惯，而不是一味地迎合企业"。

200余名有机会参加CDC测试的学生中，又有25%的学生因为"不守时"，而丧失了参加最终培训的资格。"求职态度本来就是国际化大企业对员工的招聘底线，CDC的测试同样也是基于此，我们对来测试的学生们从上第一堂课就开始进行选拔，不守时的学员就已先丢失了继续培训的资格，因为他们的求职态度不对" Tony说，以GE为例，进公司的第一年，任何不遵守公司规范的员工都会被开除。

（五）恪守承诺

信守约定是指在一切正式的商务交往之中，都必须认真而严格地遵守自己的所有承诺，言出必行。许诺一定要兑现，如约会必须要如约而至。在商务交往中，要真正做到"一诺千金"，对一般人而言，尤须在下列三个方面身体力行，严格地要求自己：一是在人际交往中，许诺必须谨慎；二是对于自己已经做出的约定，务必要认真地加以遵守；三是万一由于难以抗拒的因素，致使自己单方面失约，或是有约难行，需要尽早向有关各方进行通报，如实地解释，并且还要郑重其事地向对方致以歉意，并且主动地负担按照规定和惯例因此给对方所造成的某些物质方面的损失。

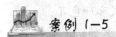 案例1-5

诚实守信的经商——顺德商人的共同名片

一家意大利企业在国内考察了几年后，最终还是确定了广东顺德开关厂有限公司作为他们在华南地区唯一的合作伙伴，并不断增资合作。公司董事长麦先生说，良好的信用是吸引外商的一个重要因素。

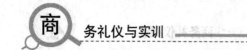

公司负责人麦先生说，有好几次，由于客户下的订单太急，而部分进口零部件未能及时到位，为了不误客户的正常运作，公司自己承担交通运输等方面的费用，由专门的技术人员赶到客户所在地，进行现场装配。十年前，他们较早地在业内提出了售后服务承诺，只要客户发现产品有问题并提出后，技术人员将在"24小时"内到场检查维修，现在"24小时"的承诺已缩短到了"6小时"。麦先生说，诚信不能仅靠自律，还要由法律来维护，在选择合作伙伴时，他们首要看重的也是对方的信誉度，不仅如此，他们还制定了严格的合同管理制度等，单是合同版本就换了好多个。前不久，他们公司被市工商局评为"连续十年重合同守信用企业"。

（六）入乡随俗

在商务交往中，要真正做到尊重交往对象，首先就必须尊重对方所独有的风俗习惯。因为世界上的各个国家、地区、民族，在其历史发展的具体进程中，形成各自的宗教、语言、文化、风俗和习惯，并且存在着不同程度的差异，我们必须了解"十里不同风，百里不同俗"的局面，融入其中，才不会给别人带来更多的麻烦。我们注意尊重其所特有的习俗，容易增进双方之间的理解和沟通，有助于更好地、恰如其分地表达我方的亲善友好之意，和别人打成一片。

 案例 1—6

中国企业投资非洲要入乡随俗

前往非洲淘金的中国投资者中，不乏因为各种不同原因导致生意失败的例子，而一个重要的原因，就是不能入乡随俗，其实非洲的很多生活习惯与咱们这里大不相同。

李波目前定居在津巴布韦，是津巴布韦-中国经济开发区的董事长。他1998年刚到津巴布韦时，做的是贸易。他运了一批包括毛巾和服装到非洲，结果发现东西不好卖，原因是非洲人用的毛巾的尺寸和中国人的都不一样，更别说服装的样式和颜色了。

津巴布韦-中国经济开发区的董事长李波说："中国的服装，男女服装的话，扣扣子是一个方向，那么他们服装的男女方向正好是相反的，男的服装是一个方向，女的服装是一个方向，这些都是小节问题，但小节问题往往决定一些商品的最终销售。"

第一章　商务礼仪概述

总之，掌握并遵行礼仪原则，在人际交往、商务活动中，就有可能成为待人诚恳、彬彬有礼之人，并受到别人的尊敬和尊重。

第四节　商务礼仪的学习方法

我国素以"礼仪之邦"著称，在社会交往过程中，我们也确实需要注意礼仪方面的问题，这是我们在交往中最基本应该做到的，礼仪修养已成为现代文明人必备的基本素质，成为人们社会交往、事业成功的一把金钥匙。那么如何来学习礼仪呢，这里面有一些基本的方法。

一、学习礼仪的方法

（一）可以在日常生活中多观察、多学习

"纸上得来终觉浅，绝知此事要躬行"。生活就是最好的老师，我们可以向生活中彬彬有礼的人学习、模仿。也可以观察有哪些行为举止是不符合礼仪规范的，要善于总结，这样就能在以后的社会生活中避免犯错误。看到生活中非常不礼貌的行为举止，我们要学会自我反省、自我批评，反观自己是否能够表现出礼貌的举止和行为。在生活中，我们可能由于不懂礼貌而四面碰壁，这也是以一种直接经验的方式对自我进行教育。

（二）利用多种学习资源

从课本上、课堂上学习一定的礼仪知识，在学习的过程要善于利用多种学习资源，如图书馆的图书资源、网络上的相关礼仪网站、广播电视中的相关教育，系统、全面地了解和学习商务礼仪知识。在学习礼仪的时候，应当将这种学习与其他的科学、文化知识的学习结合起来，这样能够更好地掌握和理解礼仪。

（三）商务礼仪的学习关键在于练习

商务礼仪的学习更重要的是能力的训练，而不是知识的学习。如果不将礼仪知识运用到商务实践中，单纯的知识学习是没有更多意义的。我们要善于在礼仪的实践中发现自己的缺点，找出不足，将学习、运用礼仪真正变为个人的自觉行为和习惯做法。通过学习、训练、实践、养成，做到学以致用，提高自己的素质和修养。

二、学习礼仪要注意的问题

在学习礼仪的过程中，我们要注意"过犹不及"的问题，要做到"恰如其分"，如以下几个方面的表现要尽量避免：

（1）在不需有太多礼仪的地方太注重礼节，让人觉得似乎在卖弄、炫耀。

（2）与人交往时，只注重礼节，而忽视相互间的情感交流，让人觉得你只是在做技术性操作，在玩弄技巧，而不是用心在交往。无论是私人交往，还是业务交往，礼仪都只能是使交往顺利的辅助手段，而不能完全替代交往本身。一个人的外在礼仪表现与自身的实际修养不相符，会让人觉得虚伪做作。

（3）喜欢用礼仪的尺度去衡量他人的行为。恰当的礼仪要求我们不能把礼仪当做资本在人前炫耀，更不能把礼仪当做评判他人行为的"尺度"，拿自己的礼仪知识对别人的行为吹毛求疵。

复习思考题

一、名词解释

商务礼仪

二、简答题

1．学习好商务礼仪有什么重要的作用？
2．商务礼仪的基本原则有哪些？
3．学好商务礼仪的方法有哪些？
4．学好商务礼仪应该注意的问题有哪些？
5．商务礼仪中讲究适度的原则，举两个商务礼仪中的例子来说明商务礼仪的适度原则。

第二章　商务人员形象礼仪

> **学习目标**
>
> 通过本章的学习,了解服装分类的基本常识,商务人员着装的基本原则,服装色彩的联觉效应,男、女职业装的穿着,饰品佩戴的基本原则,佩戴戒指、项链、耳环的注意事项。熟练运用坐姿、行姿、站姿的礼仪规范。

第一节　商务人员服饰礼仪

俗话说:"人靠衣服马靠鞍""人要衣装,佛要金装"。一个人衣衫褴褛或西装革履,其受到待遇肯定是不一样的,所以,穿着大方、得体会更受人尊重。在商务活动中商务人员穿着是否得体,往往显露出此人是否有气质修养,是否有审美情趣,它是一个人的身份地位、财富成功的重要信息载体。而且商务人员主要代表组织自身的形象,如果穿着不得体,就会破坏企业的形象。

一、商务人员着装的基本原则

国际通行的服饰穿着三原则 TPO,即着装要考虑到时间(Time)、地点(Place)、场合(Occasion)。

(一)要与时节相协调

时节,包括早中晚、春夏秋冬。穿衣服一定要考虑这些因素。有些地区早晚温差大,要考虑到衣服的增减。商务人员出差,南北地区的温差也要考虑在内。一年四季的变化也要遵循。春秋穿衣服要注意不要大幅增减衣服,否则容易感冒。夏天不能穿太多,要以轻柔、凉爽、简洁为主,不要色彩浓重。冬天应该注意衣服的保暖性和轻便性,否则行动不便,不符合审美原则,但也不能过于单薄。还要有时代感,符合时代着装的新潮流,虽然不能过分标新立异,但也不能落后于时代。

（二）要与环境相协调

工作时，商务人员就应该穿比较庄重的衣服。出席社交场合，一般都要西装革履，如果穿休闲装，就不大得体。如果外出旅游，就不要西装革履，要穿休闲装或旅游装。参加体育运动就应该换上体育装。喜庆的场合不能太古板，庄严的场合不能太随便，悲伤的场合不能太花哨。

（三）要与职业身份相协调

商务着装的本质要求和最重要的特点是要体现职业尊重，即重视以职业身份所出席的正式场合和在场的其他人士。便装追求的是闲适随意的感觉，时装强调的是个性和艺术性，而商务着装所体现的应是职业感、专业性以及发自内心地对他人的尊重。

（四）要与年龄和形体相协调

中山装穿在中老年人的身上，显得成熟、稳重，但是不适宜年轻的商务人员，因为显得老气横秋。超短裙、白长袜穿在少女的身上显得天真活泼，穿在女性商务人员的身上，就显得轻佻、不庄重。再说形体，偏胖和偏瘦的商务人员都不能穿过于紧身的衣服，否则将过胖和过瘦的形象暴露无遗。

西装起源于100多年前的欧洲，据说是由渔民发明的，它原来流行于西方国家，后来风靡世界。最原始的领带，来自古时候山林里的日耳曼人，是他们系在脖子上为使兽皮不致脱落的草绳。而真正使领带成为上流社会时尚的是法国国王路易十四。有一天，他看到一位大臣上朝时，在脖子上系了一条白绸巾，还在前面打了一个漂亮的结。路易十四很是赞赏，当即宣布领带为高贵的标志。

二、男士商务正装

（一）西装

西装是商务男士在正式场合着装的首选服饰。有道是"西装一半在做，一半在穿"，商务男士要想使自己所穿着的西装真正称心如意，彰显自己英武矫健、风度翩翩的魅力，必须首先在西装的选择上多下功夫：一般来说，要挑选一身有模有样、适用于商务交往之中穿着的西装，大致需要关注西装七个方面的细节，即面料、色彩、图案、款式、造型、尺寸、做工等（参见图2-1）。

第二章　商务人员形象礼仪

图 2-1　男士商务西装

1. 面料应力求高档，使西装穿着起来显得轻、薄、软、挺

轻，指的是西装不重、不笨，穿在身上轻飘犹如丝绸。薄，指的是西装的面料单薄，而不过分得厚实。软，指的是西装穿起来柔软舒适，坚固合身，又不会给人以束缚挤压之感。挺，指的是西装外表挺括雅观，不发皱，不松垮，不起泡。一般情况下，毛料应为西装首选的面料，具体而言，纯毛、纯羊绒的面料以及高比例含毛的毛涤混纺面料，皆可用作西装面料。

2. 色彩必须庄重、正统，不可过于轻浮和随便

在商务交往中商务男士所穿的西装首选藏蓝色，还可选择灰色或棕色的西装。黑色的西装亦可予以考虑，不过它更适于庄严而肃穆的礼仪活动之中。在正式场合不宜穿色彩过于鲜艳或发光发亮的西装，朦胧色、过渡色的西装通常也不宜选择。越是正规的场合，越讲究穿单色的西装。由于中国人脸色偏黄，在选择颜色时应少选黄色、绿色、紫色，宜选深蓝色、深灰暖性色、中性色等色系。脸色较暗的男士，可选择浅色系和中性色的西装。

3. 商界务士的西装一般以无图案为好

上乘西装的特征之一便是没有任何图案。唯一的例外是商务男士可选择以"牙签呢"缝制的竖条纹的西装。竖条纹的西装，以条纹细密者为佳，以条纹粗阔者为劣。在着装异常考究的欧洲国家，商务男士最体面的西装往往就是深灰色的、条纹细密的竖条纹西装。

不要选择绘有花、鸟、虫、鱼、人等图案的西装，更不要自行在西装上绘制或刺绣图案、标志、字母、符号等。用格子呢缝制的西装，一般是难登大雅之堂的，只有在非正式场合里商务男士才可穿它。

4. 关注西装的款式

当前，区别西装的具体款式，主要有两种最常见的方法。

第一种方法是按西装的件数来划分，西装有单件与套装之分。商务男士在正式的商务交往中所穿的西装必须是西装套装，在参与高层次的商务活动时，尤以穿三件套的西装套装为佳。

单件西装，即一件与裤子不配套的西装上衣，仅适用于非正式场合。

西装套装，又称商务西装套装，指的是上衣与裤子成套，其面料、色彩、款式一致，风格上相互呼应的多件西装。通常，西装套装又有两件套与三件套之分。两件套包括一衣和一裤，三件套则包括一衣、一裤和一件背心。按照人们的传统看法，三件套西装比两件套西装显得更正规一些。

第二种方法是按西装上衣的纽扣数量来划分，西装上衣有单排扣与双排扣之别。单排扣的西装上衣比较传统，而双排扣的西装上衣则较时尚。

单排扣的西装上衣，最常见的有一粒纽扣、两粒纽扣、三粒纽扣三种。一粒纽扣、三粒纽扣等两种单排扣西装上衣穿起来较时髦，而两粒纽扣的单排扣西装上衣则显得更为正规一些。

双排扣的西装上衣，最常见的有两粒纽扣、四粒纽扣、六粒纽扣等三种。两粒纽扣、四粒纽扣等两种款式的双排扣西装上衣属于流行的款式，而四粒纽扣的双排扣西装上衣则明显地具有传统风格。

现代男士西装基本上是沿袭欧洲男士服装的传统习惯而形成的，其装扮行为具有一定的礼仪意义。如双排扣西装给人以庄重、正式之感，多在正式场合穿着，适合于正式的仪式、会议等；单排扣西装穿着场所普遍，宜作为工作中的职业西装或生活中的休闲西装。穿两粒纽扣西装扣第一粒纽扣表示郑重，不扣扣子则表示气氛随意；三粒纽扣西装扣上中间一粒纽扣或上面两粒纽扣为郑重，不扣表示融洽；一粒纽扣西装以系纽扣和不系纽扣区别郑重和非郑重。此外，两个纽扣以上的西装形式，忌讳系上全部的扣子。

5. 选择合适的西装造型

比较而言，英式西装与日式西装更适合中国人穿着。

西装的造型又称西装的版型，指的是西装的外观形状。目前，世界上的西装主要有欧式、英式、美式、日式等四种主要的造型。

第二章 商务人员形象礼仪

英式西装剪裁得体,主要特征是:不刻意强调肩宽,而讲究穿在身上自然、贴身。多为单排扣式,衣领是"V"形,并且较窄。腰部略收,垫肩较薄,后摆两侧开衩。

日式西装贴身凝重,主要特征是:上衣的外观呈现为"H"形,即不过分强调肩部与腰部。垫肩不高,领子较短、较窄,不过分地收腰,后摆也不开衩,多为单排扣式。

6. 要注意大小合身,宽松适度

一套西装,无论其品牌的名气有多大,只要它的尺寸不适合自己,就坚决不要穿它。在商务活动中,一位男士所穿的西装不管是过大还是过小、过肥还是过瘦,都肯定会损害其个人形象。西装要真正合身,必须注意三条:一是了解标准尺寸;二是最好量体裁衣;三是认真进行试穿。

7. 要检查西装做工的精良与否

验证西装做工好坏需要从以下六个方面着手:衬里是否外露;衣袋是否对称;纽扣是否缝牢;表面是否起泡;针脚是否均匀;外观是否平整。

在选择西装时,除上述六个方面的主要细节必须加以关注外,还要了解西装有正装西装与休闲西装的区别。一般来说,正装西装适合在正式场合穿着,其面料多为毛料,色彩多为深色,款式则讲究庄重、保守,且基本上是套装。休闲西装大都适合在非正式场合穿着。它的面料可以是棉、麻、丝、皮,也可以是化纤、塑料。色彩多半都是鲜艳、亮丽的,且多为浅色。款式则强调宽松、舒适、自然,有时甚至以标新立异见长。通常,休闲西装基本上都是单件的。

(二)衬衫

穿西装应配正装衬衫。选择正装衬衫,应从以下几个方面入手:

1. 面料方面

正装衬衫主要以精纺的纯棉、纯毛制品为主。以棉、毛为主要成分的混纺衬衫可酌情选择。不宜选择以条绒布、水洗布、化纤布制作的衬衫。不宜选择真丝、纯麻做成的衬衫。

2. 色彩方面

正装衬衫必须为单一色彩。在正规的商务应酬中,白色衬衫是商务男士的唯一选择。除此之外,蓝色、灰色、绿色、黑色有时亦可加以考虑。杂色衬衫,或红色、粉色、紫色、绿色、黄色、橙色等穿起来有失庄重之感的衬衫不可取。

3. 图案方面

正装衬衫以无任何图案为佳。在一般性的商务活动中可以穿着较细的竖条衬衫,但必须禁止同时穿着竖条纹的西装。印花衬衫、格子衬衫以及带着人物、动物、植物、文字、建筑物等图案的衬衫均非正装衬衫。

4. 衬衫的衣领

正装衬衫的领型多为方领、短领和长领。选择衬衫衣领时，应与个人的脸形、脖子及将打的领带结的大小结合，不能使它们相互之间反差太大。有时可选用扣领的衬衫。立领、翼领和异色领的衬衫不适合于同正装西装相配。

5. 衬衫的衣袖

正装衬衫必须为长袖衬衫。正确使用单层袖口和双层袖口。双层袖口的衬衫又称法国式衬衫，主要作用是佩戴装饰性袖扣（又叫链扣、袖链），可为自己平添高贵而优雅的风度，在国外是商务男士在正式场合所佩戴的重要饰物。但若将其别在单层袖口的衬衫上，就不伦不类了。

6. 衬衫的衣袋

正装衬衫以无胸袋为佳，如穿着有胸袋的衬衫要尽量少往胸袋内放东西。

（三）领带

1. 领带的款式、面料、图案的选择

领带的长度以系好后大箭头垂到皮带扣处为准。领带的最佳面料是丝绸，因为其颜色光亮而不耀眼，使用这种领带几乎不受时、地、人的限制。轻柔精美的软绸领带，有常规或普通织法的纯色领带，这类领带发亮但不闪光，可以"百搭"。有些领带面料在领带中永远不该使用：一种是醋酸纤维，千万不要买这种领带；另一种是人造丝，戴过几次后，领带易变形。

领带的图案大致分为以下三种：

（1）斜纹。

这是传统的领带图案，严肃端庄，常用于正规场合。斜纹领带的搭配除享受不同颜色组合的乐趣之外，它还能营造不少冷静及专业的商务形象，相当适合运用它来出席重要会议或面试这一类场合。

（2）空间图案类。

空间图案类具有弥漫性花型，花型四周留有等距空白，宛如天空点缀的群星深远而旷达，最适合郊游或访友。

（3）素料类。

其特点为素料无花，只露面料本色，若与蓝色、绿色的单色西装配套，令人有庄重威严感，适于西装式制服的配饰。

2. 领带的系法

领带最常见的方法有双结温莎式系法、法式系法、英式系法和单结温莎式系法。

(1) 双结温莎式系法。

领带绕在颈部,宽端长于窄端;宽端从颈圈下部向上穿过;宽端再从窄端下方穿过另一边;再将宽端从颈圈上部向下穿过;拉紧成形的结;将宽端从窄端上方置于另一边;再将宽端从颈圈下方往上穿出;宽端一端从打结处穿过;拉紧、拉直(参见图2-2)。

图2-2 双结温莎式系法

这是最庄重的系法,看上去显得更大气、更沉稳。适合肩膀宽阔、身材魁梧的男士出席商务会议、谈判等场合时用。

(2) 法式系法。

领带绕在颈部,宽端长于窄端;宽端从上往下绕过窄端,从颈圈上方穿过;宽端再绕一圈,从颈圈下方往上穿出;从结节处穿过,使宽端盖住窄端;拉紧、拉直(参见图2-3)。

图2-3 法式系法

这是最浪漫的系法,由宽端的 3 次缠绕系结而成,手法简单明快,通常会使领带的宽端余长,显得风度潇洒;系好的领结松弛有度,服帖。此种系法非常适合气氛轻松的场合与半休闲式服装搭配时用。

（3）英式系法。

领带绕在颈部,宽端长于窄端。打半个普通的结,使两端交叉,宽端在上;拉住窄端,将宽端沿窄端绕过一圈至前方;将宽端从后往前穿过颈圈;再将宽端前端穿过打结处;拉紧、拉直（参见图 2-4）。

这是最严谨的系法,宽端与窄端的留长需特别用心掌握,手法略繁复,但系好后的领结紧致而有弹性,是具有传统色彩的领带系法。此种系法适合比较正统的社交场合与正统的礼服搭配时用。

（4）单结温莎式系法。

领带绕在颈部,宽端长于窄端;拉住窄端,将宽端沿窄端绕到另一边;将宽端从颈圈上部向下穿过;拉紧,成结;继续将宽端沿打结处绕到另一边,从颈圈下方向上穿过;将宽端从正面穿过打结处;拉紧、拉直（参见图 2-5）。

图 2-4　英式系法　　　　　　　　图 2-5　单结温莎式系法

这是最普遍的系法,看似步骤很多,做起来却并不难,非常适合初学者与不常打领带者。

（四）配件——皮鞋、公文包与手表

1. 皮鞋

搭配造型简单规整、鞋面光滑亮泽的式样。如果是深蓝色或黑色的西装,可以配黑色皮鞋;如果是咖啡色系的西装,可以穿棕色皮鞋。压花、拼色、蛇皮、鳄鱼皮和异形皮鞋不适于搭配正式西装。

2. 公文包

一般商务男士在选择公文包的时候，公文包的式样、大小应该和自己整体的着装保持一致。一般男士的一些物品，像手机、笔记本、笔可以放在公文夹当中。不要追逐潮流。高品质的公文包应该是经久耐用的，远非任何潮流所能取代。坚持选择最基本的颜色和款式。包身柔软，有肩带的送信包式公文包使用得越来越普遍。它便于携带，装拿东西也更方便。虽然背起来可能会弄皱西装，但它仍不失为上班或在较随便的工作环境中工作时的首选。

对于要求学者派头或从事律师方面工作的年长者，稍显陈旧的公文包会赋予你一种威严的气度；但是拿在年轻人手中就会显得过于邋遢随便。刚刚工作的年轻人应该买一个新的公文包，让它随着经年的辛勤工作同你一起变得越来越老道。在颜色上永远不要求新：黑色和棕色是公文包的永恒颜色，而且与任何东西都很相配。

随着办公配件的不断增多，选择公文包时我们也要考虑到多种因素。有的公文包也许需要与笔记本电脑相匹配。有的公文包内部需要配有可以拆分的笔记本电脑包。

3. 手表

（1）造型。

手表的造型往往与其身价、档次有关。在正式场合所戴的手表，在造型方面应当庄重、保守，避免怪异、新潮。一般而言，正圆形、椭圆形、正方形、长方形以及菱形手表，因其造型庄重、保守，适用范围极广，特别适合在正式场合佩戴。近年来手表日趋变薄，但千万不要越戴越小。

（2）色彩。

选择在正式场合所戴的手表，其色彩应力戒繁杂凌乱，一般宜选择单色手表、双色手表，不应选择三色或三种颜色以上的手表。不论是单色手表还是双色手表，其色彩都要清晰、高贵、典雅。金色表、银色表、黑色表，即表盘、表壳、表带均有金色、银色、黑色的手表是最理想的选择。佩戴金色表壳、表带、乳白色表盘的手表，也能经得住时间的考验，在任何年代佩戴都不会落伍。

（3）图案。

除数字、商标、厂名、品牌外，手表上没有必要出现其他没有任何作用的图案。选择使用于正式场合的手表，尤其需要牢记此点。倘若手表上的图案稀奇古怪、多种多样，不仅不利于使用，反而有可能招人笑话。

（4）功能。

计时是手表最主要的功能。因此，正式场合所用的手表，不管是指针式、跳字式还是报时式，都应具有这一功能，并且应当精确到时、分，能精确到秒则更好。只精确到时的手表，显然不符合要求。有些附加的功能，如温度、湿度、风速、方向、血压、步速等均可有可无，而且以无为好。总之，手表的功能要少而精，并要有实用价值。

（五）男士商务着装搭配

在正式的商务场合，男士的着装应该穿西装、打领带，衬衫的搭配要适宜。一般的情况下，杜绝在正式的商务场合穿夹克衫，或者是穿着西装，却和高领衫、T恤衫或毛衣进行搭配，这都不是十分稳妥的做法。

1. 正装衬衫与西装搭配的技巧

穿西装的时候，衬衫的所有纽扣，不管是衣扣、领扣还是袖扣，都要一一系好。穿西装时，衬衫的袖长长短要适度。最美观的做法是令衬衫的袖口恰好露出来 1.5 厘米左右。穿长袖衬衫时，不论是否穿外衣，都必须将其下摆均匀而认真地掖进裤腰之内，不能让它在与裤腰的交界处皱皱巴巴，或上下错位、左右扭曲，特别不能使之部分或全部露在裤腰之外"自由活动"、"外逃"。正装衬衫的大小要合身，尤其衣领、胸围要松紧适度，下摆不宜过短。商务男士在自己的办公室里可以暂脱下西装上衣，直接穿着长袖衬衫、打着领带，但不能以此形象外出办事，否则就会有失体统。

2. 领带巧搭配

一套西装加衬衫及领带是商务人员最稳健的装扮。遗憾的是很多男士搭配起来很沉闷，衣柜中多是净色的衬衫，领带也多是灰色、白色、蓝色。对于领带与衬衫的搭配均有着不同的美学观。

（1）优雅型。

细纹布料的衬衫，浅色的色系，配上相近色系的领带，感觉柔滑、挺身、细腻。此类打扮在任何场合都可以大派用场，给人焕然一新的感觉，要打破闷局其实不需要夸张的打扮。

（2）讲究型。

对于衣着十分有要求的男士，衬衫与领带的搭配要求变化更大。深色的衬衫加明黄色的领带可以有画龙点睛之效。

（3）贵族型。

贵族型无论是西装、衬衫、领带永远都是一丝不苟。此类打扮也十分适合有朝气的上班一族。基本上同色系的搭配一定好看。

（4）时尚型。

深浅相间的条子衬衫加斜纹领带是比较大胆的搭配，适合懂得在工作的同时享受自由的男士。此类的搭配令人精神一振。

(5) 古典型。

此类的搭配总能有意无意地流露出男士的成熟和稳重，略带花哨的领带搭配上去便能从小处见心思。

(6) 经典型。

永恒的时尚搭配是白色或浅蓝色衬衫配单色或有明亮图案的领带。这是永不过时的搭配，而且适合任何场合。

三、女士商务正装

(一) 套装

1. 套装的选择

女士的商务着装可以不像男士那样受颜色的限制，但款式还是要选择简洁、大方的。在比较庄重的正式商务场合中，建议女士穿着深色的西装套装。西装式套装一般为两件式，西装短外套，搭配直线条、长度在膝盖左右的同色西装裙或贴身西装长裤。无论什么季节，正式的商务套装都必须是长袖的。外套里面可以选择翻领衬衫，也可以选择无领的衬衫，但这件衬衫的色彩不能太抢眼，冷色系的条纹衬衫或是素色衬衫是最佳选择。另一种女士套装是无袖连衣裙加外套。这样的两件式套装能够凸显职业女性的端庄、大方，符合商务场合的着装要求。如果下班后要去参加社交活动，女士可以把外套脱下来，配上相应的配饰，以这样的姿态出现在聚会中可以恰当地展示女士的时尚魅力。

2. 套裙的选择

女性的套裙大多由一件女士西装上衣和一条半截裙构成。选择套裙要注意在面料、色彩、图案、点缀、尺寸、造型和款式等方面。一般来说，套裙所选用的面料讲究匀称、平整、柔软、悬垂、挺括等。不仅手感和弹性要好，而且应当不起皱、不起毛、不起球。在色彩方面，应以冷色调为主，总体色彩至多不要超过两种。套裙的图案和点缀也不宜多、不宜繁。穿套裙时，一要大小适度。套裙中的上衣最短可以齐腰，而其裙长应不短于膝盖以上15厘米。二要穿着到位。在正式场合穿套裙时，一定要把上衣的衣扣全部系上。

套裙穿着要得法。也就是说，在穿着套裙时，套裙的具体穿着与搭配的方法多有讲究。在穿着套裙时，需要注意的主要问题大致有以下五点：

(1) 套裙应当大小适度。

通常，套裙之中的上衣最短可以齐腰，而其中的裙子最长则可以达到小腿的中部。但是，在一般情况下，上衣不可以再短，裙子也不可以再长。否则，便会给人以勉强或者散漫的感觉。特别应当注意，上衣的袖长以恰恰盖住着装者的手腕为好。衣袖如果过长，甚至在垂手而立时挡住着装者的大半个手掌，往往会使其看上去矮小而无神；衣袖如果过短，动不动就使着装者"捉襟见肘"甚至将其手腕完全暴露，则会显得滑稽而随便。还应注意，上衣或裙子均不可过于肥大或包身。如果说过于肥大的套裙易于使着装者显得萎靡不振的话，那么过于包身的套裙则往往会令着装者"引火烧身"，惹来麻烦。

(2) 套裙应当穿着到位。

在穿套裙时，必须依照其常规的穿着方法将其认真穿好，令其处处到位。尤其要注意：上衣的领子要完全翻好，衣袋的盖子要拉出来盖住衣袋；不允许将上衣披在身上，或者搭在身上；裙子要穿得端端正正，上下对齐之处务必好好对齐。

特别需要指出的是，女性商务人员在正式场合露面之前，一定要抽出一点时间仔细地检查一下自己所穿的衣裙的纽扣是否系好、拉锁是否拉好。在大庭广众之下，如果上衣的衣扣系得有所遗漏，或者裙子的拉锁忘记拉上、稍稍滑开一些，都会令着装者一时无地自容。

按照规矩，女性商务人员在正式场合穿套裙时，上衣的衣扣必须一律全部系上。不允许将其部分或全部解开，更不允许当着别人的面随便将上衣脱下来。这种做法会给人以大而划之、不拘小节之感。

(3) 穿着套裙应当考虑场合。

女性商务人员在各种正式的商务交往之中一般以穿着套裙为好。在出席宴会、舞会、音乐会时，可酌情选择与此类场面相协调的礼服或时装。此时依旧穿套裙则会使自己与现场"格格不入"，并且还有可能影响到其他人的情绪。

(4) 套裙应当协调妆饰。

高层次的穿着打扮，讲究的是着装、化妆与佩饰风格统一，相辅相成。因此，在穿着套裙时，女性商务人员必须具有全局意识，将其与化妆、佩饰一道通盘加以考虑。就佩饰而言，女性商务人员在穿套裙时的主要要求是以少为宜、合乎身份。

(5) 套裙应当兼顾举止。

虽说套裙最能够体现女性的柔美曲线，但着装者举止不雅，在穿套裙时对个人的仪态毫无要求，甚至听任自己肆意而为，则依然不会将套裙自身的美感表现出来。穿上套裙之后，女性商务人员站要站得又稳又正，不可以双腿叉开，站得东倒西歪，或是随时倚墙靠壁而立。由于裙摆所限，穿套装者走路时不能够大步流星地奔向前去，而只宜以小碎步疾行。行进之中，步子以轻、稳为佳，需要去取某物时，若其与自己相距较远，可请他人相助，千万不要逞强，尤其是不要踮起脚尖、伸直胳膊费力地去够，或是俯身、探头去拿，以免使套裙因此而轰然开裂。

(二)洋装和晚礼服

不论是工作职场或是出外宴会,洋装都是得体的装扮。洋装外再罩件小外套,晚上的宴会就轻松自如了。而且洋装又是最好的修饰身型的服装,只要不是太过于肥胖的人,穿着感都不差。如果是社交上的化装舞会,应该穿一件短的洋装或质料考究的晚礼服(丝质、绉绸或锦缎),或是可以穿着一件丝质洋装,外加一件质料考究的大衣。如果是一个"晚餐舞会",最好穿长的洋装。

传统晚礼服款式强调女性窈窕的腰肢,夸张臀部以下裙子的重量感,肩、胸、臂充分展露,为华丽的首饰留下表现空间。如低领口设计,以装饰感强的设计来突出高贵优雅,有重点地采用镶嵌、刺绣,领部细褶,华丽花边、蝴蝶结、玫瑰花,给人以古典、正统的服饰印象。

传统晚礼服面料以夜晚交际为目的,为迎合夜晚奢华、热烈的气氛,选材多是丝光面料、闪光缎等一些华丽、高贵的材料。

身材娇小玲珑者适合中高腰、纱面、腰部打折的礼服,以修饰身材比例。应尽量避免下身裙摆过于蓬松,肩袖设计也应避免过于夸张;上身可以多些变化,腰线建议用"V"字微低腰设计,以增加修长感。

身材修长者,任何款式的礼服皆可尝试,尤其以包身下摆呈鱼尾状的婚纱更能展现身姿。

身材丰腴者适合直线条的裁剪,穿起来显得较苗条。花边花朵宜选用较薄的平面蕾丝,不可选高领款式;腰部、裙摆的设计上应尽量避免繁复。

(三)配件——鞋、皮包

1. 鞋的选择

鞋可以选择中高跟的,船鞋①最适合搭配女士的职业套装。露出脚趾和脚后跟的凉鞋并不适合商务场合。没有后帮的鞋子也只能在非商务场合穿着。任何有亮片或水晶装饰的鞋子都不适合于商务场合,这类鞋子只适合正式或半正式的社交场合。粗跟鞋鞋跟的质感较硬,比较适合干练的职场女性,在做整体造型时,最好选择较为硬挺的服装面料,这样上下搭配才会比较协调。夏天,后帮为带状的露跟鞋子很受职业女性的欢迎。但对职员服装要求比较严格的企业并不把这种款式的鞋子列入企业的着装要求中。冬天,很多女士喜欢穿长筒的皮靴。在商务场合尤其是参加正式的商务活动时,应该避免穿着靴子。鞋子的颜色最好与手提包一致,并且要与衣服的颜色相协调。

---

① 船鞋是一种女士高跟鞋,没有鞋带,不露脚趾,近4/5露脚面,因形状像一条船,所以叫"船鞋"。

2. 包的选择

(1) 双带包。

既有背带又有拎柄的包叫做双带包,对于女性商务人员来说,中型双带包既有充足的容纳空间,又不至于庞大到与风格不搭。而需要携带大量的文件和个人物品时,大型硬式双带包则更为实用。当遭遇短暂而紧急的商务旅行时,大型双带包甚至能被当做旅行袋救急。

(2) 公文包。

新型公文包早已不再是外形方正、外表朴素的传统印象了,只要能在挺括的包袋中放得下A4纸大小的各类文件,乃至12寸的手提电脑或上网本就可以。内袋放零散小物件不会积压变形。包身看上去比较柔软,但骨架十足,放再多的东西也不会软塌。

(四) 女士商务着装搭配

1. 根据职业选择着装风格

得体的职业着装是工作中不可忽视的重要环节,但要表现出"专业"的风貌,职业装还分很多种类型。

(1) 庄重大方型。

庄重大方型适合从事教育、文化、咨询、信息和医疗卫生等工作的职业女性。衬衫的款式以简单为宜,与套装配衬,可以选择白色、淡粉色、格子线条等变化款的衬衫。着装整体色彩上,可以考虑灰色、深蓝、黑色、米色等较沉稳的色系,给人留下干练、有朝气、充满亲和力与感染力的印象。此外,也可选择白色。考虑到职业女性一天近8小时面对公众,必须始终保持衣服形态整洁的缘故,因而,应当尽量选用那些经过处理不易起皱的丝、棉、麻等面料。

(2) 成熟含蓄型。

成熟含蓄型适合从事保险、证券、企业主管、公共事业等工作的职业女性。许多职业女性着装的原则是专业形象第一,女性气质其次,在专业及女性两种角色里取得平衡。西装和西裤的搭配,使职业女性显得成熟稳重、干练潇洒。连衣裙适合身材窈窕的女性。常见的连衣裙款式类似套裙,长度或长或短,没有太多的限制。神秘的黑色适合成熟含蓄的女性,可以出现的场合比较多。优雅利落的套装给人以井然有序的印象。至于颜色,当然还是以白色、黑色、褐色、海蓝色、灰色等基本色系为主。若嫌色彩过于单调,不妨扎条短丝巾,或在套装内穿件亮眼质轻的上衣。

(3) 素雅端庄型。

素雅端庄型适合从事商业、贸易、医药等工作的职业女性。职业女性的穿着除了因地制宜、符合身份并且清洁、舒适外,还须以不影响工作效率为原则,才能适当地展现女性

第二章　商务人员形象礼仪

的气质与风度。如女性的衣着若太暴露，容易使男同事感到别扭，自己则要时常瞻前顾后，如此会影响自己的工作效率。因此，职业女性的上班服应注重配合流行但不损及专业形象，原则是"在流行中略带保守"，是保守中的流行。太薄或太轻的衣料会有不踏实、不庄重之感。衣服款式宜素雅，花色衣服则应挑选规则的图案或花纹。

2. 搭配原则

（1）避免穿着太紧的衣服，避免选择太亮、太薄、太露或透明的衣料以及太累赘的服饰。

（2）小心流行的服装，不要穿式样、剪裁或设计太新潮的衣服。最时尚的款式是对上班族最不划算的投资，应该考虑便于经常穿着，并能常穿常新的款式。

（3）坚持穿略微宽松的职业装，但要合身，不要穿过紧、过松、过长、过短的不合体的服装。

四、饰品佩戴

（一）佩戴首饰的基本原则

佩戴首饰时要符合自己的身份和情况，尽量要少戴首饰为好。戴的时候一定要注意做到色彩统一，也就是"同质同色"，"花花世界"要尽量避免。商务人员一般不戴或尽量少戴首饰。通常情况下，首饰最多可带3件，一只手上只戴着1枚戒指和1个手镯等首饰；只戴1条项链。

（二）佩戴首饰的礼仪

1. 戒指

戒指又叫指环，是一种重要的饰品，种类非常得多。目前最常见的是白金钻戒。戴戒指的时候，一般要戴在左手手指上（左手使用较少，有利于减少戒指的磨损）。通常仅戴1枚，如果戴2枚或者2枚以上，往往有炫耀财富的意思，显得俗不可耐。戒指戴在不同的手指上，往往有不同的含义，尤其特指佩戴者的婚姻和择偶状况。戴在食指上，表示尚未恋爱，正在求偶；戴在中指上，表示已经有了意中人，正在恋爱；戴在无名指上，表示已经订婚，或者结婚；戴在小指上，表示独身主义。在不少的西方国家，未婚女子的戒指通常戴在右手而不是左手。修女的戒指总是戴在右手的无名指上，这意味着把爱献给了上帝。商务女性所戴戒指一般要精巧细致，造型考究。戴薄纱手套时，要将戒指戴在手套内。

2. 项链

项链是女性商务人员最常佩戴的饰品之一，它可以装饰颈项、胸部，使女性更具魅力。

根据其质地、花色等项链可以分为很多种类,大致可以分为金属项链和珠宝项链两大类。项链所处的部位在额下胸前,是人的身体最明显的地方。因此,在珠宝首饰中,项链、戒指和耳环被称为"三大件",而在人们心目中,项链又为"三大件"的核心。佩戴项链,必须注意款式对路、尺寸适度,这样才能突出佩戴者的气质、个性、修养与风韵,减少或弥补一个人脸形或脖颈的某些不足,创造出人所需要的、意料之中的良好的效果。

(1) 年龄、体形与项链的佩戴艺术。

年轻女性佩戴项链主要是为了增添青春美和灵秀之气,宜戴比较纤细的无钻金链、铂金项链、银项链等,能给人以年轻、秀丽的感觉;对于中老年妇女来说,佩戴项链,除装饰体态美之外,还有表示成熟,体现雍容华贵之意,因而不宜佩戴太细的项链,而以佩戴粗一些的项链为佳。对于身材修长、体态轻盈的女性,应选择宝石颗粒较小、长度稍长的项链;对于体态丰腴的女性,宜佩戴颜色较浅而颗粒较大的宝石项链。这如同穿衣服的道理一样,体态胖一些的人,穿宽松一点、肥大一点的衣服,反而不显胖。

(2) 脸形与项链的佩戴艺术。

颈部粗短的人往往缺乏一种挺拔的感觉。如果在本身就短的脖子上戴项链就会使脖子显得更短。因为项链的长度几乎和脖子的尺寸相同,佩戴后形成了一条横的线条。由于项链在脖子上形成的分割线,使脖子形成了上下两截的印象,视觉上就会显得更短。戴上细长的项链或带有挂件的项链就会使短脖子有拉长的感觉,因为项链的"V"形线条可引起向下垂挂之感。颈部细长的人不适合佩戴细长形项链,因为这会使细长脖子的印象更明显。如果戴项链、项圈或粗短形项链,效果会更好一些。

圆形脸的人不宜戴项圈或者由圆珠串成的大项链,过多的圆线条不利于调整脸形的视觉印象。如果佩戴长一点或带坠子的项链,可以利用项链垂挂所形成的"V"字形角度来增强脸与脖子的连贯性。也就是说,以脖子的一部分与脸部相接,使脸部的视觉长度有所改变。

方形脸的人如戴上一串漂亮的项链,可以缓和其脸形的方正线条。如果佩戴串珠项链,珠形应避免菱形或方形。

三角形脸的人的特征是额部窄小、下颌部宽大。佩戴项链时,可以采用长项链。因为长项链佩戴后所形成的倒三角形态有利于改变下颌宽大的印象。

在一般比较正常的情况下,倒三角形脸的人呈现出的特点是额部宽大饱满、下颌尖瘦。这种脸形由于接近理想的椭圆形,所以佩戴项链的范围比较大,无论长短、粗细都较为相宜。但如果下巴过于尖,则在佩戴项链时慎用带尖利形挂件的项链。

长形脸的人不宜戴长项链或有坠子的项链。因为项链下垂后形成的长弧状容易使脖子与脸部连在一起而加深长脸的印象。戴短而粗的项链、套式项链、项圈都比较适合长形脸的人。

第二章　商务人员形象礼仪

脸形窄而瘦的人，如果表情也比较冷漠，最好不要戴黑色项链，以免过于冷峻。如果戴上浅色的、闪光形的项链，可以使其面部显得丰满并可增添几分活跃的气息。

皮肤白皙细腻的人，佩戴任何颜色的项链都会好看。如佩戴白金、珍珠等浅色调的项链可以使其显得高雅，并有柔和、自然、含蓄的美感。如果佩戴琥珀、紫水晶、深色玛瑙等深色调的项链，会将皮肤衬托得更加完美。

3. 耳环

（1）不同的脸形和发式如何选择耳环。

三角形脸的人配圆形或近似圆形的耳环，可以抵消脸形的棱角感，使脸看得圆润一些；方形脸的人则适宜佩戴小巧玲珑的耳钉或狭长的耳坠，也可佩戴夸张的大耳坠来显示奔放的性格；长形脸的人可佩戴圆耳环或大的耳环来调节面部形象，使脸部显得丰满动人；圆形脸的人配长条有棱角的、几何形的耳环，可使脸部线条明显一些。

耳坠造型的选择也是有讲究的。圆脸形与任何长款式的耳坠都互相呼应，可使脸部变得秀美。三角形脸的人配悬挂式的耳环，如圆球，并且以梯形为主（上窄下宽）可使瘦尖的下巴看上去丰满一些。长发与狭长的耳坠搭配可显示淑女的风采；短发与精巧的耳钉搭配可衬托女性的精明；古典的发髻搭配吊坠式耳饰使人显得优雅高贵。

（2）如何选择耳环的颜色。

首先，经常化妆的女性最好能选择与眼睛所画的眼影色相近的耳环。

其次，根据肤色挑选耳环。皮肤较白的女性应选择白色的金属耳环。肤色偏黄的女性应选择黄色、铜色系的耳环。肤色较暗的人不宜佩戴颜色过于明亮鲜艳的耳饰，可选择银白色。

（3）不同的着装要选择不同风格的耳环。

着正装（职业装）时要佩戴设计简单、线条流畅的耳环，显得女性精简干练、端庄稳重。夸张的几何耳环与牛仔衣、夹克相匹配，使人更富有豪放的现代感。

着休闲装时要选择和衣服风格相配的耳环，如可爱的衣服要选择色彩粉嫩、形状可爱的耳环；淑女装则要选择一些设计精致、颜色干净、亮丽的耳环。

着民族风格的服装时应选择一些民族风格味道比较浓重的耳环，如波西米亚风格的饰品等。这些耳环的设计风格也都偏向体形大、耳坠长、色彩绚丽的特点。

4. 手镯或手链

手镯，亦称"钏""手环""臂环"等，是一种戴在手腕部位的环形装饰品。其质料除了金、银、玉之外，尚有用植物藤制成者。手镯由来已久，起源于母系社会向父系社会过渡时期。据有关文献记载，在古代不论男女都戴手镯，女性作为已婚的象征，男性则作为表示身份或工作性质的东西。此外，在古代社会，人们还认为戴手镯可以避邪或碰上好运气。

现在，手镯仍可分男用和女用两种。男用手镯是伴随着身份手镯的出现而逐渐流行。目前在我国男性戴手镯的人仍较少，一般为银制，后来由于黄金首饰的普及，从而使K金手镯应运而生。

戴手镯颇有讲究，所强调的是手腕与手臂的美丽。故二者不美者应慎戴。戴手镯时，对手镯的个数没有严格的限制，可以戴1个，也可以戴2个或3个，甚至更多个。如果只戴1个，应戴在左手而不应是在右手上；如果戴2个，则可以左右手各戴1个，左右手臂各戴1个相同的手镯也不失为一种独特的个人风格。但是切忌各戴1个风格、材质都不统一的手镯，那样就会显得杂乱无章，或3个都戴在左手上；如果戴3个，就应都戴在左手上，不可以一手戴1个，另一手戴2个。手臂骨架小的人适合佩戴精巧细致的手镯。手臂较粗的人适合佩戴粗犷厚实的手镯。手镯和手表一起佩戴也会显得很漂亮，但要注意手镯在这里只能起衬托手表的作用，否则就会显得累赘。除非一个手镯上本身就有金和银，否则不要将金手镯和银手镯同时佩戴，它们不会让彼此更耀眼夺目，相反，只会令对方黯然失色。

商务人员服饰小贴士

办公地点不同，穿着的规矩也就不同。有些行业对其员工上班时的着装要求很高，所以制度也很严格；而有些行业在这方面却相对要宽松一些。然而，你千万不要忘了，你从事的是商务工作，所以不管企业对你上班时穿着的态度如何，你的穿着打扮都应该与你所从事的工作相称，不论是休闲一点的服饰还是正式一些的工作服都是如此。有些衣服虽然适合作晚礼服，但却不能在开商务会议时穿，就像T恤、短裤只能在海滩上穿而不能穿到办公室里去一样。

你的穿着打扮不光要与环境一致，还应该显示出你的身份。一位身居高位的副总裁和一个秘书或销售助理的形象是迥然不同的。不管你喜不喜欢，人们总是要以貌取人的！特别是当你无须穿工作装上班的时候，你所选择的服装比任何工作装更能说明问题。事实上，当你不穿工作服上班的时候，人们会更加注意你。所以，当你身着"商务便装"时，应设法在品位上下点功夫。不要穿牛仔服、破旧皱巴的开领短袖衫、运动鞋、磨坏的鞋、三角背心和透明的罩衫。男士可以试着穿一条整洁的长裤和一件带扣子的长袖或短袖衬衣，衣料的质地要好，颜色多样。女士则可穿裙子，或是定做的长裤和配套罩衫、颜色鲜艳的运动上衣，另外再配上能够反映职业特点的提包、手套等小配件，这样会比你穿正规的职业装显得更洒脱。应遵循这样一条简单而永不过时的原则：太暴露或者缺乏想象力的服装坚持不穿。如即便是星期六，如果某男士穿着短裤去办公室，或者某女

第二章 商务人员形象礼仪

士的裙子比其"职业装"更紧更短,他们无意中就等于在告诉别人他们对什么是得体的"商务便装"简直一窍不通。别忘了,你的职业和你的社交活动完全是两码事。因此,你工作和休闲时的穿着也应该完全不同。

服饰配件使用得当能让人得到充分的展示。也就是说,人们往往可以通过你所选用的服饰配件——你展现自己的方式和你对细节的关注——得知你的身份和职业。某些珠宝可能成为人们最容易滥用的服饰配件。因此,在商务活动中,你可以遵循这样一条原则:配件越少越好。男士绝对不可以戴耳环;女士则应该选择式样简洁而雅致的耳环,但只能佩戴一副。从事商务工作时佩戴胸针可为你增色,但绝不能太夺目,否则会喧宾夺主。至于手镯、脚链则应视你所工作的公司的格调而定,因为在有的工作场合戴手镯被认为是不妥当的。无论男女,业务人员最多只能每只手带一枚戒指,戴在无名指或小指上。如你所配备的商务用笔一定要能向别人展示出你良好的职业形象。如果你身着职业装,就不要使用塑料钢笔,就像你绝不会戴一只塑料表带的名牌手表一样。如果你特意买了一支看起来很高级的钢笔,你就得同样注意你所使用的公文包、手提箱和雨伞。这些东西看上去是否完好如新,是否很讲究,关系到你在事业上能否会得到丰厚的回报。

典型案例 2-1

一次,某公司招聘文秘人员,由于待遇优厚,应聘者如云。中文系毕业的小洁同学前往面试,她的背景材料可能是最棒的:大学四年中,在各类刊物上发表了3万字的作品,内容有小说、诗歌、散文、评论、政论等,还为6个公司策划过周年庆典,英语表达能力很强,书法也堪称佳作。小洁五官端正,身材高挑、匀称。面试时,招聘者拿着她的材料等她进来。小洁穿着迷你裙,露出藕段似的大腿,上身是露脐装,涂着鲜红的唇膏,轻盈地走到一位考官的面前,不请自坐,随后跷起了二郎腿,笑眯眯地等着问话。孰料,3位招聘者互相交换了一下眼色,主考官说:"小洁小姐,请下去等通知吧。"她喜形于色:"好!"挎起小包飞跑出门。

第二节 商务人员的仪容礼仪

仪容是指一个人的容貌,由发式、面容以及人体所未被服饰遮掩的肌肤所构成,能有美丽的容貌当然是上天赐给的福分,但是毕竟是少数,所以还需要后天加以修饰和保养。

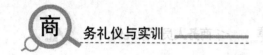

一、发型发式

(一) 发型发式方面的仪容仪表标准

男士的发型发式统一的标准就是干净整洁,并且要经常地注意修饰、修理,头发不应该过长,一般认为男士前部的头发不要遮住自己的眉毛,侧部的头发不要盖住自己的耳朵,同时不要留过厚或者过长的鬓角。男士后部的头发应该不要长过西装衬衫领子的上部,这是对男士发型的统一要求。

女士的发型发式应该保持美观、大方,需要特别注意的一点是,女士选择的发卡、发带的式样应该庄重大方。女性的发型要时尚得体、美观大方,符合自己的身份。发卡的式样要庄重大方,以少为宜,避免出现远看像圣诞树、近看像杂货铺的情况。

(二) 根据脸形选择发型

一般来说,脸形有瓜子脸、圆形脸、四方形脸和梨形脸这几种。

1. 瓜子脸

这是东方女性的标准脸形,也称美人脸。这种脸形的人选择发型的余地大,也比较容易打扮。这种脸形使人显得比较消瘦,将头发散下来可以显得更丰润一些。

2. 圆形脸

这种脸形一般都比较可爱,面部的轮廓比较圆润,下巴丰满。这种脸形的人一般要比实际年龄看起来年轻些,但是缺乏立体感,可以选择线条简洁的发型,将头顶部的头发梳高,并设法遮住双眼。

3. 四方形脸

这种脸形使人显得比较刚毅、果断,但是缺乏柔美感,其特征是面部下方较宽。这种脸形的人可以将头发散下,使脸部看起来柔和些。

4. 梨形脸

这种脸形使人显得随和,特点是额头偏窄,下颚较宽。这种脸形的人宜留短发,并增加额头两侧头发的厚度。

二、男士面容护理

面容是最令人注目之处。面容要保持清洁。男士在面部修饰的时候要注意两方面的问题:男士在进行商务活动的时候要每天进行剃须修面以保持面部的清洁;同时,男士在

第二章 商务人员形象礼仪

商务活动中经常会接触到香烟、酒这些有刺激性气味的物品，所以要注意随时保持口气的清新。

三、化妆礼仪

商务人员（尤其女性）要重视对自己外表的修饰，美化自己的容貌。现在的女性商务人员也越来越青睐化妆。化妆是一个人气质、修养的体现。美容化妆分为基础保养和化彩妆两个部分。商务人员只需要化基础妆。化妆并不是一种随心所欲的涂抹，而是一种审美的艺术，是有一定的规律可循的。

（一）化妆的基本原则及注意事项

1. 扬长避短

化妆的目的是要突出自己最美的部分，使自己显得更加美丽动人，并巧妙地弥补不足之处，达到化妆的最大效果。研究五官，看着镜中的自己，暂且忘记脸的轮廓，而着意寻找自己五官中最突出、迷人的部分——眼睛、嘴唇或脸颊，否则即应视为平淡无奇。

2. 浓淡相宜、自然真实

化妆要自然协调，不留痕迹。生活淡妆给人以大方、悦目、清新的感觉。化妆要根据不同的时间和场合来选择，对待白天与晚上、一般场合与特殊场合、不同季节的化妆不能一成不变。在商务场合，一般以淡妆为主，注重自然和谐，不宜香气袭人。出席晚会、舞会等社交场合可以化浓妆。

3. 整体配合，化出个性

化妆要因人、因时、因地制宜，切忌强求一律，应表现出个性美。化妆的人要专门设计，强调个性特点，不要单纯模仿。要根据自身的脸部（包括眉、眼、鼻、颊、唇）特征，进行具有个性美的整体设计；同时还要根据不同场合、不同年龄、不同身份制订不同的设计方案。夜间，特别是在彩色灯光的照耀下，应该使用发亮的化妆品，如亮光眼影、珠光唇膏等，但涂的范围不应太大。切忌在原来的化妆基础上再涂新的化妆品，这样做不仅会使化妆失去光泽，而且会损害皮肤。

（二）化妆的注意事项

1. 不要在公众场所化妆

不要在公共场所如餐馆、地铁、办公室等众目睽睽之下化妆，公众场合化妆是不礼貌的。如果确实需要补妆的话，需要到化妆间、洗手间等地方进行，不要当着别人的面旁若无人地化妆。

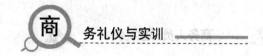

2. 女性不要在异性面前化妆

女性不要在异性面前化妆，以免被误认为搔首弄姿、吸引异性，使自己的形象受损。

3. 不要非议别人的化妆

别人化妆与否、怎样化妆属于个人的自由，他人不宜评头品足，议论别人的化妆方式，也不宜批评和指责别人化妆的效果。

4. 不要借用别人的化妆品

不可随意使用别人的化妆品，即使是关系很亲密的朋友。每个女人的化妆盒都具有隐私性，隐藏着各自的喜好和习性，随便使用别人的化妆品，等于侵入别人最隐秘的私人空间。而且，直接接触皮肤的化妆品、化妆用具最易带上个人细菌，容易造成流行性皮炎。

5. 不能让自己的化妆工具脏、乱

使用清洁的化妆用品，所携带的化妆用品应该有条理地放在化妆包内，以便从容地取出使用。如果女性的化妆包里乱七八糟，取出的粉刷、粉饼等化妆工具都是脏兮兮的，不但有碍健康，还透露出化妆包的主人作风粗俗、生活品质不高，缺少起码的化妆常识。

（三）化妆的基本步骤和程序

1. 第一步：洁面、润肤

用洗面奶去除油污、汗水与灰尘，使面部保持清洁。随后，在脸上补打化妆水，用少量的护肤霜将面部涂抹均匀，以保护皮肤免受其他化妆品的刺激。此外，这还有助于涂敷粉底打底色工作，为面部化妆做好准备。

2. 第二步：修饰眼部

先化眼影，根据不同的服饰、场合确定眼影的颜色，画眼线，修饰睫毛。然后根据脸形修剪眉形，注意眉弓的位置。

3. 第三步：美化鼻部

美化鼻部即画鼻侧影，以改变鼻形的缺陷。

4. 第四步：修饰唇部

先用唇线笔描出合适的唇形，然后填入色彩适宜的唇膏，使红唇生色，更加美丽。

5. 第五步：打腮红

使用胭脂扑打腮红的目的是修饰、美化面颊。

6. 第六步：喷涂香水

美化身体的整体"大环境"。

7. 第七步：修正补妆

检查化妆效果，进行必要的调整、修补。

典型案例 2-2

王先生要雇一个没带任何介绍信的小伙子到他的办公室做事，王先生的朋友觉得很奇怪。王先生说："其实，他带来了不止一封介绍信。你看，他在进门前先蹭掉脚上的泥土，进门后又先脱帽，随手关上了门，这说明他很懂礼貌，做事很仔细；当看到那位残疾老人时，他立即起身让座，这表明他心地善良，知道体贴别人；那本书是我故意放在地上的，所有的应试者都不屑一顾，只有他俯身捡起，放在桌上；当我和他交谈时，我发现他衣着整洁，头发梳得整整齐齐，指甲修得干干净净，谈吐温文尔雅，思维十分敏捷。怎么，难道你不认为这些小节是极好的介绍信吗？"

第三节　商务人员的仪态礼仪

仪态礼仪包括人们在社交活动中各种姿态行为的规范，包括人的站姿、坐姿和走姿。优美的站姿、坐姿和走姿都会给人留下良好的印象。

一、站姿

无论在人们的日常交往中，还是在商务社交场合，站立的姿势都是最基本的举止。虽然站姿属于以静为主的动作，但是又不能太死板。"站如松"虽然要求站立要像傲然挺立的松树一样，但也不能像一具站起来面无表情的僵尸。它的基本美学原则是：男士要挺拔、庄重；女士要舒展、优雅。要想达到这些美学标准，必须要经过长期坚持、严格训练，像职业军人一样威武阳刚，像空姐一样仪态万方。

（一）站姿的基本要求

头容正，肩容平，胸容宽，背容直。双目平视，下颌微收，面带微笑，挺胸，收腹，立腰，双肩放松，双臂自然下垂。

1. 男士站姿要求

两膝并严,脚跟靠紧,脚掌分开呈"V"字形,挺髋立腰,吸腹收臀,双手置于身体两侧,自然下垂。也可以两腿分开,两脚平行,但不能超过肩宽。这种垂手式站姿一般用于较为正式的场合,如参加企业的重要庆典、聆听贵宾的讲话、商务谈判后的合影等。当然也有叉手站姿和背手站姿。

2. 女士站姿要求

双脚成"V"字形,膝和脚后跟尽量靠拢,或者一只脚略前,一只脚略后,前脚的脚后跟稍稍向后脚的脚背靠拢,后脚的膝盖向前推靠拢。在基本站姿的基础上,双手搭握,稍向上提,放于小腹前。这种握手式站姿主要适用于女士。

几种常见的站姿参见图2-6。

图2-6　正确的站姿

(二)站姿的注意事项

商务人员在站立的姿势中要尽量避免僵硬,肌肉不能绷得太紧,可以适宜地变换姿态,追求动感美。静中有动,庄重也不失灵动。

站立的时候不要靠着门、墙、廊柱等,双手在交谈的过程中可以自然地带一些手势,但是动作幅度不要太大。不要将手插入衣袋里或者裤袋里,或者交叉抱在胸前,叉在腰间。更不能下意识地做小动作,如双手发抖、抠指甲弄衣服角。

站立的时候,不要耸肩驼背,弓腰缩胸,东倒西歪,左摇右晃,四脚拉叉。

要注意精神气质,不能萎靡不振,要神清气爽。否则会给人一种缺乏自信的表现,最好不让这些透露我们内心世界的姿势展示给别人。

二、坐姿

优雅的坐姿传递着自信、友好、热情的信息,同时也显示出高雅庄重的良好风范,要符合端庄、文雅、得体、大方的整体要求。坐姿与站姿同属一种静态造型。正确规范的坐姿要求端庄而优美,给人以文雅、稳重、自然大方的美感。坐是举止的主要内容之一,无论是伏案学习、参加会议,还是会客交谈、娱乐休息都离不开坐。坐姿要求"坐如钟",指人的坐姿像座钟般端直,当然这里的端直指上体的端直。优美的坐姿让人觉得安详、舒适、端正、舒展大方。不注意坐姿很容易造成脊柱弯曲、身体畸形。

(一) 坐姿的基本要求

神态从容自如(嘴唇微闭,下颌微收,面容平和自然),双肩平正放松,两臂自然弯曲放在腿上,亦可放在椅子或是沙发扶手上,以自然得体为宜,掌心向下。坐在椅子上,要立腰、挺胸、上体自然挺直。双膝自然并拢,双腿正放或侧放,双脚并拢或交叠或成小"V"字形。男士两膝间可分开一拳左右的距离,脚态可取小八字步或稍分开以显自然洒脱之美,但不可尽情打开腿脚,那样会显得粗俗和傲慢。坐在椅子上,应至少坐满椅子的 2/3,宽座沙发则至少坐满 1/2。落座后至少 10 分钟左右不要靠椅背。时间久了,可轻靠椅背。谈话时应根据交谈者方位将上体双膝侧转向交谈者,上身仍保持挺直,不要出现自卑、恭维、讨好的姿态。讲究礼仪要尊重别人。但不能失去自尊。

几种常见的坐姿参图 2-7。

图 2-7 正确的坐姿

(二) 入座、离座的基本要求

1. 入座时的基本要求

(1) 在别人之后入座。

出于礼貌,和客人一起入座或同时入座时,要分清尊卑,先请对方入座,自己不要抢先入座。

(2) 从座位左侧入座。

如果条件允许,在就座时最好从坐椅的左侧接近它。这样做是一种礼貌,而且也容易就座。在就座时，如果附近坐着熟人，应该主动跟对方打招呼。即使不认识，也应该先点点头。在公共场合，要想坐在别人的身旁，还必须征得对方的允许。还要放轻动作，不要使坐椅乱响。

(3) 以背部接近坐椅。

在别人面前就座，最好背对着自己的坐椅，这样就不至于背对着对方。得体的做法是先侧身走近坐椅，背对着站立，右腿后退一点，以小腿确认一下坐椅的位置，然后随势坐下。必要时，用一只手扶着坐椅的把手。

2. 离座时的基本要求

(1) 事先说明。

离开坐椅时，身边如果有人在座，应该用语言或动作向对方先示意，随后再站起身来。

(2) 注意先后。

和别人同时离座，要注意起身的先后次序。地位低于对方时，应该稍后离座。地位高于对方时，可以首先离座。双方身份相似时，可以同时起身离座。

(3) 起身缓慢。

起身离座时，最好动作轻缓，不要"拖泥带水"弄响坐椅，或将椅垫、椅罩弄得掉在地上。

(4) 从左离开。

和"左入"一样，"左出"也是一种礼节。

(三) 坐姿的注意事项

我们经常会见到一些不雅致的坐法，如两腿叉开，腿在地上抖个不停，而且腿还跷的老高，这时无论我们穿什么样的衣服、裤子或裙子，都不能这样做。

女士应在站立的姿态上，后腿碰到椅子，轻轻坐下来，两个膝盖一定要并起来，腿可以放中间或放两边。如果想跷腿，两腿需是合并的，如果穿着的裙子较短时一定要小心盖住。特别是一些经常走动工作或要上高台坐下的女士都不适合穿太短的裙子，并且不能两腿分开。

男士坐的时候膝部可以分开一点，但不要超过肩宽，也不能两腿叉开，半躺在椅子里。

三、走姿

(一) 正确的走姿

走姿要正确、优美。正常的走姿应当是人的身体直立，收腹挺胸，两眼平视前方，行

第二章 商务人员形象礼仪

走迈步时轻而稳，胸要挺，头抬起，两眼平视，步度和步位合乎标准。脚尖向着正前方，脚跟先落地，脚掌紧跟着落地，两腿交替迈步，并且大致走在一条等宽的直线上。脚步要干净利索，要"行如风"，步履要轻快，两臂应在身体两侧自然摆动，节奏快慢适当，给人一种矫健轻快、从容不迫的动态美。如果能坚持走一辈子的"正路"，那么我们的颈椎会终生受益。

女性的步态要自如、匀称、轻柔，以显示出端庄、文静、温柔、典雅的女子窈窕之美。女子穿裙子时要走成一条直线，使裙子的下摆与脚的动作显出优美的韵律感。穿裤子时，走成两条直线，步幅稍微加大，才显得生动活泼（参见图2-8）。

图2-8　走姿

走路的美感产生于下肢的频繁运动与上体稳定之间所形成的对比和谐，以及身体的平衡对称。要做到出步和落地时脚尖都正对前方，挺胸抬头，迈步向前。

走路时步态美不美是由步度和步位决定的。如果步度和步位不符合标准，那么全身摆的姿态就失去了协调的节奏，也就失去了自身的步韵。

女士穿旗袍或筒裙，脚下又穿了高跟鞋时，那么步度就要比平时穿裤子或平底鞋要小一些，因为旗袍的下摆小，高跟鞋从脚跟到脚尖的长度比平底鞋短，而穿着高跟鞋走路步度便显得婀娜多姿。走路时，膝盖和脚腕都要富于弹性，肩膀应自然轻松地摆，使自己走在一定的韵律中，这样会显得自然优美，否则会失去节奏感，显得浑身僵硬。

(二）各种场合的走姿

走步还要分场合，脚步的强弱、轻重、快慢、幅度及姿势应与出入的场合相适应，步态要因人、因事、因地而宜。

在花园里散步要轻而缓；走进会场、走向话筒、迎向宾客，步伐要稳健、大方；进入办公机关、拜访别人，在室内脚步应轻而稳；办事联络，步伐要快捷、稳重，以体现效率、干练；参观展览、探望病人，脚步应轻而柔，不要出声响；参加婚礼等喜庆活动，步态应轻盈、欢快，有跳跃感；参加吊丧活动，步态要缓慢、沉重，以反映悲哀的情绪。

（三）走姿的注意事项

走路的姿势不好会影响人的美观，会导致腿部肥胖。下面提示几种错误的走路姿势。

（1）走路最忌内八字和外八字。

内八字走法长久下来会造成"O"形腿。外八字走法会使膝盖向外，感觉就没气质，腿形也会变丑，甚至产生"X"形腿。

（2）踢着走。

有些人因为怕地上的脏水或脏东西弄脏鞋子或裤子，会有一种习惯就是踢着走。踢着走的时候身体会向前倾，只有脚尖踢到地面，然后膝盖就一弯，脚跟就往上一提。所以，走路的时候腰部很少出力，很像走小碎步一般。如果你有踢着走的习惯，那么最好小心，以免使整条腿变胖。

（3）压脚走。

与踢着走很类似，但是这种压脚走的方式却是双脚着地的时间比提脚走的人双脚着地的时间长。走的时候人身体的重量会整个压在脚尖上，然后再抬起来。如果长久如此下去，会导致腿肚的肌肉越来越发达，那就会有讨厌的罗圈腿出现。

（4）踮着脚尖走。

踮着脚尖走的人其本意是为了使步伐更美妙。但由于这种走路的方式过于在脚尖上用力，会使膝盖因为脚尖用力的关系而太用力于腿肚上，很容易导致萝卜腿。

（5）走路时，不要甩手或把手插入衣袋内，不要倒背背手。

（6）走路不要扭腰摆臀、歪肩晃膀、弯腰驼背，这样有伤大雅，不美观。

（7）走路也不要左顾右盼，盯住行人乱打量或指指点点对别人评头论足。

（8）特别是女性走路，双脚踩着两条平行线走路是有失雅观的。两只脚所踩的是一条直线，而不是两条平行线。

第二章　商务人员形象礼仪

复习思考题

一、判断题

1. 戒指戴在中指上表示尚未谈恋爱，戴在无名指上表示独身主义。（　）
2. 按照西装—衬衫—领带这三者的顺序，目前大多数男子采用的配色法是：深—深—浅，也有人采用浅—浅—深或深—中—浅的配色方法。（　）
3. 和别人同时离座，要注意起身的先后次序。地位低于对方时，应该稍后离座。地位高于对方时，可以首先离座。双方身份相似时，可以同时起身离座。（　）
4. 圆形脸宜戴项圈或者由圆珠串成的大项链，过多的圆线条更能增强脸蛋圆圆的印象。（　）

二、简答题

1. 列举几种错误的走路姿势。
2. 化妆的注意事项有哪些？
3. 简述穿着女装套裙的讲究。
4. 简述不同场合男士西装的穿着礼仪。

三、案例分析

李江的口头表达能力不错，人既朴实又勤快，在业务人员中学历又高，领导对他抱有很大的期望。可是他作了销售代表半年多了，业绩总是没有得到提升。到底问题出在哪里？原来，他是一个不修边幅的人，喜欢留着长指甲，指甲里经常藏着很多"东西"。脖子上的白衣领常常有一圈黑色的痕迹。他喜欢吃大葱、大蒜之类的刺激性的食物。

请从礼仪的角度分析小李业绩为什么上不去的原因？

 实训任务一　站姿礼仪

一、训练目标

让学生掌握站姿的要领，充分显示个人的自信，衬托出美好的气质和风度，给他人留下美好的印象。

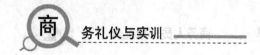

二、训练重点

掌握正确站姿的要领、训练站姿。

三、训练过程

1. 正确的站姿要求

要想站立正确,有四个部位要特别注意,即双脚、双肩、胸部、下巴:(1)头正;(2)肩平;(3)臂垂;(4)躯挺;(5)腿并;(6)身体重心主要支撑于脚掌、脚弓上;(7)头部、上体与下肢应在一条垂直线上。

2. 手位

站立时,双手可取下列之一手位:(1)双手置于身体两侧;(2)右手搭在左手上叠放于体后;(3)双手叠放于体后;(4)一手放于体前,一手放于体后。

3. 脚位

(1)"V"字形;(2)双脚平行分开不超过肩宽;(3)小丁字形。

4. 几种基本站姿

(1)男士的基本站姿;(2)女士的基本站姿。

5. 站立的注意事项

6. 配乐训练

(1)背靠墙。

将后脑、双肩、臀部、小腿肚及脚跟与墙壁靠紧,每次持续10分钟。这样可以使训练者有一个完美的后背。

(2)两人背靠背。

两人一组,背靠背站立,相互将后脑、肩部、臀部、小腿肚及脚跟靠紧,并在相靠处各放一张纸片,不要让纸片掉下来。

(3)头顶书本。

把书本放在头顶中心,使书本不要掉下来,头、躯干自然保持平稳。

(4)对镜训练。

面对镜子,检查自己的站姿及整体形象,发现问题及时纠正。

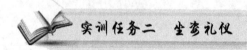

实训任务二　坐姿礼仪

一、训练目标

使学生坐姿文雅、端庄,充分展示自己的气质和修养。

第二章　商务人员形象礼仪

二、训练重点

坐姿训练。

三、训练过程

1. 导入

观看坐姿影像资料，了解正确的坐姿。

2. 重述知识要点

（1）正确的坐姿要求。

（2）双手的摆放。

（3）双脚的摆放。

（4）女士坐姿。

①标准式；②侧点式；③前交叉式；④后点式；⑤曲直式；⑥侧挂式；⑦重叠式。

（5）男士坐姿。

①标准式；②前伸式；③前交叉式；④交叉后点式；⑤曲直式；⑥重叠式。

（6）坐的注意事项。

3. 配乐训练

（1）两人一组，面对面练习，并指出对方的不足。

（2）坐在镜子前面，按照坐姿的要求进行自我纠正，重点检查手位、腿位、脚位。

（3）每次训练时间为 20 分钟。

 实训任务三　走姿礼仪

一、训练目标

让学生掌握正确的走姿，在生活中处处展现人体的动态美。

二、训练重点

走姿训练。

三、训练过程

1. 导入

请几位学生表演走姿，看看谁的走姿最优美。

2. 重述知识点

（1）正确的走姿要求。

①头正；②肩平；③躯挺；④步位直；⑤步幅适度；⑥步速平稳。

（2）变向时的行走规范。
①后退步；②侧身步。
（3）不雅的走姿。
3. 配乐训练
（1）摆臂训练。

直立身体，以肩为轴，双臂前后自然摆动。注意摆动的幅度适度，纠正过于僵硬、双臂左右摆动的毛病。

（2）步位步幅训练。

在地上画一条直线，行走时检查自己的步位和步幅是否正确，纠正"外八字""内八字"及脚步过大或过小。

（3）稳定性训练。

女生穿高跟鞋将书本放在头顶中心，保持行走时头正、颈直、目不斜视。

（4）协调性训练。

配以节奏感强的音乐，行走时注意掌握好走路的速度、节拍，保持身体平衡，双臂摆动对称，动作协调。

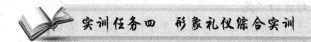

实训任务四　形象礼仪综合实训

中华公司是一家大型的、产品具高科技含量的保健品公司，在全国各地有100多个营销窗口，配备了1万多名市场营销人员，产品畅销全国各大城市及东南亚国家及地区。

这次的周一例会有些特殊，在会前，总经理王双给大家讲了这样一件事，事情是这样的……

"肃静的会议室里，公司与法方的谈判即将进行，双方将就今后的合作达成协议，这是公司向国外扩大销售市场的又一重要举措。谈判开始后，大家发现坐在王总一旁的经理助理孙明明穿着非常休闲：一件胸前印有图案的T恤衫，蓝色的牛仔裤，白色的旅游鞋。负责送茶水的助理秘书更是浓妆艳抹，浑身散发出浓浓的香水味，耳环闪闪发光，手镯晃来晃去，高跟鞋叮叮作响。每当她进来送水，会谈不得不停歇片刻。我方请来的翻译是贸易部新来的职员小吴，人长得很漂亮，业务水平也很高。就是她一头飘逸的长发在翻译过程中不时地甩来甩去，最后法方代表要求中止谈判，声明我方公司的翻译小姐的长发让他们集中不了精神，无法进入到谈判状态中。"

王总把问题留给了大家。会场先是一阵沉默，接着大家展开了热烈的讨论。经过讨论，大家一致认为，公司在这几年的发展中，在提高产品的科技含量，保证产品的质量、功效，

第二章 商务人员形象礼仪

科技队伍的建设上都下过大力气,也曾在拓展营销渠道上动过脑筋,公司始终走的是一条持续向上发展的道路。但从这件事来看,随着公司规模的迅速扩大,职员自身的礼仪素质并未随之跟上,因此要加强职员的岗前培训,特别是对职员内在修养的开发培养一定要抓紧。要为公司的可持续发展积蓄力量,必须提高员工素质,否则企业就没有发展的后劲。

会议最后决定:从现在起到 2010 年,用 2 年的时间,对所有在职员工进行轮训,轮训期间,要特别加强对职工、特别是管理人员的个人礼仪的训练和要求,要牢固树立"公司荣我荣,公司衰我衰"的意识,改变穿衣服和仪表形象是个人私事的思想。培训后,除了对应该掌握的技能进行考核外,还要使职员在个人素养方面有大的改观。

会议还决定:今后几年,每年举行一次职工个人形象设计大赛,并进行奖励。对在工作岗位上努力提高自身素质、给企业带来效益的人员也要重奖,要在全公司形成学习礼仪、提高自身素质的良好风气。

一、实训目标

本模块通过自我训练,将有关商务人员形象礼仪的知识化为学生的实际动手能力,使学生成为在礼仪方面训练有素的职场白领。

二、实训条件

本实训可选择表演舞台或礼仪训练室进行。

三、实训内容

根据所给职业情景,模拟举行个人形象设计大赛:
1. 训练正确优美的站姿、坐姿、行姿与表情;
2. 男生西装的着装规范和领带的不同结系方法;
3. 女生套裙的着装规范和纱巾的不同结系方法;
4. 适当化妆的技巧。

四、实训组织

本实训分组进行,每组确定组长,并按照要求明确分工,做到责任落实到每一个学生。根据案例内容,以组为单位完成中华公司举行个人形象设计大赛方案及组织现场表演。每组要确定好每个成员所扮演的角色,要有导演、指挥、服装设计师、化妆师等。个人表演要结合商务人员形象礼仪的知识来设计,充分展示出个人风采。

五、实训考核

分别对每个小组和个人按评分要求打分,最后评出总分,由教师进行综合评价,撰写实训报告。

第三章　商务交际礼仪

> **学习目标**
>
> 通过本章的学习，掌握称呼的种类以及应该注意的问题；了解为他人介绍的基本顺序；熟悉递送和接受名片的礼仪要求；了解握手次序以及握手的方法与禁忌等礼仪要求。

第一节　称呼礼仪

商务人员在与人见面、相互介绍等社交活动中，遇见的第一个问题就是如何得体地称呼他人。称呼不能随便乱用，选择正确、适当的称呼反映着自身的教养、对他人的尊敬程度和社会风尚。称呼的用法也因国家和地区的不同，习惯也不相同。

一、称呼的类型

（一）职务性称呼

职务性称呼就是以交往对象的职务相称。主要有以下几种情况：

（1）直接称职务，如经理、厂长、处长等；

（2）姓+职务，如刘经理、张厂长、王处长等；如果是总经理，可省略经理二字，如可称"刘总"，王处长可呼"王处"，"张队长"可呼"张队"；

（3）姓名+职务，如胡锦涛总书记用于极其正式的场合。

（二）职称性称呼

职称性称呼即对于具有职称者，尤其是具有中高级专业技术职称的或者学术头衔的，可在工作中直接以对方的职称或头衔相称，如"王教授""李主任""郝博士"。在美国，如果一个人兼有行政头衔和学术头衔，要以学术头衔为重，如称呼基辛格国务卿，不如称呼基辛格博士。

（三）职业/行业性称呼

在较为正式的场合，习惯于用职业/行业称谓，如大夫、医生、老师、律师、会计，可在职业前加姓氏和姓名，不要用蔑称，如"开出租的""烧饭的""唱戏的"等。

（四）姓名性称呼

在工作岗位上称呼姓名，一般限于关系较为亲近的人之间。有以下三种情况：（1）只呼其名；（2）只呼其姓，并在姓前加"老""大""小"，如"老王""大冯""小张"；（3）只呼其名，不呼姓。通常适用于同性之间，尤其是上司称呼下级，长辈称呼晚辈，在亲友、同学、邻里之间可用。通过以上三种情况，我们可以看到称呼是随着交情的深化而逐步简化。

（五）仿欧性别性称呼

受发达国家和地区的影响，在特定的商业、服务业领域，对不熟悉的管理人员和服务人员统统直接以"先生"、"小姐"（未婚女士）、"女士"、"太太"（已婚女士）称呼，对熟悉的人也常常以"姓+先生（小姐、女士）"称呼，如张先生、黄太太、刘女士等。

二、称呼应该注意的问题

（一）不要对姓名误读

如"烨（ye）"读成"华（hua）"，"羲（xi）"读成"义（繁体 yi）"。不认识的字要预先查清楚后再读，尤其是怪字、生字、形近字要辨认清楚。如果你能非常准确地读出别人经常读错的字，对方会对你很感激。

（二）不要对被称呼者的年纪、辈分、婚否及其他人的关系做出错误的判断

如称呼未婚妇女为"夫人"，还有把绰号当成了实名，把对方的母亲当成妻子，把对方的哥哥当成父亲，结果会弄出很多笑话。

（三）带有地域特点的称呼不能乱用

天津人把比自己小的女士都尊称为姐姐，比自己小的男士都尊称为哥哥。这如果用在东北人身上就未必合适。中国人将配偶称为爱人，但在国外"爱人"却是另外一个意思。

（四）不要在正式场合使用庸俗的称呼

在正式的商务场合不能使用像"兄弟""姐妹儿""哥们儿"这类的称呼，虽然听上去貌似亲切，但是这种称呼上不了台面，没有档次。

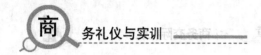

（五）不要使用绰号

在正式的商务场合不能称呼对方的绰号，尤其是不雅的绰号，否则会令对方尴尬不已。

（六）弄清对方的职务、身份

如果不能确定客户的职务或身份，可以通过他人介绍或者主动询问等方法弄清这一点。还须注意以下问题：称呼客户的职务就高不就低。有时客户可能身兼多职，此时最明智的做法就是使用让对方感到最被尊敬的称呼，即选择职务更高的称呼。如果客户的职务为副职，称呼时要巧妙地予以变通，在大多数时候可以把"副"字去掉，除非客户特别强调。

三、用好交际称呼

人际交往离不开语言，如果把交际语言比喻成浩浩荡荡的大军，那么称呼语便是这支大军的先锋官，没见哪个人不打招呼就说话的。然而仅仅有称呼也不行，还要看你的称呼是否合适，因为人们对称呼的恰当与否一般来说都很敏感。尤其是初交者，它在一定程度上影响着你这次交际的成败。由此可见称呼语的使用是很重要的。在商务人员的交际活动中，特别是在一些慰问、会客、迎送等人们接触不多而时间又比较短暂的场合中，容易发生把称呼弄错的张冠李戴现象。这样不仅失礼、令人尴尬，有时还会影响交际效果。如何才能避免在称呼中出现张冠李戴的现象呢，我们应注意以下几个方面：

（一）要从思想上认识到张冠李戴的消极作用和不良影响

如在某市的一次经济技术开发洽谈会上，一方的负责人竟连续发生张冠李戴的现象，引起了另一方的不满，觉得这样的合作者头脑不清晰，生产经营能力不可信赖，从而取消了合作的打算。可见，对张冠李戴的现象必须引起注意，因为它是交际活动的障碍。

（二）事先要有充分的准备

交际活动刚开始时，一般双方都要互相介绍，但比较简略，速度也快，印象难以深刻。因此事先要对会见对象的单位、姓名、职务、人物特征有个初步的了解，做到心中有数。这样，经过介绍后，印象就比较深刻。必要时，在入室落座或会谈、就餐前，再做一次详细介绍。有条件的，交换名片则更理想。

（三）注意观察对方的特征，掌握记忆方法

介绍要留意观察被介绍者的服饰、体态、语调、动作等，特别注意某种突出特征或个性特征。如对统一着装的人要格外注意观察高、矮、胖、瘦、脸形、戴不戴眼镜等。

（四）注意掌握主要人物

在人员较多，一下难以全部记住时，要首先注意了解和熟悉主要对象（如带队的负责人）和与自己对等的对象（即单位、所从事的业务、职务、级别与自己相同者）。现在，一般

第三章　商务交际礼仪

都不太讲究主客、主从关系的礼节，单从行止、座位的位置上判断是不准确的。如有的人把来客中的司机当成了经理，弄得经理很难堪。

 典型案例 3—1

> 一位销售代表走进一家老客户的公司时看到客户的办公室里有一位年届五十的中年人。当时办公室里的人都称呼该中年人为"老杜"，而且其他的客户以为这位销售代表见过此人就没有进行介绍，因此在向"老杜"敬烟时，这位销售代表半亲密半开玩笑地说："老杜同志其实不老嘛！是列位太年轻有为了！"老杜听完，一愣。销售代表说完这话时，一位与该销售代表比较熟悉的客户对他使了一个眼色。后来，这位销售代表才明白，原来那位"老杜"是客户公司从外地挖来的部门经理，因为与其他的部门经理年龄相差悬殊，所以大家都叫他"老杜"。这位销售代表没经过他人的介绍，与老杜初次见面就直接称呼对方为"老杜"，显得很冒失、很唐突，没有有貌，不符合双方的关系和身份。

第二节　介绍礼仪

一、自我介绍

自我介绍是向别人展示自己的一个重要手段，自我介绍好不好甚至直接关系到我们给别人的第一印象的好坏以及以后交往的顺利与否。正确地利用自我介绍，可以扩大自己的交际圈，有助于自我宣传、自我展示，它是社会交际的一把钥匙。

（一）自我介绍的时机

应当何时进行自我介绍，这是最关键而往往被人忽视的问题。在下面场合，有必要进行适当的自我介绍：

（1）在社交场合，与不相识者相处时；

（2）在社交场合，有不相识者表现出对自己感兴趣时；

（3）在社交场合，有不相识者要求自己作自我介绍时；

（4）在公共聚会上，与身边的陌生人组成的交际圈时；

（5）在公共聚会上，打算介入陌生人组成的交际圈时；

（6）交往对象因为健忘而记不清自己，或担心这种情况可能出现时；

（7）有求于人，而对方对自己不甚了解，或一无所知时；

（8）拜访熟人遇到不相识者挡驾，或是对方不在，而需要请不相识者代为转告时；

(9) 前往陌生单位，进行业务联系时；

(10) 在出差、旅行途中，与他人不期而遇，并且有必要与之建立临时接触时；

(11) 因业务需要，在公共场合进行业务推广时；

(12) 初次利用大众传媒向社会公众进行自我推荐、自我宣传时。

（二）自我介绍的基本程序

自我介绍的基本程序是先向对方点头致意，得到回应后再向对方介绍自己的姓名、身份和单位，同时递上事先准备好的名片。

（三）自我介绍的基本要求

自我介绍时，表情应该坦诚亲切，微笑着注视对方，举止庄重大方，态度镇定而充满自信。不要见到陌生人就紧张、自卑、语无伦次，这样不仅说不清身份，还会造成难堪的局面。自我介绍的时候，应该根据不同的交往对象灵活地掌握时间。自我介绍要尽量简明扼要，一般半分钟比较合适，特殊情况不超过 3 分钟。如果对方表现出想结识自己的愿望，则可以在报出本人的姓名、单位、职务的基础上，再简略介绍一下自己的籍贯、学历、兴趣、专长和与某人的关系等。自我介绍时，应该实事求是，不要过分夸大自己，也不要过度贬低自己。用语不要用"特别"、"很"、"极"等表示极端的词。自我介绍的方式因不同的场合而异，除了用语言之外，还可借助介绍信、工作证、名片等证明自己的身份，作为辅助介绍，以增强对方对自己的信任和了解。

在商务场合，如果你想结识某人，可以采取主动式的自我介绍，如"您好！我叫×××，见到您很高兴！"以引起对方的呼应；也可以采取被动的自我介绍的方式，先婉转地询问对方："先生您好！请问我该怎么称呼您呢？"待对方作完自我介绍在顺势介绍自己。自我介绍要以自己的诚实和坦率的态度获取对方相同的感情回报，使对方愿意结识你。在非正式场合，自我介绍要注意一些细小的礼仪环节。

二、为他人做介绍

介绍是人与人在初次交往会面中相互认识的桥梁，也是常用的礼节。为他人做介绍要体现出应有的礼貌。

（一）为他人做介绍的时机

遇到下列情况，有必要进行他人介绍：本人的接待对象遇见了其不相识的人士，而对方又跟自己打了招呼；在家中或办公地点，接待彼此不相识的客人或来访者；打算推介某人加入某一方面的交际圈；受到为他人作介绍的邀请；陪同上司、长者、来宾时，遇见了与其不相识者，而对方又跟自己打了招呼。

第三章 商务交际礼仪

(二) 介绍的次序

介绍人应首先了解被介绍双方的身份和地位，并且看看对方有无结识的愿望，相机行事。

介绍的先后顺序要坚持受到特别尊重的一方有了解对方的优先权的原则。一般要将地位低者介绍给地位高者，将年纪轻的人士介绍给年长者，将男士介绍给女士，将未婚者介绍给已婚者（除非前者比后者大很多），将客人介绍给主人，把本企业职务低的人介绍给职务高的客户，将官方人士介绍给非官方人士，将个人介绍给团体，将晚到者介绍给早到者。

在涉外场合中，为了表示对外宾的尊重，要把我方人员介绍给外方人员，介绍人可由中方人员中身份最高者担任，也可由接待人员担任。

(三) 介绍时的姿态

介绍的时候，在大众的场合，被介绍到的人应该起立，向大家致意。在一般场合，大家最好都站着，如果确有不便，可点头微笑或稍欠身致意。介绍人要掌心向上，分别示意被介绍者，忌讳用食指或拇指示意或者掌心向下。

(四) 介绍人的陈述

介绍人的陈述遵循地位由高到低的原则。如果遇见姓"傅""郑"的人，一定要把姓和职务的正、副分开，以免引起误会。当介绍人为双方介绍后，被介绍人应向对方点头致意，或者相互握手，说"您好""很高兴认识您"等，表示出结识对方的诚意。介绍人在接受后不要马上离开，应该给双方的交谈提示话题，可以有选择地介绍双方的共同点，如相似的经历、共同的兴趣爱好、相关的职业行业，等双方进入话题后，再去招呼其他的客人。当两位客人正在交谈的时候，不要马上给他介绍别的人。

三、集体介绍

集体介绍是他人介绍的一种特殊形式，是指介绍者在为他人介绍时，被介绍者其中一方或者双方不止一个人，甚至是许多人。在正式活动和隆重场合中，集体介绍时的顺序是一个礼节性极强的问题，因此，应根据具体情况慎重对待。集体介绍大体可分两种情况：一是为一人和多人作介绍；二是为多人和多人作介绍。

(一) 集体介绍的时机

(1) 规模较大的社交聚会，有多方参加，各方均可能有多人，为双方作介绍。

(2) 大型的公务活动，参加者不止一方，而各方不止一人。

(3) 涉外交往活动，参加活动的宾主双方皆不止一人。

(4) 正式的大型宴会，主持人一方人员与来宾均不止一人。

（5）演讲、报告、比赛，参加者不止一人。
（6）会见、会谈，各方参加者不止一人。
（7）婚礼、生日晚会，当事人与来宾双方均不止一人。
（8）举行会议，应邀前来的与会者往往不止一人。
（9）接待参观、访问者，来宾不止一人。

（二）集体介绍的顺序

进行集体介绍的顺序可参照他人介绍的顺序，也可酌情处理。但注意越是正式的、大型的交际活动，越要注意介绍的顺序。

1. 少数服从多数

当被介绍者双方的地位、身份大致相似时，应先介绍人数较少的一方。

2. 强调地位、身份

若被介绍者双方的地位、身份存在差异，虽人数较少或只有一人，也应将其放在尊贵的位置，最后加以介绍。

3. 单向介绍

在演讲、报告、比赛、会议、会见时，往往只需要将主角介绍给广大参加者。

4. 人数多的一方的介绍

若一方人数较多，可采取笼统的方式进行介绍。如"这是我的家人""这是我的同事"。

5. 人数较多各方的介绍

若被介绍的不止两方，需要对被介绍的各方进行位次排列。排列的方法为：（1）以其负责人身份为准；（2）以其单位规模为准；（3）以单位名称的英文字母顺序为准；（4）以抵达时间的先后顺序为准；（5）以座次顺序为准；（6）以距介绍者的远近为准。

（三）集体介绍时的注意事项

在做集体介绍时，要注意以下三个方面：

1. 介绍的内容要准确

特别是涉及名称、职务、职称、专长等，不可想当然地介绍，也不能用容易产生歧义的简称等。

2. 介绍内容的程度要恰当

该介绍哪些内容，介绍到何种程度，要根据情况需要做到恰到好处。

第三章 商务交际礼仪

3. 介绍时的语言要清楚、简洁

必要的手势、眼神、表情的运用要协调、统一、得体，不可太夸张，也不可太呆板。

第三节 名片礼仪

在职场交往中，不要小看了小小的名片，它是我们人际交往中重要的资源。名片是一个人身份、地位的象征，也是使用者要求社会认同、获得社会理解与尊重的一种方式。名片一般都有一定的规格，长9厘米，宽5.5厘米，上面印着姓名、职位、地址、电话等信息。

一、名片的功用

在社交场合作自我介绍，名片可以帮助我们打破无人介绍的僵局，展现我们的热情。

名片可以在商务人员初次相识的时候，消除自我标榜身份之嫌，避免既想了解对方情况，又怕触犯别人隐私的尴尬。

名片便于保存信息，方便初次相识的人们交流思想和情感。

二、名片的妙用

在非正式邀请中，把注有时间、地点和内容的名片装入信封发出，可以代替请柬，比口头邀请和电话邀请正式。

拜访客户的时候，如果客户不在，可留下一张名片，客户回来看到名片后，就会知道你来过了。

向客户赠送礼物和鲜花时，如让人转交，可以附上名片一张，留上祝贺之语。

名片可用于业务宣传。在名片上可以印制企业的业务范围、地址、联系电话等，具有类似广告宣传的作用，可以让别人了解自己所从事的业务。

三、名片的接送

(一) 递送名片

名片的保管应该有一个精致的名片夹或者精巧的名片盒。名片不可如同传单一样滥发。递送名片的时候最好以站立的姿态，面带微笑，正视对方。用双手的大拇指和食指夹住名片的两个角，名片的文字要正对着对方递过去（参见图3-1）。千万不要用食指和中指夹着给人，这样显得不礼貌。

图3-1 名片递送

（二）接过名片要欣赏

用双手接过名片后要仔细地看一遍，并对名片上的内容作赞赏式的简要评价。对名片上不认识的内容，要及时请教对方，以免以后引起尴尬。千万不要连看都不看就放进口袋，或者拿着对方的名片玩弄、揉搓。

（三）收管好名片

看完名片后，应该将名片放在名片盒、名片夹或公文包等，不可随意塞入口袋。当然，随意遗忘在桌上和地上就更不礼貌了。如果名片过多，要做好分类收藏，方便查找。

（四）要回赠名片

接过别人的名片后要拿出自己的名片递给对方。如果自己没有名片或者没带名片，应该首先向对方表示歉意，并说明理由。

四、名片的索要

（一）平等法

平等法也可称为互换法。在主动递上自己的名片后，对方按常理会回给自己一张名片。如果对方没有回送名片，我们可以在递上名片的时候说："能否有幸与您交换一下名片"。

（二）暗示法

暗示法即用含蓄的语言暗示对方。如你向长辈、尊者索要名片可说："请问今后如何向您请教？"；向平辈或晚辈表达此意可以说："请问以后怎样与您联系？"

第三章　商务交际礼仪

五、递出名片的注意事项

无论参加私人聚会或商业餐会，名片都不可以在用餐时发送。因为此时只适合社交而非商业性的活动。

对于陌生人或者巧遇的人，不要在谈话中很早地送出自己的名片，因为太过热情，一方面会打扰别人，另一方面有推销自己的嫌疑。

不要发送破损或者脏污的名片。

对于一群相互不认识的人当中，最好让别人发送名片。名片的发送可以在刚见面或者告别的时候。但如果即将发表意见，则在说话之前将名片发给周围的人，可以帮助彼此相互认识。

不要在到处散发自己的名片，要有所选择。

六、名片的管理

当你和他人在不同场合交换名片时，务必详尽记录与对方会面的人、事、时、地、物。交际活动结束后，应回忆复习一下刚刚认识的重要人物，记住他的姓名、单位、职务、行业等。第二天或过个两三天，主动打个电话或发个邮件，向对方表示结识的高兴，或者适当地赞美对方的某个方面，或者回忆你们愉快的聚会细节，让对方加深对你的印象和了解。

对名片进行分类管理，如可以按地域分类，也可以按行业分类，还可以按人际交往的性质分类。

养成经常翻看名片的习惯。工作的间隙，翻一下名片档案，给对方打一个问候的电话、发一个祝福的短信等，让对方感觉到你的存在和对他的关心与尊重。

定期对名片进行清理。将我们手边所有的名片与相关资源数据作一全面性整理，依照关联性与重要性、长期互动与使用概率、数据的完整性等因素，将它们分成三堆：第一堆是一定要长期保留的；第二堆是不太确定是否需要长期保留的，可以暂时保留的；第三堆是确定不要的，当确定不要时销毁处理。

 典型案例 3—2

乱发名片的后果

某天，小李正在公司里联系业务，突然接到一电话，一个温柔的女声问他在哪里工作。小李听到亲切甜美的声音后，立刻公布了自己的全盘资料。半小时后，一个英姿飒爽的女警察站在他面前。她非常威严地问："为什么有正当的职业不好好工作，非要去贩卖假证件？"小李一下懵了，结结巴巴地说："我……我什么时候贩卖假证件了？我有正当职业，再说我还嫌自己文凭低呢！"警察拿出一张照片放在他的面前。小李一看，一堵墙上用石灰水写着——办证，后面一长串号码分明是他的手机号码。看来是某个喜欢搞恶作剧的家伙接到小李的名片后……等他满头大汗地解释清楚之后，警察微笑着告诫他："今后千万不要乱发名片。

第四节 握 手 礼 仪

握手礼起源于古代的摸手礼，为了说明手中没有武器、表示友好，古人会伸出右手。握手是世界范围内最常见的一种礼貌举止，它表示亲近、友好、寒暄、道别、致贺、感谢、慰问、鼓励等。

一、握手的原则和次序

握手的原则是尊者优先、女士优先。在上级与下级之间，上级先伸手，下级后伸手；在长辈与晚辈之间：长辈先伸手，晚辈后伸手；在男性与女性之间，应该女士先伸手，男士再回应。在商务场合，强调的是领导优先，不是年长者优先，也不是女士优先。如年轻的男处长与年长的女副处长之间，应该是男处长优先。但是如果在家族聚会和婚丧酒宴上，则是长辈优先。在同学朋友聚会上，则是女士优先。

在迎接客人的时候，主人先伸手，表示欢迎；在送客的时候，客人先伸手，若主人先伸手会有逐客的嫌疑。

在表示感谢、祝贺、慰问的特殊场合，下级、晚辈、男士可以先伸手。

二、握手时的姿态

两人相距一步站立，上身稍前倾，伸出右手（不能用左手），拇指向上伸开，四肢并拢，掌心向左，高低基本与对方的腰部上方齐平，握住对方之手。有时候，还可以双手相握，这意味着更尊重、更亲切，向对方表示完全的诚实可信。政治家经常使用这种方式，特别是寻求支持的时候。还有一种方式就是右手相握，左手扶对方的右臂，这种方式表示非常亲密，通常在亲人和要好的朋友之间才用。如果对方是长辈、上级或女士，则应该用力稍小。与晚辈握手可以适当用力，这样会给对方以信赖的感觉。握住手后，可以上下稍微晃动一下，不要左右猛摇，也不要时间过长。握手的力度不可过大，也不可过小。如果两个人很熟悉，或者久别重逢，力度可以大一些，时间可以长一些。握手时要注意目光交流，微笑致意，脸上要有表情，否则会被人认为敷衍了事。握手的同时要说一些客套话，如"您好""很高兴认识您"等（参见图3-2）。

图3-2　握手礼仪

三、握手的场合

（1）在被介绍与人相识、双方互致问候的时候，应该与对方握手致意，这表示为相识而感到高兴，今后愿意建立联系或商谈工作等。

（2）对久别重逢的朋友或长时间不见的同事，相见的时候应该热情握手表示问候、关切和感到高兴。

（3）当对方取得好成绩或者有其他的令人高兴的事情的时候，见面时应该与之握手表示祝贺。

（4）当有人向你赠送礼品，致祝词、讲话的时候，应该与之握手，以表示感谢。

（5）在参加商务宴请见面或告辞的时候，应该握手。

（6）邀请客人参加活动，在告别的时候，主人应该和所有的客人握手，以表示感谢光顾。

（7）当拜托别人做某件事准备告别的时候，应该握手表示感谢或恳切盼望之情。

四、握手礼的注意事项

（1）不要戴手套握手，女士戴的礼服手套除外。

（2）不能用左手与人握手。

（3）不要用脏手、湿手与人握手，如果对方已伸出手了，你要说明情况表示歉意。

（4）握手中，不要左顾右看，或者与第三者谈话。

（5）不要几个人交叉握手，要一对一握手，也不要抢着握手。

（6）跨门槛的时候不能握手。

（7）与女性握手时不能用力，要握手指部分。

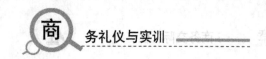

典型案例 3-3

纽约某大公司欲重金礼聘一位市场部主管。应聘者从面试、笔试再到口试，经过了3个星期的严格挑选，最后符合条件只有两位，而他们的年龄相同、考分相同，其他的条件也几乎都是不相上下。这种情况让人事部主管很难抉择，最后，只好由总裁选定最终人选。

两位候选人被领进总裁的办公室，总裁很客气地和两位先生一一握手、问好，请他们入座。总裁说："我很幸运遇到你们两位，你们虽然都拥有这么优秀的条件，但是很可惜公司只能聘请一位。一个好的主管第一要有很健康的身体，第二要具有很好的亲和力和向心力，工作要有很高的热情和强烈的责任心。"总裁注意观察了两位候选人的神情，王明一脸严肃，李强则显得稳重自信。

最终总裁选择了李强。总裁的决定令大家大惑不解，总裁向大家道出了自己决断的理由：我和王明握手的时候我发现他的手是冰凉的，且他的手有气无力，如果我不抓牢的话，他的手会从我的手上滑下去。手冰凉表明他的身体不够好，心神紧张。握手是一种力道，是热情，是一种责任，是一种诚恳的表现。王明缺乏这些和自信，很多因素会造成你在伸手的那瞬间就会做出一个决定，当我把手伸到王明的手上的时候，虽然只是很短的两三秒的时间，但是他的思绪已通过他的手掌表达的很清楚了。

总裁说："跟李强握手的时候，感触到他握手的诚恳、热情、有力。两个眼睛凝视你，有一种极强的亲和力。打开他应聘推荐书也证实了他是一个身体健康、乐观奋斗、领导力强、亲和力强、责任感强的人，我需要的就是这样一位能够带动业务推广的人物。"

第五节 致意礼仪

致意是一种常用的礼节，主要是以动作问候朋友，通常用于相识的人之间在各种场合打招呼。

一、致意礼仪的基本规范

男士应当首先向女士致意，年轻者应当首先向年长者致意，学生应当首先向教师致意，下级应当首先向上级致意。当年轻的女士遇到比自己年纪大得多的男士的时候，应首先向男士致意。

二、分类

致意包括起立致意、举手致意、点头致意、欠身致意、脱帽致意等。

（一）起立致意

起立致意常用于集会时报告人到场或重要来宾莅临时的致敬或离去，在场者应起立表示致意。如正在坐着的下级、晚辈看到刚进屋的上级、长辈也应起立表示自己的敬意。

（二）举手致意

举手致意适于向距离较远的熟人打招呼，一般不必出声，只将右臂伸直掌心朝向对方，轻轻摆一下手即可，不要反复摇动。举手致意一般不必出声，只将右臂伸直，掌心朝向对方轻轻摆一下手即可，不要反复摇动。

举手致意的正确做法是：
（1）全身竖立，面带微笑，目视对方，略略点头；
（2）手臂轻缓地由下而上，向侧上方伸出，手臂可全部伸直，也可稍有弯曲；
（3）致意时伸开手掌，掌心向外对着对方，指尖指向上方；
（4）手臂不要向左右两侧往返摆动。

（三）点头致意

点头致意适于不宜交谈的场合，如会议、会谈的进行中。与相识者在同一地点多次见面或仅有一面之交者，在社交场合相识亦可点头致意。点头致意的正确做法是头向下微微一动，不可幅度过大，也不必点头不止。

（四）欠身致意

欠身致意即全身或身体的上部微微向前一躬，这种致意方式表示对他人的恭敬，其适用的范围较广。欠身致意的礼节较轻。当你在会场上处于坐姿时，有朋友来入座，你应欠身致意，即将臀部抬起，身微微耸起，而不必站立起来。如果你处于站姿，正在与朋友交谈，这时另有其他的朋友参与进来，不能置之不理，也不能中断谈话，就需要欠身致意，即上身微微前倾表示欢迎。如果中断谈话，对方反倒可能会误会你。如果每次见面都鞠躬握手，也过于烦琐。欠身致意正好适用这种场合。

（五）脱帽致意

与朋友、熟人见面时，若戴着有檐的帽子，则以脱帽致意最为适宜。脱帽致意即微微欠身，用距对方稍远的一只手脱帽子，将帽子置于大约与肩平行的位置，同时与对方交换目光。

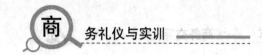

三、行致意礼的注意事项

致意方法可以在同一时间内使用一种以上，如点头与微笑、欠身与脱帽均可同时使用。遇到对方向自己致意，应以同样的方式向对方致意，否则是失礼的。致意要注意文雅，一般不要在致意的同时向对方高声叫喊，以免妨碍他人。

致意的动作也不可以马虎或显得满不在乎。而必须是认认真真的，以充分显示对对方的尊重。

在餐厅等场合，若男女双方不是十分熟悉，一般男士不必起身走到女士的跟前去致意，在自己的座位上欠身致意即可。如果愿意，女士可以走到男士的桌前去致意，此时男士应起身协助女士就座。在社交场合遇见身份高的熟人，一般不宜立即起身去向对方致意，而应在对方的应酬告一段落之后再上前致意。

一、判断题

1. 在年龄相仿的男士和女士之间做介绍，一般要把女士介绍给男士。（　　）
2. 某科技有限公司销售部的职员小刘去王总经理家里做客，告别的时候，刚一出门，王总就先与小刘握手告别："欢迎以后常来。"（　　）
3. 在递送名片的时候，要用右手的食指和中指夹住名片递给对方。（　　）

二、简答题

1. 名片的作用是什么？商务人员递接名片时应该注意哪些礼节？
2. 握手的基本规则和注意事项有哪些？
3. 为他人做介绍的次序如何？
4. 称呼应该注意的问题有哪些？

三、案例分析

2005年4月，广州商品交易会，各方厂家云集，企业家们济济一堂。A公司的徐总经理在交易会上听说B集团的崔董事长也来了，想利用这个机会认识这位素未谋面又久仰大名的商界名人。午餐会上他们终于见面了，徐总彬彬有礼地走上前去，"崔董事长，您好，我是A公司的总经理，我叫徐刚，这是我的名片"。说着，他便从随身带的公文包里拿出名片递给了对方。崔董事长正忙着与人谈话，他顺手接过徐总的名片，"你好"回应了一句

第三章 商务交际礼仪

并草草看过，放在了一边的桌子上。徐总在一旁等了一会儿，并未见这位崔董事长有交换名片的意思，便失望地走开了。

请结合名片礼仪知识谈谈这位崔董事长的失礼之处。

 实训任务一　商务交际礼仪综合

一、实训要求

通过模拟比较完整的商务见面活动，练习在社交场合中称呼他人、自我介绍和为他人介绍的方法；掌握握手次序以及握手的方法；注意加强名片的索取、递交、接受、放置、回赠过程的训练，使学生掌握名片的使用规范。

二、实训器材

名片、文件包、名片盒、名片夹。

三、实训准备

1. 每位学生用硬板纸仿照正式名片制作一张名片，写上自己的姓名、虚拟职衔、业务范围等，然后同桌两位同学相互表演名片的递送、接过、放置和索取名片等过程。

2. 指导教师讲解握手、介绍时的正确姿势和注意事项，并进行演示，然后让学生分组训练。

四、实训组织

每三名同学分成一组，选出一名组长，以组为单位安排扮演角色。按照事先确定的顺序进行分小组展示，最后由指导教师给出评分和点评，进行小组考核。学生实训结束后根据实训结果写出实训报告。

五、情景模拟与任务

1. 角色分配

宏达公司采购部经理——王经理。

宏达公司采购业务员——小张。

新锐公司销售代表——刘恒。

2. 背景资料：新锐公司的销售代表要定期拜访其负责区域的客户。今天刘恒来到宏达公司采购部，负责与他联系业务的采购业务员小张将他引荐给了新来的采购部王经理。

3. 地点：宏达公司采购部经理的办公室。

4. 模拟场景

张：王总，让我给您介绍一下，这位是新锐公司的销售代表刘恒。

王：您好。

（王总伸手，刘恒伸手，双方握手）

刘：您好，王总，我叫刘恒，是新锐公司的销售代表，主要负责和贵公司进行业务往来，初次见面，请多关照，希望今后我们能有更多的机会开展业务合作。

情节设计A——

刘：能否有幸和您交换一下名片？

王：好。

（刘恒从公文包里取出名片，双手递交给王总。王总将名片仔细看过后放入名片夹内，随后从名片盒内取出自己的名片双手递交给刘恒）

王：我们公司现在正在筹备进一步扩展经营项目，相信今后合作的机会一定会更多的。

情节设计B——

（刘恒从公文包里取出名片，双手递交给王总。王总将名片仔细看过后放入名片夹内）

刘：王总，以后如果有业务上的问题怎样和您联系呢？

（王总从名片盒内取出名片，双手交给刘恒）

王：希望我们今后合作愉快！

六、小组考核

考核项目：　　　　　　班级：　　　　　　考核时间：
第　　组　　　　　　　组长：　　　　　　组　员：

项目	小组展示综合考核				总分
评分标准	名片（索取、递交、接受、放置、回赠）	握手	称呼	介绍（自我介绍、为他人介绍）	100
标准分	50	20	10	20	

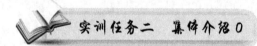

实训任务二　集体介绍

大华公司派几名技术人员到宏发机械厂进行实地参观学习，负责带队的李工程师和宏发机械厂的几名负责人都很熟悉，经常有业务往来。请模拟李工程师把他的同事们介绍给宏发机械厂负责人的情景。

实训任务与要求：

1. 分小组进行。

2. 推荐一组进行现场展示，由教师进行指导和评价，鼓励学生参与讨论。

第四章　商务接待、拜访礼仪

学习目标

通过本章的学习,掌握迎接客人的基本程序和迎接客人时的乘车礼仪,接待与招待客人应该注意的问题,学会如何送别客人,掌握商务馈赠礼仪的基本规范,学会恰当地选择礼品、馈赠礼品。

第一节　商务接待礼仪

迎来送往是社会交往接待活动中最基本的形式和重要环节,是表达主人情谊、体现礼貌素养的重要方面。尤其是迎接,是给客人良好第一印象的最重要的工作。给对方留下好的第一印象就为下一步深入接触打下了基础。迎接客人要有周密的部署,应注意以下事项:

一、迎接客人

（一）迎接客人的基本程序

对前来访问、洽谈业务、参加会议的外国、外地客人,应首先了解对方到达的车次、航班,安排与客人身份、职务相当的人员前去迎接。若因某种原因,相应身份的主人不能前往,前去迎接的主人应向客人做出礼貌的解释。

主人到车站、机场去迎接客人,应提前到达,恭候客人的到来,决不能迟到让客人久等。客人看到有人来迎接,内心必定感到非常高兴,若迎接来迟,必定会给客人的心里留下阴影,事后无论怎样解释,都无法消除这种失职和不守信誉的印象。

接到客人后,应首先问候"一路辛苦了""欢迎您来到我们这个美丽的城市""欢迎您来到我们公司"等。然后向对方作自我介绍,如果有名片,可送予对方。

迎接客人应提前为客人准备好交通工具,不要等客人到了才匆匆忙忙地准备交通工具,那样会因让客人久等而误事。

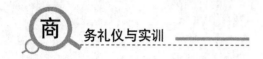

主人应提前为客人准备好住宿，帮客人办理好一切手续并将客人领进房间，同时向客人介绍住处的服务、设施，将活动的计划、日程安排交给客人，并把准备好的地图或旅游图、名胜古迹等介绍材料送给客人。

将客人送到住地后，主人不要立即离去，应陪客人稍作停留，热情交谈，谈话的内容要让客人感到满意，如客人参与活动的背景材料、当地的风土人情、有特点的自然景观、特产、物价等。考虑到客人一路旅途劳累，主人不宜久留，让客人早些休息。分手时将下次联系的时间、地点、方式等告诉客人。

（二）迎接客人时的乘车礼仪

1. 小轿车

小轿车的座位，如有司机驾驶时，以后排右侧为首位，左侧次之，中间座位再次之，前座右侧殿后，前排中间为末席。

如果由主人亲自驾驶，以驾驶座右侧为首位，后排右侧次之，左侧再次之，而后排中间座为末席，前排中间座则不宜再安排客人。

主人夫妇驾车时，则主人夫妇坐前座，客人夫妇坐后座，男士要服务于自己的夫人，宜开车门让夫人先上车，然后自己再上车。

如果主人夫妇搭载友人夫妇的车，则应邀友人坐前座，友人之妇坐后座，或让友人夫妇都坐前座。主人亲自驾车，坐客只有一人，应坐在主人的旁边。若同坐多人，中途坐前座的客人下车后，在后面坐的客人应改坐前座，此项礼节最易疏忽。

上司、客人坐轿车外出办事，应首先为上司或客人打开右侧后门，并以手挡住车门上框，同时提醒上司或客人小心，等其坐好后再关门。如果你和你的上司同坐一辆车，座位由上司决定，待其坐定后，你再任意选个空位坐下，但注意不要去坐后排右席。抵达目的地后，你应首先下车，下车后，绕过去为上司或客人打开车门。并以手挡住车门上框，协助上司或客人下车。

如果你是商务女性，上下车姿势必须十分讲究，具体来说是：上车时仪态要优雅，姿势应该为"背入式"，即将身体背向车厢入座，坐定后即将双脚同时缩进车内（如穿长裙，应在关上车门前将裙子弄好。下车的时候，应将身体尽量移近车门，立定，然后将身体重心移至另一只脚，再将整个身体移离车外，最后踏出另一只脚（如穿短裙则应将两只脚同时踏出车外，再将身体移出，双脚不可一先一后）。

2. 吉普车

吉普车无论是主人驾驶还是司机驾驶，都应以前排右座为尊，后排右侧次之，后排左

第四章 商务接待、拜访礼仪

侧为末席。上车时,后排位低者先上车,前排尊者后上。下车时前排客人先下,后排客人再下车。

3. 旅行车

在接待团体客人时,多采用旅行车接送客人。旅行车以司机座后第一排即前排为尊,后排依次为小。其座位的尊卑,依每排右侧往左侧递减。

二、接待与招待客人

(一)接待客人

接待客人时要注意以下几个方面:

(1)客人要找的负责人不在时,要明确告诉对方负责人到何处去了,以及何时回本单位。请客人留下电话、地址,明确是由客人再次来单位,还是我方负责人到对方单位去。

(2)客人到来时,我方负责人由于种种原因不能马上接见,要向客人说明等待理由与等待时间,若客人愿意等待,应该向客人提供饮料、杂志,如果可能,应该时常为客人换饮料。

(3)接待人员带领客人到达目的地,应该有正确的引导方法和引导姿势。

① 在走廊的引导方法。

接待人员在客人二三步之前,配合步调,让客人走在内侧。

② 上楼梯的引导方法。

当引导客人上楼时,应该让客人走在前面,接待人员走在后面;若是下楼时,应该由接待人员走在前面,客人在后面。上下楼梯时,接待人员应该注意客人的安全。

③ 乘电梯的引导方法。

引导客人乘坐电梯时,接待人员先进入电梯,等客人进入后关闭电梯门。到达时,接待人员按"开"的钮,让客人先走出电梯。

④ 客厅里的引导方法。

当客人走入客厅时,接待人员用手指示,请客人坐下,看到客人坐下后,才能行点头礼后离开。如客人错坐下座,应请客人改坐上座(一般靠近门的一方为下座)。

(4)诚心诚意的奉茶。

我国习惯以茶水招待客人,在招待尊贵客人时,茶具要特别讲究,倒茶有许多的规矩,递茶也有许多的讲究。

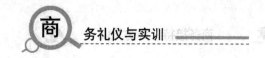

（二）招待工作

招待工作也蕴涵着艺术的想象，商务人员应该有这种意识。要获得业务并成功合作，必须使客户得到真正的快乐。商务招待应该被看做是一种投资，而且最好要有明确目的，明确目的指的是具体的需要。商务招待的基本原则是：可以高消费，但是要反对浪费。商务招待成功的秘诀在于细心，照顾到每一个客人的喜好。商务招待是经常发生的活动，从办公室的一杯茶水到招待客人吃工作餐，再到高级别的正式宴会。好的商务招待可从以下几个方面去着手：

（1）在一对一的基础上去了解客人；
（2）对新老朋友都热情相待；
（3）得到帮助，真诚地表达你的谢意；
（4）商业场合不要羞于推销你自己（这一点我们还做得远远不够）；
（5）得到热情招待，要在适当时机考虑回报；
（6）强化与老客户的关系（我们80%的商业利润可能就来自那20%的老客户）；
（7）在商务招待中提高企业的形象；
（8）注意在招待过程中强调企业的任务，但要做得不露声色而漂亮。

三、送别客人

接待和招待工作完成以后，就要做好接下来的送客的工作。千万不要认为完成了接待和招待工作以后即万事大吉，如果不注意礼貌地送别客人，很可能造成此前的招待工作功亏一篑，虎头蛇尾。俗话说："编筐编篓，全在收口"，所以要"迎人迎三步，送人送七步"，必须要认识到礼貌送客的重要性，做好"后续服务"。

在送别客人的时候，等客人先伸手后，主人方可以与客人握手告别。否则主人先伸手，有逐客之嫌。对于本地客人，一般应该陪同送行到本单位楼下或者大门口即可，等待客人远去后再回到单位。如果对于乘轿车而来的客人，在离去的时候，应该帮助客人拉开车门，等客人上车以后，轻轻地关上车门，挥手道别，等待客人远去后离开。对于远道而来的客人，应该为其提前预订好返程的车票、机票或者船票。一般情况下，送行人员可以前往客人的住宿处，陪同客人一同前往机场、码头和车站，必要的时候，可以在临别前共叙友谊，或者举行专门的欢送仪式。在客人登机、登船或者上火车之前，送别人员应该按照一定的顺序一一地与客人握手话别，祝愿客人一路顺风、旅途愉快，并欢迎再次光临。在其所乘交通工具开动前，应该挥手致意，目送客人离去。然后，送别人员方能离开。

第四章　商务接待、拜访礼仪

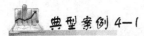

  大华公司的小李在销售部负责接待来访的客人和转接电话。每天上班后一到两个小时之间是她最忙的时候，电话不断，客人络绎不绝。一天，有一位与销售部长预约好的客户刘先生提前20分钟到达。小李马上通知销售部长，何部长说自己正在接待一位重要的客人，请对方稍等。小李转告客户刘先生说："何部长正在接待一位重要的客人，请您等一下，请坐。"正说着电话铃又响了，小李匆匆用手指了一下椅子，赶快接电话。客户刘先生面有不悦。小李接完电话，赶快为客人泡茶，她用手指从茶叶筒中拈了撮茶叶，放入茶杯内，然后冲上水……这一切客户刘先生都看到了。刘先生面带不悦之色，把放在自己面前的茶杯推得远远的，同时说："别污染了我的肠胃！"这时，又有一位老客户来找业务员小周，恰好小周去总经理的办公室。小李和这位客户很熟悉就聊了起来，冷落了在一旁的刘先生。

第二节　商务拜访礼仪

一、拜访客户维系合作关系

  春节前拜访客户是通常的做法，不要把它视为例行公事，应该对此有所改善。区分不同的对象（如分销商与直接用户），决定不同的拜访方式，想想他们与我们合作是基于什么样的出发点，以及我们双方在合作中将有怎样的收益。在拜访客户之前，将客户与我们成交的记录单整理出来，在拜访时将这份记录单送给他们，这样可以增加我们讨论的共话问题。利益是大家合作的基础，沟通方式是强劲润滑剂。本着尽力给客户带去利益的心态去拜访客户，才更有利于长期合作。

  拜访客户不仅是一种礼节，更是一次很重要的客户调查。了解客户的基本情况变化，借此调整一年的经营策略及具体做法。当然，拜访客户时可以带些礼物，但不要落入俗套，如送给客户一些印有企业介绍、标志的笔记本、台历等就比较好，它能让客户在新的一年中都记着你。

  如果与客户初次相识就更得讲究礼仪。如果这个头没开好，那我们刚刚开始的业务关系就难免以后不出问题。所以，从一开始，我们就必须为将来发展我们的新业务关系打好基础。业务关系的建立能对某个人的经商生涯，甚至整个企业的前途产生重大的影响。

67

二、商务拜访的礼仪规范

（一）拜访前的准备

了解拜访对象个人和企业的资料，准备拜访时需要用到的资料，订好明确的拜访目的。整理服装、仪容，检查各项携带物是否齐备，如名片、笔、笔记本等。拜访前应当准备好相应的资料，如企业的介绍、产品目录和名片等。如果你代表的是企业，你就不能空着手，每次都要带些（如公文包、钢笔和笔记簿）东西，因为这些东西是一种"素质"的体现。尽管这些东西并不起主要作用，但它们却肯定能体现出你的风格以及你所在企业的风格和形象。

（二）拜访前要预约

尽量不做不速之客，因为不速之客给人带来的难堪是突然的，拜访对象个人和企业没有足够的心理准备来接纳你，所以你的造访首先就是在一种"被拒绝"的心态定位中进行的，对以后的会谈很不利。

现在通信设备发达，只要提前打一个电话就可以避免这种突如其来的造访。如果是对与本企业有业务联系的客户，这样做会使他们觉得礼仪周全，更愿意与你合作。拜访前一定要事先和对方约定，以免扑空或扰乱主人的计划。电话预约时要向对方告知拜访的事由、时间。

（三）准时赴约

最主要的拜访礼仪是准时赴约。万一有意外事情不得不迟到时，应立即打电话告诉对方。拜访应选择适当的时间，如果双方有约，应准时赴约。万一因故不得不迟到或取消访问，应立即通知对方。拜访时要准时赴约，要提前确认前往所需要的交通工具和路上会花费的时间。尽量要比约定的时间早 10 分钟。如果不得已要迟到，必须与对方联系并表示歉意。让别人干等是严重的失礼事情。如果有急事不得不晚，必须通知你已约好的拜访对象（打不了电话可以让别人代为通知）。如果交通阻塞，要通知对方说晚到一点。如果是对方晚到，你可以利用这些时间整理一下文件，仔细想想需要办理的事情，或者问一下接待员能否到休息室先休息一下。

（四）等待接见

到达约会地点后，要主动地向接待人员通报自己的有关情况，以便接待员安排你与要拜访的对象会面。到达被访人所在地时，一定要用手轻轻敲门，进屋后应待主人安排指点后坐下。后来的客人到达时，先到的客人应该站起来，等待介绍。当你到达时，告诉接待员你的名字和约定的时间，递上你的名片以便接待员能够方便通知对方。冬天穿外套的话，如

第四章 商务接待、拜访礼仪

果你脱下外套后接待员没有告诉你外套可以放在哪里,你就要主动问一下,切忌随意放置。

(五) 安静等候

在等待时要安静,不要通过谈话来消磨时间,这样会打扰别人工作。即使等候的时间过长,也不要明显地抬腕看表或显出不耐烦的样子。你可以询问接待员拜访对象什么时候有时间。如果你等不及那个时间,可以向接待员解释自己有事另外再约定一个时间。不管你对要拜访的人有多么不满,都不要向接待员发火。

(六) 正式会面

与拜访对象见面后,如果是初次见面要主动进行自我介绍,如果是熟人,也要先问候并握手致意。主人不让座不能随便坐下。如果主人是年长者或上级,主人不坐,自己不能先坐。主人让座之后,要口称"谢谢",然后采用规矩的礼仪坐姿坐下。主人递上烟茶要双手接过并表示谢意。如果主人没有吸烟的习惯,要克制自己的烟瘾,尽量不吸,以示对主人习惯的尊重。主人献上果品,要等年长者或其他的客人动手后,自己再取用。即使在最熟悉的朋友家里,也不要过于随便。

(七) 交谈沟通

谈话时应开门见山,言归正传,不要海阔天空,浪费时间,更不能一个人滔滔不绝,要给拜访对象讲话、答复的时间,出现矛盾不要争执不休。进门后,拜访者随身带来的外套、雨具等物品应搁放到主人指定的地方,不可任意乱放。对室内的人,无论认识与否,都应主动打招呼。如果你带孩子或其他的人来,要介绍给主人,并教孩子如何称呼。主人端上茶来,应从座位上欠身,双手捧接,并表示感谢。

说话不要用时髦的词。摩登的口语词汇在家里使用或许更好,但在商务交往时,使用方言或习语往往被认为是不得体的。如当你想表示"太好了!"时,你应该避免使用"酷毙了!"这类词。

(八) 控制时间最重要

商务人员进行商务拜访的时候要控制好交谈时间,不宜太短,也不宜太长。一般性的拜访以不超过半个小时为宜,谈话内容尽量充实,谈话时间则尽量缩短,这样对方一定会欣赏你的干练和效率。最好在约定的时间内完成访谈,如果客户表现出有其他要事的样子,不宜继续拖延,如为完成工作,可约定下次见面的时间。

(九) 道别感谢

当主人有结束会见的表示时应立即起身告辞,切忌死赖着不走。起身告辞时,要向主人表示"打扰"歉意。离开时要主动告别，如果主人出门相送，拜访人应请主人留步并道谢，待主人留步后，走几步再回首挥手致意"再见"，热情地说声"再见"。

案例一

不 速 之 客

科电公司的业务员小李，一次到国华公司去联系业务。小李嫌事先打电话会麻烦人家，就直接来到国华公司，颇费一番周折后他找到了国华公司的采购部。小李见到了国华公司采购部的刘经理。

小李：你好！我是科电公司的小李，请问你这里谁负责采购？

刘经理：你怎么进来的？

小李：我自己就找到这里来了。

刘经理：采购业务我负责，可我现在没有时间！

小李：就耽误您十分钟的时间。

刘经理：对不起，您下次先约好了再过来好吗？这次就这样。

小李只好无功而返……

我们都知道工业品的销售拜访不能像上门推销日用品那样——先想方设法过门卫关，然后到办公楼里像没头苍蝇似的乱撞。工业品的拜访一般要预约，不然你的拜访结果不会很理想。通过电话预约会给客户充分的准备时间，以便客户根据自己的计划安排时间和你会谈，以免打乱客户的工作计划。

案例二

客户代表汤姆9点和CB制造公司的CEO卡特先生有一个约会。汤姆被任命为CB制造公司和他所在公司之间的联系人，并且在以后几个月中要花很多的时间在CB制造公司里。他希望能通过此项工作被任命到更高的职位。在一个下着雨的星期一的早晨，他将要和卡特先生进行第一次会晤。

汤姆在9：01赶到了前台，他浑身湿漉漉的，上气不接下气："嗨，卡特在吗？我跟他有个约会。"前台冷淡地看了他一眼说："卡特先生在等你，请跟我来。"

汤姆一只手拿着雨伞，另一只手拿着公文包进了卡特的办公室。卡特从桌后出来迎接他。卡特把前台接待又叫了进来，让她把汤姆滴水的雨伞拿出去。汤姆注意到卡特先生比他穿得正式多了。接着他们握手，汤姆随口说道："我花了好大的工夫才找到地方停车！"卡特说："我们在楼后有一块公司专用停车场。"汤姆说："哦，我不知道。"

第四章　商务接待、拜访礼仪

> 汤姆拽出一把椅子坐在卡特的书桌旁边,他一边从公文包中拿出资料,一边说:"哦,卡特,非常高兴认识你。看来我们将会有很多的时间合作。我有一些关于产品方面的主意。"卡特停顿了一下,好像拿定了什么主意似的说:"好吧,我想你还是主要和我们的凯丝女士打交道吧。我现在就叫她进来,你们两个可以开始了。"

第三节　商务馈赠礼仪

我们生活在一个讲"礼"的环境里,如果你不讲"礼",简直就是寸步难行,被人唾弃。"以礼服人""礼多人不怪"是古老的中国格言,它们在今天仍有十分实用的效果。

馈赠礼品作为一种非语言的重要交际方式,是以物的形式出现,以物表情,礼载于物,起到寄情言意的"无声胜有声"的作用。得体的馈赠,恰似无声的使者,给交际活动锦上添花,给人们之间的感情和友谊注入新的活力。

馈赠是一种艺术和技巧,从时间、地点一直到选择礼品都有一定的礼仪规范。很多大型企业在电脑里有专门的存储,对一些主要关系企业、关系人物的身份、地位以及爱好、生日都有记录,逢年过节或者什么合适的日子,总有例行或专门的馈赠,巩固和发展自己的关系网,确立和巩固自己的商业地位。

一、最好的礼物是什么

馈赠是商务活动中不可缺少的交往内容。随着交际活动的日益频繁,馈赠礼品因为能起到联络感情、加深友谊、调节气氛、促进交往的作用,越来越受到人们的重视。商务人员在馈赠礼品的时候,应该特别选择受礼者想要的礼物。受礼者最喜欢的礼物就是最好的礼物。最好的礼物通常是新奇的;最好的礼物通常是一个忠实的友谊表示;最好的礼物表示一种幽默感;最好的礼物可以流露出高贵的考究和思想;最好的礼物就是不会超出你的预算的东西。礼品最好是一件接受者想要但又未曾得到的东西,或有长久纪念价值或实用价值的礼物。另外,选者礼品的时候,还要考虑与受礼者的关系,应本着"交浅礼薄,谊深礼重"的一般礼俗决定礼品的轻重。一般不轻易送过重的礼物,不然会使对方产生不安的想法,或引起"重礼之下,必有所求"的猜测。

二、赠礼的礼仪规范

(一) 确定馈赠目的

1. 为了交际

礼品的选择,要使礼品能反映送礼者的寓意和思想感情,并使寓意和思想感情与送礼者的形象有机地结合起来。

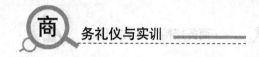

2. 为了巩固和维系人际关系，即"人情礼"

人情礼强调礼尚往来，以"来而不往非礼也"为基本准则。因此无论从礼品的种类、价值的大小、档次的高低、包装的式样、蕴含的情义等方面都呈现多样性和复杂性。

3. 为了酬谢

这类馈赠是为了答谢他人的帮助而进行的，当我们接受了别人无私的帮助后一定要真心酬谢，以表达自己的感激之情，得到别人的帮助应及时表示谢意，但不一定任何帮助都要送礼品。

（二）选择礼品

（1）实用型礼品，如笔、本子、领带、钱包、香水、打火机、烟嘴、各类球拍等，此类礼品最常用。

（2）摆设型礼品，如台历、招财猫（类似的有牛、羊什么的吉祥物）、水晶摆设、水晶工艺品等。

（3）代币型礼品，如交通卡（当然是充了值的）、手机充值卡、各类超市代物券，此类礼物好处不用多说，送着方便，拿着实惠。

（4）奢侈型礼品，如手表、纪念金条。

（5）收藏型礼品，如结合年代和事件并富有内涵的礼品，如奥运官方发行的礼品。

（三）把握馈赠时机

馈赠要注意时间，把握好机会。送礼时机要视实际情况灵活掌握，选择好送礼时机或场合。如厂庆可送花篮、逢节可送贺卡等。下面是商务人员馈赠礼品的较好时机。

1. 传统的节日

春节、中秋节、圣诞节等都可以成为馈赠礼品的黄金时间。

2. 喜庆之日

晋升、获奖、厂庆等日子，应考虑备送礼品以示庆贺。

3. 企业开业庆典

在参加某一企业开业庆典活动时，要赠送花篮、牌匾或室内装饰品以示祝贺。

4. 酬谢他人

当自己接受了别人的帮助，事后可送些礼品以回报感恩。

（四）赠送礼品

要使对方愉快地接受馈赠并不是一件容易的事情。即便是精心挑选的礼品，如果不讲究赠礼的艺术和礼仪，也很难达到馈赠的预期效果。

1. 注意包装

精美的包装不仅使礼品的外观更具艺术性和高雅的情调，更能显示出赠礼人的文化艺术品位，而且还可以避免给人以俗气的感觉。

2. 注意场合

当众只给一群人中的某一个人赠礼是不合适的，给关系密切的人送礼也不宜在公开场合进行。只有象征着精神方面的礼品，如锦旗、牌匾、花篮等才可在众人的面前赠送。

3. 注意态度和动作

赠送礼品时，只有态度平和友善、动作落落大方并伴有礼节性的语言，才容易让受礼者接收礼品。

4. 注意时机

一般赠礼应选择在相见、道别或相应的仪式上。

5. 处理好有关票据

礼品上写有价钱和标签的一定要早点清除干净。但如果礼品是有保修期的"大物件"，如家用电器、电脑等，可以在赠送礼品的时候把发票和保修单一起奉上，以便将来受礼人能够享受"三包"服务或方便其转手处理。

(五) 赠送礼品的方式方法

（1）直接带去客户所在的企业送给本人。
（2）交给秘书或前台代转（当然要注意包装要严实）。
（3）通过快递递送礼品（同样要注意包装问题）。
（4）约客户出来坐坐，同时送上。
（5）交与客户关系亲密且放心的第三者代送。

这几种方式根据礼品的价值、受礼人的级别、事情关键程度综合考虑，搭配使用，没有很标准的做法。

(六) 了解受礼礼仪

一般情况下，不应当拒绝受礼。如果觉得送礼者别有所图，应向他明示自己拒收的理由，态度可坚决而方式要委婉。

接受礼物时，不管礼品是否符合自己的心意，都应表示对礼物的重视。对贺礼以及精美礼物，应当面打开欣赏，并赞美一番。

接受了他人的馈赠，如有可能应予以回礼。有礼有节的馈赠活动有利于拉近双方的距离，增加合作的机会。作为商务活动的重要内容之一，馈赠活动越来越受重视，并得到广泛的使用。而馈赠的商务礼仪也就成为商务人员必备的专业知识之一。

在经济日益发达的今天，人与人之间的距离逐渐缩短，接触面越来越广，一些迎来送往及喜庆宴贺的活动越来越多，彼此送礼的机会也随之增加。但如何挑选适宜的礼品对每一个人都是费解的问题。懂得送礼技巧，不仅能达到大方得体的效果，还可增进彼此的感情。

三、送礼忌讳

选择礼品时一定要考虑周全，有的放矢，投其所好。可以通过仔细观察或打听了解受礼者的兴趣爱好，然后有针对性地精心挑选合适的礼品。尽量让受礼者感觉到馈赠者在礼品选择上是花了一番心思的，是真诚的。

为避免几年选同样的礼物送给同一个人的尴尬情况发生，最好每年送礼时做一下记录为好。

千万不要把以前接收的礼物转送出去或丢掉它，不要以为人家不知道，送礼物给你的人会留意你有没有用他所送的物品。

切勿直接去问对方喜欢什么礼物，一方面可能他的要求会导致你超出预算，另一方面你即使照着受礼人的喜好赠送礼品，受礼人也可能因为某种原因而感到不满意。

切忌送一些可能会刺激别人感受的东西。

不要打算以你的礼物来改变别人的品味和习惯。

必须考虑接受礼物人的职位、年龄、性别等。

即使你比较富裕，送礼物给一般朋友也不宜太过，而送一些有纪念意义的礼物较好。

谨记除去价钱牌及商店的袋装，无论礼物本身如何，最好用包装纸包装好，有时细微的地方更能显出送礼人的心意。

考虑接受者在日常生活中能否应用你送的礼物。

典型案例 4—3

有一个油漆推销员为了发展新用户，第一次来到了一家用漆大户企业，在路上，他就想好了一整套的策略，准备找到这家企业的采购部经理，说服他购买自己的产品。可当他兴冲冲地敲响经理室的门时，秘书告诉他："经理没空！"一连几天登门求见，都被秘书挡驾。推销员实在忍不住了，就问其原因。原来这个星期六是经理儿子的生日，这两天他正忙着为儿子收集他喜欢的邮票呢。听完秘书的话，推销员茅塞顿开。

第二天，推销员又匆匆地赶来求见经理，秘书照样不让进。可推销员信心十足地说："我这次来并不是为了推销油漆，而是来给您送邮票的。"经理一听说是来送邮票的，马

第四章 商务接待、拜访礼仪

上喜形于色,看完推销员送来的珍贵的邮票后经理顾不得问来人的身份,便开始同推销员大谈邮票"经",两个多小时过去了,当推销员起身要告辞的时候,那个经理才如梦初醒,连忙问推销员的来意。等他听完推销员简短的介绍后,毫不犹豫地说:"明天带上你的合同来见我!"

复习思考题

一、判断题

1. 迎接远道而来的客人,应该到机场、码头、车站去接,而且要准时。（　）
2. 迎接客人,要等客人到达后,再临时准备交通工具,将客人送到下榻的宾馆或目的地。（　）
3. 将客人送到住地后,主人不要立即离去,应陪客人稍作停留,热情交谈,考虑到客人一路旅途劳累,主人不宜久留,让客人早些休息。分手时将下次联系的时间、地点、方式等告诉客人。（　）
4. 主人亲自驾车,坐客只有一人,应坐在后排右座。（　）
5. 如果你和你的上司同坐一辆车,座位由上司决定,待其坐定后,你再任意选个空位坐下。（　）
6. 当引导客人上楼时,应该让接待人员走在前面,客人走在后面。若是下楼时,应该由接待人员走在后面,客人在前面。上下楼梯时,接待人员应该注意客人的安全。（　）
7. 引导客人乘坐电梯时,电梯里面没有专门开电梯的,接待人员应先进入电梯,等客人进入后关闭电梯门,到达时,接待人员按"开"的钮,让客人先走出电梯。（　）

二、简答题

1. 商务拜访的礼仪规范是什么?
2. 送礼的忌讳都有哪些?
3. 馈赠礼品的目的有哪些?
4. 简述迎接客人的基本程序。
5. 商务拜访的基本礼仪规范是什么?

三、案例分析

远东公司来了一位广州的客户。他来前两周就发来传真要求远东公司订好旅馆。远东公司的接人员立即做好了这一切。但因传真上未写明要为客人安排好来回接送的车子，远东公司的接待人员便没有帮他安排。广州客人认为远东公司会把这一切安排妥当。于是，他下了飞机后就等着车来接，可是左等右等，没有等到来接他的车，他想，也许远东公司考虑到他旅途劳累，要第二天才安排相关活动，于是他就先回到旅馆。第二天一大早，他就在旅馆内等远东公司的车来接他去公司。可是等了好久，连影子也没有，他一气之下打电话给远东公司的总经理，大声抱怨公司的接待人员工作不到位，总经理听了也很生气，负责接待的人员为此受到了严厉的批评。

请问：（1）接待工作的失误在哪里？
（2）接待工作中，应怎样体现细致周到？

项目实训

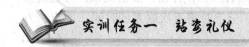

实训任务一　站姿礼仪

一、实训要求
训练接待礼仪、拜访礼仪和赠送礼品礼仪。
二、实训条件
礼仪实训室及相关器材。
三、实训组织
根据角色安排学生分组，分别扮演外宾、推销员、刘总、公关人员若干、客户。
四、情景模拟
松井集团的三本一郎先生乘东京到天津的189次航班，凌晨2点钟降落在天津滨海国际机场。这是三本君第一次来天津。此行的目的是为了与天津帝尊集团的刘总洽谈合作开发一个新项目。你作为帝尊集团的公关部公关人员负责接待山本君，安排接机和住宿宾馆。但是，当日三本君到达天津的时间过晚，只好等到第二天的上午去见刘总。第二天早上九点，刘总正好赶上接待市政府的领导，有一位推销员事先没有约定，一来就声称是刘总的朋友，坚持要见刘总。接待员请教他的大名，他却不愿意通报姓名，也不愿意说出理由，也不肯离去。你负责应对。这时山本君到了，刘总还没有接待完毕政府领导，公关人员让三本君在集团的贵宾接待室休息一会，你负责接待三本君。九点半，刘总终于送走了市政府领导，与三本君会面，并表示歉意。然后，刘总在集团的礼堂举行了简单的欢迎仪式。

第四章 商务接待、拜访礼仪

三本君讲话，刘总讲话，并一一介绍在场的集团管理人员。然后，刘总与山本君共同召开一个合作洽谈的会议，但是集团公司的另一个重要合作伙伴却突然从外地来公司，要求见刘总。刘总开完会后，还要陪同山本君参观企业。最后，三本君圆满结束天津之旅，公关人员为其订好返程机票，由刘总亲自将山本君送往机场，临别前，馈赠给山本君天津当地的特产和纪念品。

五、实训考核要点

模拟演示以下场面情景的处理过程：

接待时应该礼貌大方，音量适中，语调舒缓，表达清晰。

对于初次拜访的客人，由于不太熟悉环境，所以一定照顾周到。

对于公司的重要的合作伙伴，应派专人或亲自驾车去机场、车站或码头迎接，要注意轿车座次的安排。帮助提行李，送至下榻酒店。并安排好客人的食宿和观光游玩。

如果来访者已经事先约定好了，你应该立即和被访者通电话，并请其做准备，通知完毕，得到认可，你再引领来访者到被访处，或请来访者稍坐片刻，待被访者亲自来接。

如果来访者事先并没有约定，现在赖着不肯离去，这时候，你应该依然保持礼貌，并冷静分析，看来访者是否是无理取闹，有无让上司接见的必要，要随机应变地处理。

如果你的上司正在开会，有人要见他，你负责通知他，你可以将来访者的名片先递送进去，并写张便条，或者打内线电话，总之想办法通知并提醒上司。

来访者被安顿在接待室休息，要准备好相应的烟酒糖茶饮料瓜子水果等，还要在接待室放置报纸杂志和电视等。

 实训任务二 撰写礼仪接待方案

案例背景：

张先生是中国知名的金盾广告有限公司的总裁，应××市国际圣诞鲜花礼品有限公司（简称国际圣诞）邀请，他和公司创意部经理王先生及助手孙小姐一行三人将于××××年6月17日上午11：00到达××市。他们来××市的目的是举办一个专门的广告创意说明会，向国际圣诞及其他相关政府部门和企业介绍金盾广告公司的管理经验和广告创意方法。说明会定于××××年6月18日周六下午2：30在国际圣诞大楼四层428报告厅举办，他们拟于6月20日星期一的晚上回上海。张先生毕业于国外知名大学传媒专业，原籍四川，博士学位，约50岁，身体健康。王先生毕业于农科专业，硕士学位，约45岁。孙小姐是一位刚从艺术学院毕业不久的大学生，27岁左右。张先生此次是第一次来××市，国际圣诞公司决定除了举办说明会外，还安排张先生一行参观国际圣诞公司总部大楼、鲜花基地和一个礼品专卖店,并在他们回去之前举办一次宴请活动,答谢他们传授相关经验。国际圣诞公司的鲜花基地离公司总部约 45 分钟的路程,礼品专卖店位于公司大楼一层临街铺面,礼品专卖店的经理是张应文先生。国际圣诞公司的副总经理蓝女士将陪同参观,国际圣诞公司的董事长陈女士将负责设宴招待。

实训任务与要求:

假如你是国际圣诞公司的总经理助理,此次专门负责策划和组织这几次礼仪实践活动。现要求你把这几个活动的礼仪实践策划方案写出来,在策划中要充分考虑时间安排、饮食禁忌、位次排序等。

第五章　商务宴请礼仪

第一节　宴请基本礼仪

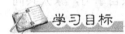 学习目标

通过本章的学习，掌握商务宴请的席间基本礼仪，熟悉中西餐位次礼仪和西餐礼仪中的注意事项，了解工作餐、沙龙等宴请礼仪。

在商务交往中，宴请作为最为常见的社交活动，在整个商务礼仪中占有非常重要的地位。

一、宴请的形式

国际上通用的宴请形式有宴会、招待会、茶会、工作餐等，而至于采取何种形式，一般根据活动的目的、邀请对象以及经费开支等因素来决定。每种类型的宴请均有与之匹配的特定规格及要求。

（一）宴会

宴会是比较正式、隆重的设宴招待，宾主在一起饮酒、吃饭的聚会。宴会是正餐，出席者按主人安排的席位入座进餐，由服务员按专门设计的菜单依次上菜。按其规格又有国宴、正式宴会、便宴、家宴之分。

1. 国宴

国宴特指国家元首或政府首脑为国家庆典或外国元首、政府首脑来访而举行的正式宴会，是宴会中规格最高的。按规定，举行国宴的宴会厅内应悬挂两国国旗，安排乐队演奏两国国歌及席间乐，席间主、宾双方有致辞、祝酒。

2. 正式宴会

这种形式的宴会除不挂国旗、不奏国歌及出席规格有差异外，其余的安排大体与国宴相同。有时也要安排乐队奏席间乐，宾主均按身份排位就座。许多国家对正式宴会十分讲究排场，对餐具、酒水、菜肴的道数及上菜程序均有严格规定。

3. 便宴

这是一种非正式宴会，常见的有午宴、晚宴，有时也有早宴。其最大特点是简便、灵活，可不排席位、不作正式讲话，菜肴也可丰可俭。有时还可以自助餐的形式自由取餐，可以自由行动，更显亲切随和。

4. 家宴

家宴即在家中设便宴招待客人。西方人士喜欢采取这种形式待客，以示亲切，且常用自助餐方式。西方家宴的菜肴不及中国餐的丰盛，但由于通常由主妇亲自掌勺，家人共同招待，因而它不失亲切、友好的气氛。

(二) 招待会

招待会是指各种不配备正餐的宴请类型，一般备有食品和酒水，通常不排固定的席位，可以自由活动，常见的有冷餐会和酒会。

1. 冷餐会

冷餐会，有时亦称自助餐，它是目前国际上所通行的一种非正式的西式宴会，在大型的商务活动中尤为多见。它的具体作法是：不预备正餐，而由就餐者自作主张地在用餐时自行选择食物、饮料，然后或立或坐，自由地与他人在一起或是独自一人用餐。自助餐之所以称为自助餐，主要是因其可以在用餐时调动用餐者的主观能动性，而由其自己动手，自己帮助自己，自己在既定的范围之内安排选用菜肴。至于它又被叫做冷餐会，则主要是因其提供的食物以冷食为主。冷餐会基本上以风味独特的冷菜、饮料、低度酒为主，并非以进餐为主要目的。

2. 酒会

酒会，亦称鸡尾酒会。鸡尾酒起源于美洲，由两种或两种以上的酒或饮料、果汁、汽水混合而成，是有一定的营养价值和欣赏价值的饮品。鸡尾酒会的形式活泼、简便，便于人们交谈。招待品以酒水为重，略备一些小食品，如点心、面包、香肠等，放在桌子、茶几上或者由服务生拿着托盘，把饮料和点心端给客人，客人可以随意走动。举办的时间一般是下午5点到晚上7点。近年来，国际上各种大型活动前后往往都要举办鸡尾酒会。

(三) 茶会

茶会是一种简便的招待形式，一般在下午4点左右举行，也有的在上午10点左右进行。其地点通常设在客厅，厅内摆茶几、坐椅，不排坐席。但若为贵宾举行的茶会，在入座时，主人要有意识地与主宾坐在一起，其他的出席者可相对随意。

第五章　商务宴请礼仪

（四）工作餐

工作餐是国际交往中常用的非正式宴请形式，主、宾双方利用共同进餐的时间边吃边谈。工作餐按用餐时间可分为工作早餐、工作午餐和工作晚餐。这种宴请形式既简便又符合卫生标准，特别是在日程活动紧张时，它的作用尤为明显。工作餐一般不排座次，大家边吃边谈，常用长桌。

二、宴请的原则

学习宴请礼仪，首先应当着重掌握宴请礼仪的下列两条基本原则：

（一）4M原则

4M原则是在世界各国广泛受到重视的一条礼仪原则。其中的"4M"指的是4个以M为字头的单词：菜单（Menu）、举止（Manner）、音乐（Music）和环境（Mode），它们都是人们安排或参与宴请活动时应当注意的重点问题。这条原则的主要含义指的就是在安排或者参与宴会活动时，必须优先对菜单、举止、音乐和环境等四个方面的问题加以高度的重视，并应力求使自己在这方面的所作所为符合律己敬人的行为规范。

（二）适量原则

在宴请活动中，不论活动的规模、参与人数、用餐的档次，还是宴请的具体数量，都要量力而行。务求要从实际的需要和实际能力出发，进行力所能及的安排。可以高消费，但是反对浪费。

除此之外，还有一些需要注意的方面，主要包括以下几个方面：
（1）在一对一的基础上去了解客人；
（2）对新老朋友都热情相待；
（3）得到帮助，真诚地表达你的谢意；
（4）商业场合不要羞于推销你自己；
（5）得到热情招待，要在适当的时机考虑回报；
（6）强化与老客户的关系；
（7）提高企业形象；
（8）注意在宴请过程中强调企业的任务，但要做得圆满而漂亮。

三、宴请的组织

（一）就餐方式的选择

可根据来宾身份、人数酌情选择中式宴席、中餐西吃、自助餐等形式。接待嘉宾，如果是官方性质或商务性质,则采用正式宴会、招待会、茶会等形式;如果是私人宴请,选择便宴、家宴比较合适。一般正式的、规格高的、人数较少的,以宴会形式为宜;人数较多的则以冷餐会或酒会为佳。

(二)确定宴会的时间与地点

宴请的时间应对主、宾双方都合适。注意不要选择对方的重大节日、有重要活动或有禁忌的日子和时间。宴请地点的选择应注意三点,即环境幽雅、卫生良好、交通便利。如是官方正式隆重的活动,一般安排在政府、议会大厦或宾馆内举行;其余的单位宴请则按活动性质、规模大小、形式等实际可能而定。用餐环境要幽静、雅致、整洁、卫生,具备必要的停车场、休息室、卫生间、衣帽架、酒水台、乐队、鲜花。

(三)发出邀请

宴会邀请一般均发请柬,亦有手写短笺、电话邀请。邀请不论以何种形式发出,均应真心实意、热情真挚。请柬的内容包括活动时间及地点、形式、主人的姓名。行文不用标点符号,其中人名、单位名、节日和活动名称都应采用全称。中文请柬行文中不提被邀请人姓名(其姓名写在请柬信封上),主人的姓名放在落款处。请柬格式与行文方面,中外文本的差异较大,注意不能生硬照译。请柬可以印刷也可手写,手写字迹要美观、清晰。请柬信封上被邀请人的姓名、职务要书写准确。国际上习惯对夫妇两人发一张请柬,而我国如遇需凭请柬入场的场合则每人一张。正式宴会,最好能在发请柬之前排好席次,并在信封下脚注上席次号。请柬发出后,应及时落实出席情况,准确记载,以便调整席位。请柬一般提前一周至二周发出。已经口头约妥的活动,仍应补送请柬,在请柬右上方或下方注上"To remind"(备忘)字样。需安排座位的宴请活动,应要求被邀者答复能否出席。请柬上一般注上"R.S.V.P."(请答复)法文缩写字样,并注明联系电话,也可用电话询问能否出席。

(四)订好菜单

宴请的菜谱根据宴请规格,在规定的预算标准内安排。选菜不应以主人的喜好为标准,主要考虑主、宾的口味喜好与禁忌。选菜时,菜的荤素、营养、时令等方面都要考虑周到,菜点与酒品饮料的搭配要力求适当、合理。不少外宾并不喜欢我国的山珍海味,宜以地方风味的菜肴招待,可以选用本地的名酒招待。菜单经主管负责人同意后,即可印制,菜单一桌备2份或3份,至少一份。多上一些有民族特色、本地风味、节令时尚、饭店拿手和客人喜爱的菜肴,注意色香味形及荤素搭配,少上昂贵的菜肴。

在安排菜单时,还必须兼顾来宾的饮食禁忌,尤其是要对主、宾的饮食禁忌予以高度的重视,主要有以下四个方面需要注意:

第五章 商务宴请礼仪

1. 宗教禁忌

对于宗教方面的饮食禁忌，一定要认真对待，一点也不能疏忽大意。对此要是不了解，或是贸然犯禁，都会带来很大的麻烦。

2. 地方禁忌

在不同的地区，人们的饮食偏好往往有不同。对于这一点，在安排菜单时也应予以兼顾。如英美人通常不吃宠物、稀有动物、动物内脏、动物的头部和脚爪。硬是为其提供，那可就强人所难了。

3. 职业禁忌

有些职业，出于某种原因，在餐饮方面往往有各自不同的禁忌。如国家公务员在执行公务的时候不准吃请；在公务宴请时不准大吃大喝，一般不准用餐超过国家规定的标准，不准饮用烈性酒。再如，驾驶员在工作期间不得饮酒。要是忽略了这一点，不仅是对对方的不尊重，而且还有可能使其因此而犯错误、惹麻烦。

4. 个人禁忌

由于种种因素的制约，有些人在饮食上往往会有一些与众不同的特殊要求。如有的人不吃肉，有的人不吃鱼，有的人不吃蛋等。对于这类人的饮食禁忌，亦应充分予以照顾。

（五）排定座次

宴会一般用圆桌，方桌或长桌也可以，每桌不宜超过 10 人，宜用双数。冷菜会的菜台用长方桌；而酒会一般摆设小圆桌或茶几。宴会休息厅通常放小菜几或小圆桌。一桌以上的宴会，桌子之间的距离要适中，各个座位之间的距离要相等。桌数较多时，要摆桌次牌。团体宴请中，餐桌排列一般以最前面的或居中的桌子为主桌，横排时以右为上，纵排时以远为上，有讲台时临台为上。每张桌子上的具体排位，面门为主，右高左低，各桌同向。请柬上要注明桌次，宴会厅门口要有桌次示意图，现场有引位员，席位排妥后要着手写座位卡。我方举行的宴会，中文写在上面，外文写在下面。礼宾次序是安排座位的主要依据。我国习惯按客人本身的职务排列，以便谈话，如夫人出席，通常把女方排在一起，即主、宾坐在男主人右上方，其夫人坐在女主人右上方。两桌以上的宴会，其他各桌第一主人的位置一般与主人主桌上的位置相同，也可以面对主桌的位置为主位。

（六）会场布置

宴会厅和休息厅的布置取决于活动的性质和形式。官方正式活动场所的布置应该严肃、庄重、大方，不宜用霓虹灯作装饰，可用少量的鲜花（以短茎为佳）、盆景、刻花作点缀。

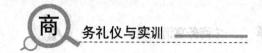

如配有乐队演奏席间乐,乐队不要离得太近,乐声宜轻。最好能安排几曲主、宾家乡的乐曲或其所喜欢的曲子。

四、宴请的席间礼仪

(一)宴客者的礼仪

1. 迎宾及嘉宾入座

宴会开始之前,主人应在门口迎候来宾,有时还可有少数其他的主要人员陪同主人列队欢迎客人。客人抵达后,宾主相互握手问候,随即由工作人员将客人引领至休息厅内小憩。在休息厅内应由相应身份者照应客人,并以饮料待客。若无休息厅,可请客人直接进入宴会厅,但不可马上落座。主宾到达后,主人应陪同其进入休息厅与其他的客人会面。当主人陪同主宾进入宴会厅后,全体人员方可入座,此时宴会即可开始。

2. 致辞、敬酒

正式宴会上,由男主人向来宾提议为某个事由而饮酒。在饮酒时,通常要讲一些祝愿、祝福类的话,甚至主人和主宾还要发表一篇专门的祝酒词。祝酒词的内容越短越好。敬酒可以随时在饮酒的过程中进行。要是致正式祝酒词,就应在特定的时间进行,并不能因此影响来宾的用餐。祝酒词适合在宾主入座后、用餐前开始。也可以在吃过主菜后、甜品上桌前进行。一般情况下,敬酒应以年龄大小、职位高低、宾主身份为先后顺序,一定要充分考虑好敬酒的顺序,分明主次。

3. 席间交谈

作为主人必须带动宴会气氛,其中谈话气氛尤其重要。
(1) 请特别关照害羞的客人,而且主人应该安排健谈的客人陪陪这些朋友。
(2) 如果宴会中出现非常低水准的对话,作主人的必须负责提升品质。
(3) 如果客人争辩个没完,主人必须设法排解。

4. 适时结束、送客

当宴会程序基本完成后,主人要掌握时机结束宴会。一般先由主人向主宾示意,请其做好离席准备。然后主人与主宾起立,主人宣布宴会结束,并对各位嘉宾莅临宴会表示感谢。若主人为参加宴会者备有纪念品,要招呼宾客带上纪念品。主人与相关陪客应先将主宾送至门口,热情握手道别。

（二）赴宴的礼仪

1. 应邀

接到宴会邀请（无论是请柬或邀请信），能否出席要尽早答复对方，以便主人安排。一般来说，对注有"R. S. V. P."（请答复）字样的，无论出席与否，均应迅速答复。注有"Regrets only"（不能出席请复）字样的，则不能出席时才回复，但也应及时回复。经口头约妥再发来的请柬，上面一般注有"To remind"（备忘）字样，只起提醒作用，可不必答复。答复对方，可打电话或复以便函。在接受邀请之后，不要随意改动。万一遇到不得已的特殊情况不能出席，尤其是主宾，应尽早向主人解释、道歉，甚至亲自登门表示歉意。

2. 应邀出席

出席宴会前，要核实宴请举办的时间、地点、是否邀请了配偶，以及主人对服装的要求。活动多时尤应注意，以免走错地方，或主人未请配偶却双双出席。掌握出席时间，出席宴请活动，抵达时间的迟早、逗留的时间长短在一定程度上反映对主人的尊重。应根据活动的性质和当地的习惯掌握。迟到、早退、逗留时间过短被视为失礼或有意冷落。身份高者可略晚到达，一般客人宜略早到达，主宾退席后再陆续告辞。确实有事需提前退席，应向主人说明后悄悄离去。也可事前打招呼，届时离席。

3. 抵达

抵达宴请地点，先到衣帽间脱下大衣和帽子，然后前往主人迎宾处，主动向主人问好。如是节庆活动，应表示祝贺。

4. 赠花

参加他国庆祝活动，可以按当地习惯以及两国关系，赠送花束或花篮。参加家庭宴会，可酌情给女主人赠少量的鲜花。

5. 入席

应邀出席宴请活动，应听从主人的安排。如是宴会，进入宴会厅之前，先了解自己的桌次和座位，入座时注意桌上座位卡是否写着自己的名字，不要随意乱坐。如邻座是年长者或妇女，应主动协助他们先坐下。

6. 进餐

进餐入座后，主人招呼，即开始进餐。取菜时，不要盛得过多。盘中食物吃完后，如不够，可以再取。如由招待员分菜，需增添时，待招待员送上时再取。如果本人不能吃或不爱吃的菜肴,当招待员上菜或主人夹菜时不要拒绝,可取少量放在盘内,并表示"谢谢,够了。"对不合口味的菜,勿显露出难堪的表情。吃东西要文雅,闭嘴咀嚼,喝汤不要啜,吃东西不要发出声音。如汤、菜太热,可稍待凉后再吃,切勿用嘴吹。嘴内的鱼刺、骨头不要直接外吐,用餐巾掩嘴,用手(吃中餐可用筷子)取出,或轻轻吐在叉上,放在菜盘内。吃剩的菜、用过的餐具牙签都应放在盘内,勿置桌上。嘴内有食物时,切勿说话。剔牙时,用手或餐巾遮口。

7. 交谈

无论是主人、陪客或宾客,都应与同桌的人交谈,特别是左右邻座。不要只同几个熟人或只同一两个人说话。邻座如不相识,可先自我介绍。

8. 祝酒

作为主宾,参加外国举行的宴请,应了解对方的祝酒习惯,即为何人祝酒、何时祝酒等,以便做必要的准备。碰杯时,主人和主宾先碰,人多可同时举杯示意,不一定碰杯。祝酒时注意不要交叉碰杯。在主人和主宾致辞、祝酒时,应暂停进餐,停止交谈,注意倾听,也不要借此机会抽烟。主人和主宾讲完话与贵宾席人员碰杯后,往往到其他各桌敬酒,遇此情况应起立举杯。碰杯时,要目视对方致意。宴会上相互敬酒表示友好,有利于活跃气氛,但切记不要喝酒过量。喝酒过量容易失言,甚至失态,因此必须控制在本人酒量的1/3以内。

9. 中途离席

在宴会中需要中途离开时,千万别和宴会里的每一个人一一告别,只要悄悄地和身边的两三个人打个招呼,然后离去便可。中途离开酒会现场,一定要向主人说明原因、致歉,不可不辞而别。和主人打过招呼,应该马上就走,不要拉着主人在大门口聊个没完。因为当天主人要做的事很多,现场也还有许多的客人等待主人去招呼,占用主人太多的时间会造成主人在其他客人的面前失礼。

10. 致谢

有时在出席私人宴请活动之后,往往致以便函或名片表示感谢。

(三)处理席间意外事件的方法

餐桌上时常会有尴尬的事发生,要冷静处理,才不会扩大消极影响。碰撒酒水、菜汤之类,当事人不要慌,先用餐巾吸干酒水,或叫服务员帮忙。坐在旁边的人可拿自己的餐巾给他擦拭,坐在远处的人最好装作没看见,以减少当事人的不安和尴尬。筷子等餐具掉

第五章　商务宴请礼仪

在地上不必捡起来，请服务员再拿一副即可。如果不慎吃进烫嘴的食物，赶快拿起水杯喝一口饮料，实在不行就吐在餐巾里。咳嗽、打喷嚏时，要立即用餐巾纸捂住嘴，把脸侧向一旁，并向旁边的人道歉。

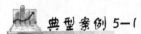 典型案例 5-1

> 业务员张华收到华顿公司的请柬，邀请他参加这家外企的周年庆典冷餐会，请柬上注明"晚上 7 点"。张华为了体现自己对该企业的重视，特意穿上了自己最贵的一套休闲服，而且还提前 1 小时到达会场，结果除了酒店工作人员外，没见到一位企业负责接待的人员。等到差一刻钟就到约定时间了，华顿公司的公关经理约翰先生才出现，张华抱怨说："我都等了快一小时，你们怎么才来！"。约翰先生皱皱眉头，操着不很标准的中文，惊讶地说"张先生，我们很守时呀！"。这时张华的同事小李把他拽到了一边，悄悄地说："张华，在国外提前赴宴的人会被人笑话。另外，参加宴会穿休闲装会让主人认为你不重视邀请的。"张华观察了一下周围的客人，大家都穿着正装，只有自己一身便装，真有点鸡立鹤群的感觉，想到这里，他恨不得有个地缝钻进去。

第二节　中餐宴会礼仪

一、中餐宴会的桌次与席位排列

中餐宴会习惯使用圆桌，桌次的安排可根据宴会厅的形状来确定。排列原则是主桌排定后，其余桌次的高低以离主桌的远近而定，一般来说，离主桌越近的桌次越高，反之越低。平行桌次以右为高。如果桌数较多，应设桌次牌。

举办中餐宴会一般用圆桌，每张餐桌上的具体位次有主次尊卑之分。宴会的主人应坐在主桌上，面对正门就座；同一张桌上位次的尊卑，根据距离主人的远近而定，以近为上，以远为下；同一张桌上距离主人相同的位次，排列顺序讲究以右为尊、以左为卑。在举行多桌宴会时，各桌之上均应有一位主桌主人的代表作为各桌的主人，其位置一般应以主桌主人同向就座，有时也可以面向主桌主人就座。每张餐桌上，安排就餐人数一般应限制在 10 个人之内，并且为双数，人数过多，显得过于拥挤，也会照顾不过来。

在每张餐桌位次的具体安排上，还可以分为以下两种情况：

第一种情况，每张桌上一个主位的排列方法。每张餐桌上只有一个主人，主宾在其右首就座，形成一个谈话中心（参见图5-1）。

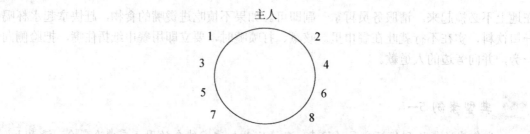

图 5-1 每张桌上一个主位的排列方法

第二种情况,每张桌上有两个主位的排列方法。如主人夫妇就座于同一桌,以男主人为第一主人,女主人为第二主人,主宾和主宾夫人分别坐在男女主人右侧,桌上形成了两个谈话中心(参见图5-2)。

如遇主宾的身份高于主人时,为表示对他的尊重,可安排主宾在主人位次上就座,而主人则坐在主宾的位置上,第二主人坐在主宾的左侧。如果本单位出席人员中有身份高于主人者,可请其在主位就座,主人坐在身份高者的左侧。

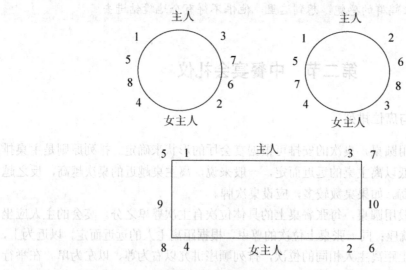

图 5-2 每张桌上有两个主位的排列方法

二、中餐上菜顺序

标准的中餐,不论是何种风味,其上菜的顺序大体相同。通常是首先上冷盘,接着是热炒,随后是主菜,然后上点心和汤,最后上水果拼盘。当冷盘吃剩 1/3 时开始上第一道热菜,一般每桌要安排 10 个热菜。宴会上桌数再多,各桌也要同时上菜。上菜时,如果

第五章　商务宴请礼仪

由服务员给每个人上菜,要按照先主宾后主人、先女士后男士或按顺时针方向依次进行。

三、用餐礼仪

由于中餐的特点和食用习惯,参加中餐宴会时,要注意以下几个方面:

(1)上菜后,不要先拿筷,应等主人邀请、主宾动筷时再拿筷。取菜时要相互礼让,依次进行,不要争抢。取菜要适量,不要把对自己口味的好菜一人"包干"。

(2)先请客人入座上席。再请长者入座,客人旁依次入座。入座时要从椅子的左边进入,入座后不要动筷子,更不要弄出什么响声来,也不要起身走动,如果有什么事要向主人打招呼。

(3)有的人吃饭喜欢用咀嚼食物。特别是使劲咀嚼脆食物,发出很清晰的声音来。这种做法是不合礼仪要求的,特别是和众人一起进餐时,就要尽量防止出现这种现象。

(4)如果要给客人布菜,最好用公筷,也可以把离客人远的菜肴送到他们的跟前。按我们中国人的习惯,菜是一个一个往上端的。如果同桌有客人的话,每当上来一个新菜时就请他们先动筷子,或者轮流请他们先动筷子,以表示对他们的重视。

(5)吃到鱼头、鱼刺、骨头等物时,不要往外面吐,也不要往地上扔,要慢慢用手拿到自己的碟子里,或放在紧靠自己的餐桌边或放在事先准备好的纸上。

(6)最好不要在餐桌上剔牙。如果要剔牙时,就要用餐巾或手挡住自己的嘴巴。

(7)要明确此次进餐的主要任务。如果是以谈生意为主时,在安排座位时就要注意把主要谈判人的座位相互靠近便于彼此交谈或增进情感。

(8)如果由个人取菜,每道热菜应放在主宾面前,由主宾开始按顺时针方向依次取食。切不可迫不及待地越位取菜。

典型案例 5—2

在商务交际中,如果我们要宴请外宾,常常会安排有特色的中餐。但是有些外宾对吃中国菜不如想象中那么得心应手。如有一次做贸易的张先生招待一位日本人去吃北京菜。菜桌上端上一盘热气腾腾的烤鸭,"来来来,请用,请用,这是有名的北京烤鸭!"张先生热情地招呼着日本客人。或许有人就和这位日本客人一样,不知该如何吃北京烤鸭吧,于是张先生便乘势亲切地作示范。他首先拿一张面粉皮,然后放上烤鸭的脆皮和葱条或黄瓜条,再加一些佐料酱,最后把皮包卷起来,用手拿着吃。这样一来,日本客人也就跟着开始动手了。张先生的做法让这位日本客人避免了由于不了解菜品吃法而产生的尴尬,拉近了两个人的距离。

第三节 西餐宴会礼仪

一、西餐宴会的席位排列

（一）席位排列规则

西餐宴会通常都有男女主人、男女主宾及其他陪同人员，各自都有固定的座次安排。西餐台形一般以长台和腰圆台为主，有时也用圆台或方台。下面主要介绍长台和方台席位的排列方法。

1. 西餐长台席位排列方法

西餐长台席位排列通常有两种方法。第一种是男女主人在长台的中央相对而坐，女主宾坐在男主人右方，男主宾坐在女主人的右方。餐台的两端可以坐人，也可以不坐人（参见图5-3）。

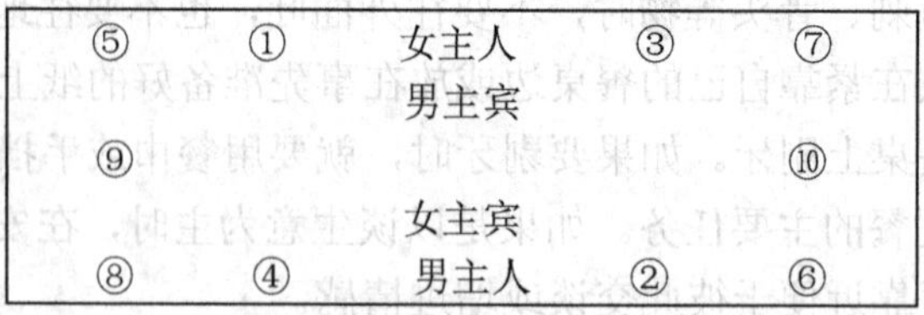

```
┌─────────────────────────────────┐
│  ⑤    ①   女主人   ③    ⑦      │
│             男主宾               │
│  ⑨                        ⑩     │
│             女主宾               │
│  ⑧    ④   男主人   ②    ⑥      │
└─────────────────────────────────┘
```

图5-3 西餐长台席位排列第一种方法

第二种是男女主人分别坐在长台的两端（参见图5-4）。

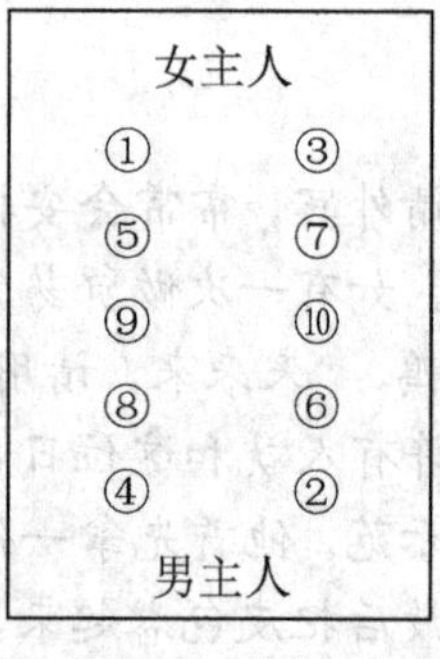

```
┌───────────┐
│   女主人   │
│  ①    ③   │
│  ⑤    ⑦   │
│  ⑨    ⑩   │
│  ⑧    ⑥   │
│  ④    ②   │
│   男主人   │
└───────────┘
```

图5-4 西餐长台席位排列第二种方法

第五章　商务宴请礼仪

2. 西餐方台席位排列方法

以方台排列时，坐于餐桌四面的人数应相等。在进行排列时，应使男女主人与男女主宾相对而坐，其他的陪同人员均可与各自的配偶或恋人坐成斜对角。

（二）入座

最得体的入座方式是从椅子的左侧入座。当椅子被拉开后，身体在几乎要碰到桌子的距离站直，领位者会把椅子推进来，腿弯碰到后面的椅子时就可以坐下来了。

用餐时，上臂和背部要靠到椅背，腹部和桌子保持约一个拳头的距离。两脚交叉的坐姿最好避免。

二、西餐摆台

具体的摆台方式是根据菜单设计的。食用某一类型的菜点，就相应的放置所需要用的餐具。西餐餐具的摆放讲究"液体在右边，固体在左边"。

西餐宴会需要根据宴会菜单摆台，每上一道菜就要换一副刀叉，通常不超过七件，包括三刀、三叉和一匙，摆放时按照上菜顺序由外到内放置（参见图5-5）。

图 5-5　西餐餐具摆放方法

（1）先将垫盘（食盘）摆好作为定位，垫盘左边按顺序摆放餐叉、鱼叉、冷菜叉。垫盘右侧按顺序摆放餐刀、鱼刀、冷菜刀，汤匙摆在最外侧。

（2）垫盘（食盘）正上方摆放甜品叉和匙。

（3）面包盘可以摆在垫盘（食盘）左上方或者左侧，盘内斜放黄油刀。

（4）垫盘（食盘）右上方，也就是餐刀的正上方，摆水杯、色酒杯、白酒杯。酒杯沿一条斜线排列在盘子的右上方，不但美观，而且使用起来也方便。

（5）餐巾折花放在垫盘内或插在水杯中，也有放在餐盘坐边的。

（6）摆台的中央摆放鲜花或蜡烛。

（7）摆台上公共用具一般四人一组，烟灰缸也一样，但若抽烟人的多，一般临近两人共用一个烟灰缸。

三、西餐用餐礼仪

（一）西餐菜式与上菜顺序

1. 西餐菜式

西餐有法式菜、英式菜、美式菜、意式菜、俄式菜、奥匈式菜等代表菜式。

（1）法式菜。

法式菜在西餐中的名气最大。法式大餐在原料使用上讲究广、精、鲜。一般来说，西餐在选料上局限性较大，但法式菜的选料却很广泛，如蜗牛、百合、椰树心等都可入菜，而且选料很精，并要求原料绝对新鲜。在烹调方法上也很讲究做法精细，有时一道菜要数道工序才能完成，如沙司的制作非常考究，很多沙司都要煮 8 小时以上。法式菜的口味讲究浓、鲜、嫩，吃牛肉扒一般只要求三四成熟。

（2）英式菜。

英式菜相对来说比较简单，但烹调英式菜仍然有很多特点。最突出的特点是口味清淡，油少不腻，善于做各种新鲜蔬菜。烹调中很少用香料和调味酱，也不大用酒，而是习惯把各种调味品放在桌上，吃时由客人随意选用。

（3）美式菜。

美式菜是在英式菜的基础上发展起来的，但又有其特点。美式菜用水果原料比较普遍，而且用量较大，口味甜中带咸，颇具特色。在重大节日时喜欢吃火鸡菜肴也是美式菜的一大特色。

（4）意式菜。

意式菜对整个欧洲烹饪都有很大的影响。意式菜主要讲究原汁原味、口味浓香，浓汁菜肴较多。意式菜最大的特点在于其多种多样的面食，如各种通心粉、面条以及薄饼等。

（5）俄式菜。

俄式菜在很多方面吸收了欧洲其他国家，尤其是法式菜的长处，并根据自己的生活习惯逐渐形成了独具特色的菜式，其中"俄式小吃"品种繁多，较为著名。俄式菜一般油性较大，口味也较浓重。

第五章 商务宴请礼仪

（6）奥匈式菜。

奥地利、匈牙利两国的菜式很相近，口味都较浓重。尤其是当地产的一种甜红辣椒，色艳、味香，辣味不重，是制作奥匈式菜肴的常用原料，别具一格。典型的菜肴有"古喇士烩牛肉""红辣椒烤鱼"等。

2. 上菜顺序

（1）头盘。

头盘也称开胃菜。开胃菜的内容一般有冷头盘和热头盘之分，常见的品种有鱼子酱、鹅肝酱、熏鲑鱼、鸡尾杯、奶油鸡酥盒、焗蜗牛等。因为是要开胃，所以开胃菜一般都有特色风味，味道以咸和酸为主，而且数量少，质量较高。

（2）汤。

和中餐不同的是，西餐的第二道菜就是汤。西餐的汤大致可分为清汤、奶油汤、蔬菜汤和冷汤等四类。品种有牛尾清汤、各式奶油汤、海鲜汤、美式蛤蜊汤、意式蔬菜汤、俄式罗宋汤、法式焗葱头汤。冷汤的品种较少，有德式冷汤、俄式冷汤等。

（3）副菜。

鱼类菜肴一般作为西餐的第三道菜，也称副菜。品种包括各种淡水鱼类、海水鱼类、贝类及软体动物类。通常水产类菜肴与蛋类、面包类、酥盒菜肴品都称为副菜。因为鱼类等菜肴的肉质鲜嫩，比较容易消化，所以放在肉类菜肴的前面，叫法上也和肉类菜肴主菜有区别。西餐吃鱼类菜肴讲究使用专用的调味汁，品种有鞑靼汁、荷兰汁、白奶油汁、美国汁和水手鱼汁等。

（4）主菜。

肉类、禽类菜肴是西餐的第四道菜，也称主菜。肉类菜肴的原料取自牛、羊、猪、小牛仔等各个部位的肉，其中最有代表性的是牛肉或牛排。牛排按其部位又可分为沙朗牛排（也称西冷牛排）、菲利牛排、"T"骨型牛排、薄牛排等。其烹调方法常用烤、煎、铁扒等。肉类菜肴配用的调味汁主要有西班牙汁、蘑菇汁、白尼斯汁等。禽类菜肴的原料取自鸡、鸭、鹅，通常将兔肉和鹿肉等野味也归入禽类菜肴。禽类菜肴品种最多的是鸡，有山鸡、火鸡、竹鸡，可煮、炸、烤、焖，主要的调味汁有黄肉汁、咖喱汁、奶油汁等。

（5）蔬菜类菜肴。

蔬菜类菜肴可以安排在肉类菜肴之后，也可以和肉类菜肴同时上桌，所以可以算为一道菜，或称为一种配菜。蔬菜类菜肴在西餐中称为沙拉。和主菜同时服务的沙拉，称为生蔬菜沙拉，一般用生菜、西红柿、黄瓜、芦笋等制作。沙拉的主要调味汁有醋油汁、法国汁、干岛汁、奶酪沙拉汁等。还有一些蔬菜是熟的，如花椰菜、煮菠菜、炸土豆条。熟食的蔬菜通常和主菜的肉食类菜肴一同摆放在餐盘中上桌，称为配菜。

（6）甜品。

西餐的甜品是主菜后食用的，可以算做是第六道菜。从真正意义上讲，它包括所有主菜后的食物，如布丁、煎饼、冰淇淋、奶酪、水果等。

（7）咖啡、茶。

西餐的最后一道是上饮料、咖啡或茶。喝咖啡一般要加糖和淡奶油。茶一般要加香桃片和糖。

（二）餐巾的使用方法

入座后，不要急于打开餐巾，因为第一个打开餐布的人应该是女主人，她的这个动作宣布晚宴正式开始。一般用餐时应将餐巾往内折1/3，让2/3平铺在腿上，盖住膝盖以上的双腿部分，较大的餐巾可以对折后铺在腿上。餐巾也叫口布，是用来擦嘴的，所以不要用它来擦脸或擦餐具。在用餐过程中，饮用酒水之前，需要先用餐巾擦拭嘴边的油迹。除了必要时用来擦嘴之外，在餐桌上用餐的整个过程中餐巾必须一直保持平铺在双腿上。

用餐期间需要中途离席时，应该把餐巾放在椅子上。这表示用餐未完毕，稍后还会再回来继续用餐。用餐完后，把餐巾从中间拿起，放在桌子上，具体位置是盘子左边的地方。只需要随意放好就可以了，不必特意折叠好，但也要注意不要把餐巾弄得皱巴巴的。正如打开餐巾一样，把餐巾放回桌上的动作也是由女主人先做的，这表示晚宴结束。

（三）餐具的使用方法与不同食物的吃法

使用刀、叉等器具的先后次序并不难，你只要记住摆在餐盘左右两边都是从外到内依顺序取用即可。在西餐中，汤是第一道菜，所以汤匙自然就被摆在最外面的位置上。接着是沙拉，用的是一组比吃主菜（通常是肉类）的刀叉略小的刀叉。最靠近主盘的就是用来吃主菜的刀叉了。在主盘的正前方有时候还会有一对较小的叉和匙，它们是用来吃餐后甜品的。除此以外，有时咖啡杯也会提前摆放在餐桌上位于酒杯右侧的地方。不过，在正式的晚宴上，咖啡杯通常不先摆出来，而是在吃完主菜后，与甜品一同上桌。有时候晚宴上还会准备餐后甜酒，它通常摆放于葡萄酒杯上方右侧的位置上。用完后的装洗手水的碗，应该搁置在主盘位置的左上方。

使用刀叉的基本原则是右手持刀或汤匙，左手拿叉。若有两把以上，应由最外面的一把依次向内取用。刀叉的拿法是轻握尾端，食指按在柄上。汤匙则用握笔的方式拿即可。如果感觉不方便，可以换右手拿叉，但更换频繁则显得粗野。吃体积较大的蔬菜时，可用刀叉来折叠、分切。较软的食物可放在叉子平面上，用刀子整理一下。暂时离席时，刀

第五章　商务宴请礼仪

叉应成八字形放在盘子上，刀刃朝自己，表示继续用餐。用餐后，将刀叉并排放或刀上叉下横放在餐盘中，且刀口向内，叉齿向上。

下面介绍几种食物的吃法：

1. 汤

先用汤匙由后往前将汤舀起，汤匙的底部放在下唇的位置将汤送入口中。汤匙与嘴部呈45°角较好。身体的上半部略微前倾。碗中的汤剩下不多时，可用手指将碗略微抬高。如果汤用有握环的碗装，可直接拿住握环端起来喝。

2. 面包

先用两手撕成小块，再用左手拿来吃。吃硬面包时，用手撕不但费力而且面包屑会掉满地，此时可用刀切成两半，再用手撕成块来吃。避免像用锯子似的割面包，应先把刀刺入另一半面包。切面包时可用手将面包固定，避免发出声响。

3. 肉类

肉类一般都是大块的。吃的时候，用刀、叉把肉切成一小块，大小刚好是一口。吃一块，切一块，不要一下子全切了，也千万不要用叉子把整块肉夹到嘴边，边咬、边咀嚼、边吞咽。吃牛肉（牛排）时，由于可以按自己的爱好决定生熟的程度，点餐时，服务员或主人会问你所喜欢生熟的程度。吃有骨头的肉，如吃鸡的时候，不要直接"动手"，要用叉子把整片肉固定（可以把叉子朝上，用叉子背部压住肉），再用刀沿骨头插入，把肉切开，边切边吃。如果骨头很小，可以用叉子把它放进嘴里，在嘴里把肉和骨头分开后，再用餐巾盖住嘴，把它吐到叉子上然后放到碟子里。不过需要直接"动手"的肉，洗手水往往会和肉同时端上来。一定要时常用餐巾擦手和嘴。吃鱼时不要把鱼翻身，吃完上层后用刀叉剔掉鱼骨后再吃下层的肉。

4. 沙拉

沙拉习惯的吃法应该是：将大片的生菜叶用叉子切成小块，如果不好切可以刀叉并用。一次只切一块，吃完再切。如果沙拉是一大盘端上来就使用沙拉叉。如果和主菜放在一起，则要使用主菜叉来吃。如果沙拉是间隔菜，通常要和奶酪、炸玉米片等一起食用。先取一两片面包放在沙拉盘上，再取两三片玉米片。奶酪和沙拉要用叉子吃，而玉米片可以用手拿着吃。如果主菜沙拉配有沙拉酱，可以先把沙拉酱浇在一部分沙拉上，吃完这部分后再加酱。直到加到碗底的生菜叶部分，这样浇汁就容易了。

5. 咖啡

喝咖啡时如要加牛奶或糖,添加后要用小勺搅拌均匀,将小勺放在咖啡杯的垫碟上。喝时应右手拿杯把,左手端垫碟,直接喝,不要用小勺一勺一勺地舀着喝。

(四)西餐中酒水的礼仪

在高级餐厅里会有精于品酒的调酒师拿酒单来。对酒不太了解的人,最好告诉调酒师自己挑选的菜色、预算、喜爱的酒类口味,请调酒师帮忙挑选。主菜若是肉类,应搭配红酒,鱼类则搭配白色的酒。上菜之前,不妨来杯香槟、雪利酒或吉尔酒等较淡的酒。

酒类服务通常由服务员负责将少量的酒倒入酒杯中,让客人鉴别一下品质是否有误。接着,侍者会来倒酒,这时,不要动手去拿酒杯,而应把酒杯放在桌上由侍者去倒。正确的握杯姿势是用手指轻握杯脚。为避免手的温度使酒温增高,应用大拇指、中指、食指握住杯脚,小指放在杯子的底台固定。

喝酒时绝对不能吸着喝,而是倾斜酒杯,像是将酒放在舌头上似的喝。轻轻地摇动酒杯,让酒与空气接触以增加酒味的醇香,但不要猛烈地摇晃杯子。此外,一饮而尽、边喝边透过酒杯看人都是失礼的行为。不要用手指擦杯沿上的口红印,用面巾纸擦较好。每一道菜会配一种不同的酒,配上一道菜的酒不能在吃下一道菜时喝。

四、就餐中礼仪的禁忌

(1)就座后不要跷足,不要两脚交叉,不要摆弄餐桌上已摆好的餐具。不可以当众解开纽扣、拉松领带或脱下衣服。

(2)用餐时身体不要过于接近餐盘,腹部和桌子保持约一个拳头的距离。千万不要把盘、碗端起来。应闭嘴咀嚼食物,口中有食物时切忌饮用酒等饮料。

(3)吃西餐时,要注意每个人都有自己的"管辖范围",每个人只能拿靠近自己的东西。如果需要远处的东西时,应有礼貌地请坐在离那个东西很近的人递给自己,而不是自己站起来伸手去拿。不要用自己的餐具为他人夹菜、盛汤或选取其他的食物。

(4)吃西餐讲究干净。西餐桌上的台布要尽量保持清洁干净,如果有的地方弄脏了,应放一块餐巾盖住脏的地方。骨头和不吃的东西不能直接放在台布上,而应放在碗里或盘子的一角。女士不应用餐巾擦掉餐具上留下的口红痕迹,应该选用纸巾。

(5)在西餐桌不可以剔牙。在西方人看来,当众剔牙是一种不文明的举止,不但会破坏别人的食欲,也会破坏自己的形象,所以在西餐桌上一般不会准备牙签。如果有使用牙签的习惯,最好去洗手间剔牙。

第五章 商务宴请礼仪

（6）万不得已要中途离席时，最好在上菜的空档，向同桌的人打声招呼，把餐巾放在椅子上再走，别打乱了整个吃饭的程序和气氛。

典型案例 5—3

刚毕业的大学生小李在某贸易公司做业务员，经理请一位法国客户吃西餐，让他作陪。用餐开始了，小李为了显示出自己也很讲究，就用桌上一块"很精致的布"仔细地擦了自己的刀、叉。吃的时候，小李学着他们的样子使用刀叉，既费劲又辛苦，但他觉得自己挺得体的，总算没丢脸。用餐快结束了，吃饭时喝惯了汤的小李盛了几勺精致小盆里的"汤"放到自己的碗里，然后喝下。法国客户先一愣，紧跟着也盛着喝了，而他的经理早已是满脸通红。

小李闹了两个笑话：一个是他不应该用"很精致的布"（餐巾）擦餐具，那只是用来擦嘴或手的；二是"精致小盆里的汤"是洗手的，而不是喝的。随着我们对外交往的越来越频繁，西餐也离我们越来越近。只有掌握一些西餐礼仪，在必要的场合才不至于"出意外"。

第四节　其他的酬宾礼仪

一、工作餐

（一）工作餐的特点

1. 工作餐重在创造一种氛围

同正式的宴会相比，工作餐所强调的不是形式与档次，而是意在以餐会友，重在创造出一种有利于商务人员进一步进行接触的轻松、愉快、和睦、融洽、友好的氛围。

2. 工作餐具有某种实际目的

商务人员讲究的是务实，工作餐自然也是如此。它是以另外一种形式所继续进行的商务活动。换言之，它只不过是一种权且以餐桌充当会议桌或谈判桌，改头换面所进行的非正式的商务会谈而已。

3. 工作餐大都要求较小规模

一般来说，工作餐大都不是多边性聚会，而是以双边性聚会为主。它既可以是两个人之间的单独约会，也可以是有关双方各派几名代表参加。但是，参加工作餐的总人数以不

超过10个人为好。

4. 工作餐通常是在午间举行

宴会大都选定在晚上举行,并且往往喜欢举行于节假日或是周末。这是为了使参加者在时间上感到方便,同时也是一种社交惯例。可是,工作餐的时间选择便与此不同。为了合理地利用时间,不影响参加者的工作,工作餐通常都被安排在工作日的午间,利用工作之间的间歇举行。

5. 工作餐可以随时随地举行

在举行工作餐之前,主人不必向客人发出正式的请柬,客人也不必为此而提前向主人正式进行答复。一般而言,只有宾主双方感到有必要坐在一起交换一下彼此之间的看法,或是就某些问题进行磋商,大家就可以随时随地举行一次工作餐。时间不必早早商定,地点也可以临时选择。

6. 要负责餐费结算

根据常规,工作餐的结算应当由做东者负责。具体来讲,工作餐的付费方式通常又分为主人付费与各付其费两种。所谓各付其费,又称"AA制",是指就餐结束后,由全体用餐者平均分摊账单,各自支付各自所应支付的费用。在国外,商务人员在共进工作餐时,更多的是以此种方式付费。采用此种付费方式,需要有言在先。在算账时,做东者所要做的主要是动手算账,伸手收钱,跑腿交费而已。

(二)工作餐的注意事项

1. 就餐的座次

鉴于工作餐是一种非正式的商务活动,所以人们对于其座次通常都是不太讲究的。不过,仍有以下几个方面应予注意:

可能的话,一起共进工作餐的人士应当在同一张餐桌上就餐,尽量不要分桌就座。万一同一张餐桌上安排不下,则最好将全体用餐者分桌安排在同一个包间之内。倘若分桌就座时,一般并无主桌与次桌之分。但是,仍可将主人与主宾所在的那张餐桌视为主桌。

在餐桌上就座时,座次往往不分主次,而可由就餐者自由就座。不过出于礼貌,主人不应率先就座,而是应当落座于主宾之后。若是主人为主宾让座的话,一般应当请对方就座于下列之一较佳的座次:主人的右侧或正对面,面对正门之处,主要的大型字画之下,视野开阔之处,以及能够观赏优美的景致的位置。主人宜坐的位置,则在主宾之左或者其正对面。

主人与主宾若是同性,则双方就座时可根据具体情况有较多的选择。主人与主宾若为异性,则双方最好是对面而坐。宾主双方各自的随员就座时,一般可在双方的上司入座后

第五章　商务宴请礼仪

自由地择位而坐，有时，客方的随员亦可听从主人的安排而坐。需要翻译时，既可令翻译就座于主人与主宾之间，亦可安排其就座在主人的左侧。

2. 菜肴的选择

与宴会、会餐相比，工作餐仅求吃饱，而不刻意要求吃好。因此，工作餐的菜肴大可不必过于丰盛。工作餐的安排应以简单为主。只要菜肴清淡可口，并且大体上够吃，就算是基本"达标"了。

3. 席间的交谈

举行工作餐时，讲究的是办事与吃饭两不耽误。所以，在为时不久的进餐期间，宾主双方所拟议进行的有关实质性问题的交谈通常开始得宜早不宜晚。依照商务礼仪的规定，待主宾用毕主菜之后，主人便可以暗示对方交谈能够开始了。一般来讲，在用工作餐时的交谈不宜录音、录像，或是布置专人进行记录。非有必要进行笔录或使用计算器、便携式电脑时，应先向交谈对象打招呼，并求得对方首肯。千万不要随意自行其是。

4. 用餐的终止

进行工作餐，必须注意适可而止。依照常规，所拟议的问题一旦谈妥，工作餐即可告终，不一定非要拖至某一时间不可。在一般情况下，宾主双方均可首先提议终止用餐。

二、沙龙礼仪

"沙龙"本来是法语之中"客厅"或"会客室"一词的音译。在我国，以社交为目的的专门性的室内聚会一般都被称为沙龙。按照人们在聚会中所讨论的中心话题或从事的主要活动来区别形式。目前，商务人员在实际生活中，尽管对各种形式的沙龙均有不同形式的接触，但时下最流行，同时也是对商务人员的实际工作最有影响、最有帮助的则当数交际沙龙、联谊沙龙和休闲沙龙。

交际型沙龙的主要目的是为了使参加者之间保持接触，进行交流。因此，它的具体活动形式可以灵活多样。平日商务人员经常有机会参加的座谈会、校友会、同乡会、聚餐会、庆祝会、联欢会、生日派对、节日晚会、家庭舞会等实际上大都属于交际型沙龙。在通常情况下，交际型沙龙的地点、时间、形式、主人和参加者均应事先议定。它可以由一人发起、提议，也可以由全体参与者群策群力，共同讨论决定。

（一）举办交际型沙龙的地点和时间

交际型沙龙的举办地点应当选择条件较好的某家的客厅、庭院，或是宾馆、饭店、餐馆、写字楼内的某一专用的房间。它至少应当做到面积大、通风好、温风适中、照明正常、环境幽雅、没有噪声、不受外界的其他任何干扰。举办的时间一般应为2~4个小时。在具体执行上，则不必过分地"严守规章"。只要大家意犹未尽，那么将其适当地延长一些是完全必要的。通常，为了不影响正常工作，交际型沙龙以在周末下午或晚间举行为好。

（二）举办交际型沙龙的形式

交际型沙龙的举办形式应根据具体目的加以选择。如果大家只想"见一见"或是"聚一聚"，那么就应当选择较为轻松、随便的同乡会、聚餐会、联欢会、节日晚会或家庭舞会。要是打算好好地"谈一谈"或是"聊一聊"，则不妨选择不宜"跑题"的咖啡会、座谈会、讨论会等形式。当然，在具体操作上，这几种形式也可以彼此交叉或同时使用。有时，不确定交际型沙龙的具体程序或具体"议题"，而听凭参与者们任意发挥也是可行的。

（三）参加交际型沙龙之前，应认真地对自己的仪表、服饰进行必要的修饰与斟酌

男士通常应当理发、剃须，换着西装套装或休闲型西装；女士则需要作发型、化淡妆，并选择旗袍、时装、连衣裙等式样的服装。若夫妇或情侣二人一同赴约，则其穿着打扮应彼此保持和谐一致。如穿"情侣装"，戴"对表"，配相似款式的鞋子，服饰的色彩相互呼应等。

典型案例5-4

李丽请王经理吃工作餐，商谈有关合作意向的事情。席间，李丽一直与王经理套家常，从东扯到西，还打了两个电话给老板，通报商谈进展情况。用餐完毕后，王经理默不作声，反复地看表。最后，王经理说："李小姐，我们明天再联系。我会主动打电话给您。"可是自从那次会餐后，王经理再也没有约李丽见面，而是同该公司的另一名业务员签订了合同。

复习思考题

一、判断题

1. 宴会上，若食物太热，可以用嘴吹凉。　　　　　　　　　　　　　　（　）
2. 宴会上，最好不要在嘴里含着食物时说话。　　　　　　　　　　　　（　）
3. 在正式宴会上，只要一落座就应打开餐巾。　　　　　　　　　　　　（　）
4. 在进餐前，可以用餐巾擦碗、筷、杯等，以保证干净。　　　　　　　（　）
5. 参加宴请时，嘴里有鱼刺、肉骨头等可以直接外吐。　　　　　　　　（　）
6. 小吴到咖啡厅喝咖啡，由于刚上来的咖啡比较热，为了让咖啡变凉些便用嘴去吹，同时还用勺子舀着喝。　　　　　　　　　　　　　　　　　　　　　　　　（　）

二、简答题

1. 简述如何准备宴会。
2. 简述赴宴应注意哪些礼仪。
3. 如何进行西餐宴会的桌次、座次安排？
4. 吃西餐需要注意哪些礼仪？

三、案例分析

公司职员刘小姐和业务员小张在一家西餐厅就餐。小张点了海鲜大餐，刘小姐则点了烤羊排，主菜上桌，两人的话匣子也打开了，小张边吃着海鲜边听刘小姐聊起他们公司最近要上的新项目，突然他发现有根鱼骨头塞在牙缝中，让他觉得不舒服。小张心想，用手去掏太不雅了，所以就用舌头舔，舔也舔不出来，还发出啧啧喳喳的声音，好不容易将它舔吐出来，就随手放在餐巾上。之后他在吃虾时又在餐巾上吐了几口虾壳。刘小姐对这些不太计较，可这时小张想打喷嚏，拉起餐巾遮嘴，用力打了一声喷嚏，餐巾上的鱼刺、虾壳随着风势飞出去，其中的一些正好飞落在刘小姐的烤羊排上，这下刘小姐有些不高兴了。小张也很尴尬，于是把餐巾仍在餐台上，去了洗手间。接下来，刘小姐话也少了许多，饭也没怎么吃。

请指出本案例中业务员小张的失礼之处。

项目实训

 实训任务一　商务宴请礼仪

一、实训要求

通过模拟比较完整的商务宴请流程，使学生掌握商务宴请的一般礼仪程序和方法。

二、实训器材

模拟宴会厅需要的相关器材。

三、实训准备

制订完整的宴请计划，包括宴请的时间、地点、参加人名单、座次安排、菜单、发言稿等。

四、实训组织

学生每10人为一组，分别进行角色扮演。按照事先确定的演出组的顺序进行分小组展示，最后由指导教师给出评分和点评，进行小组考核。学生实训结束后根据实训结果写出实训报告。

五、情景模拟与任务

1. 角色分配

××外资公司孙董事长，销售总部吴经理，华北地区销售经理，董事长助理小刘、小张；长江电器集团李经理，财务总监赵先生，马工程师，经理秘书小董、小徐。

2. 背景资料：长江电器集团李经理与××外资公司孙董事长经过磋商，成功签订了第一批合同，订购"××"牌液晶屏10000台。当晚，为了庆祝这一大宗合同的签订，并为两个公司今后更好的开展合作，××外资公司孙董事长设宴招待李经理一行。

3. 地点：宴会厅。

4. 模拟场景

场景1：宴会厅门口，演示迎接客人、引导客人入场就座的过程。

场景2：演示孙董事长、李经理分别致辞、敬酒的场面。

场景3：演示席间谈话交流的情景。

场景4：由于长江电器集团生产线上突然发生急需处理的技术问题，演示马工程师中途离席的过程。

场景5：演示送客的过程。

5. 实施要点

（1）席次安排符合礼仪，要注意将主客方地位相当的人穿插安排在一起就座，以便交流。

（2）学生要充分体会角色特点，认真演示，尤其是席间致辞和谈话要进入角色，演示过程要求自然连贯，着装尽量符合职业特点。

六、小组考核

分组演示，一组学生操作时另一组评议，轮流对每一个学生完成宴请礼仪的结果评定成绩。由各组组长统计出评议组对每位同学操作结果的评定成绩等级，教师结合实际情况进行综合点评。

 实训任务二　赴宴礼仪

恒大公司王总经理是美国王牌电脑公司的VIP客户，美国王牌电脑公司客户部刘经理向王总经理发出请柬，邀请王总经理到利华大酒店参加王牌电脑公司周年庆典。王总经理应邀前往……

实训任务与要求：

请各小组讨论王总经理在赴宴时需要注意的事项，重点复习西餐的用餐礼仪。

第六章 商务谈判礼仪

通过本章的学习，掌握商务谈判礼仪的基本原则；了解商务谈判前的准备工作；理解商务谈判中的基本原则、交谈规范、提问和倾听以及交谈冷场的处理；掌握商务谈判后的签约仪式。

第一节 商务谈判礼仪的基本原则

商务人员所进行的商务谈判是最重要的商务活动之一。商务谈判指的是商务活动的有关各方为了各自的利益，进行有组织、有准备的正式协商及讨论，以便互让互谅，求同存异，以求最终达成某种协议的整个过程。商务谈判既是一门科学，又是一门艺术。大家应当看到，大凡正规的、正式的谈判都是很注重礼仪的。绝大多数正式的商务谈判，其本身就是按照一系列约定俗成的、既定的礼仪和程序进行的庄重会晤。

从实践上看，谈判并非人与人之间的一般性交谈，而是有备而至，方针即定，目标明确，志在必得，技巧性与策略性极强。虽然谈判讲究的是理智、利益、技巧和策略，但这并不意味着它绝对排斥人的思想、情感从中所起的作用。在任何谈判中，礼仪实际上都一向颇受重视。其根本原因在于，在谈判中以礼待人，不仅体现着自身的教养与素质，而且还会对谈判对手的思想、情感产生一定程度的影响。

商务谈判中谈判双方应该遵循以下基本原则：

一、尊敬对方

尊敬对方，就是要求谈判者在谈判的整个过程中，要排除一切干扰，始终如一地对自己的对手讲究礼貌，时时、处处、事事表现得对对方不失真诚的敬意。在谈判过程中，不管发生了什么情况，都始终坚持礼敬对手，无疑能给对方留下良好的印象，而且在今后的进一步商务交往中还能发挥潜移默化的功效，即所谓"你敬我一尺，我敬你一丈"。

调查结果表明，在商务谈判中，能够面带微笑、态度友好、语言文明礼貌、举止彬彬有礼的人，有助于消除对手的反感、漠视和抵触心理。在谈判桌上，保持"绅士风度"或"淑女风范"，有助于赢得对手的尊重与好感。与此相反，假如在谈判的过程中，举止粗鲁、态度刁蛮、表情冷漠、语言失礼，不知道尊重和体谅对手，则会大大加强对方的防卫性和攻击性，无形之中伤害或得罪对方，为自己不自觉地增添了阻力和障碍。

二、遵守法律

在商务谈判中，利益是各方关注的核心。对任何一方来说，大家讲究的都是"趋利避害"。在不得已的情况下，则会"两利相权取其大，两害相权取其轻"。虽则如此，商务人员在洽谈会上，既要为利益而争，更需谨记依法办事。

所谓在商务谈判中依法办事，是指要求商务人员自觉地树立法制思想，在谈判的全部过程中，提倡法律至尊。谈判者所进行的一切活动都必须依照国家的法律办事，惟其如此，才能确保通过谈判所获得的既得利益。法盲作风、侥幸心理、铤而走险、目无法纪都只会害人、害己，得不偿失。

在实践中，有些人喜欢在谈判中附加人情世故。它如果是指注重处理与对手的人际关系，争取促进双方之间的理解与尊重，那么则是正确的。假若它指的是要在谈判中搞"人情公关"，即与对手称兄道弟，向对方施之以小恩小惠，则是非常错误的。实际上，任何有经验的商务人员都是不会在商务谈判中让情感战胜理智的。在谈判中，过多地附加人情，甚至以为此重点，实在是误入歧途。说到底，犯了这种错误的人是没有法制观念，而且不懂得应当怎样做生意。

三、平等协商

谈判是什么？谈判就是有关各方在合理、合法的情况下进行讨价还价。由此可见，谈判实际上是观点各异的各方经过种种努力，从而达成某种程度上的共识或一致的过程。换言之，谈判只会进行于观点各异的有关各方之间，所以假如离开了平等协商，成功的谈判便难于设想。

在谈判中要坚持平等协商，重要的是要注意以下两个方面的问题：

（1）要求谈判各方在地位上要平等一致、相互尊重。不允许仗势压人、以大欺小。如果在谈判的一开始有关各方在地位上便不平等，那么是很难达成让各方心悦诚服的协议的。

（2）要求谈判各方在谈判中要通过协商，即相互商量，求得谅解，而不是通过强制、欺骗来达成一致。

在商务谈判上，要做到平等协商，就要以理服人。要进行谈判，就要讲道理。

第六章 商务谈判礼仪

四、求同存异

在谈判中，发言措辞应礼貌文明，准确慎重。同时，注意从对方的立场回顾己方的要求和条件，并做出适当幅度的让步，以求大同存小异。实在谈不下去或僵持不下时，要竭力克制，或暂时转移焦点，或适当借助点幽默来缓和气氛，再继续谈判。总之，在力求一致的基础上，在双方和谐友好的气氛中，磋商不一致的看法，共同解决问题。有经验的商务人员都清楚，有关各方既然同意坐下来进行谈判，那么在谈判桌上，就绝对不可以坚持"一口价"，一成不变，一意孤行。否则就是作茧自缚、自欺人人。原因十分简单，在谈判桌上，有关的一切议题都是大可一谈的。

在谈判中，妥协是通过有关各方的相互让步来实现的。所谓相互让步，意即有关各方均有所退让。但是这种相互让步不等于有关各方的对等让步。在实践中，真正的对等让步总是难以做出的。在商务谈判上所达到的妥协，对当事的有关各方只要公平、合理、自愿，只要尽最大程序维护或争取了各自的利益，就是可以接受的。

五、互利互惠

最理想的谈判结局是有关各方达成了大家都能够接受的妥协。说到底，就是要使有关各方通过谈判都能够互利互惠。

谈判往往是一种利益之争，因此谈判各方无不希望在谈判中最大限度地维护或者争取自身的利益。然而从本质上讲，真正成功的谈判不应当以"你死我活"为目标，而应当以妥协即有关各方的相互让步为结局，使有关各方互利互惠、互有所得、实现双赢。所以，参加谈判的商务人员事先要准备好有关问题，选择气氛和谐时提出，态度要开诚布公。切忌气氛比较冷淡或紧张时查问，言辞不可过激或追问不休，以免引起对方的反感甚至恼怒。但对原则性问题应当力争不让。对方回答查问时不宜随意打断，答完时要向解答者表示谢意。讨价还价事关双方利益，容易因情急而失礼，因此更要注意保持风度，应心平气和，求大同，容许存小异。发言措辞应文明礼貌。

因此，商务人员在参加商务谈判时，必须争取的结局应当是既利己又利人的。现代的商界社会，最讲究的是伙伴、对手之间同舟共济。既要讲竞争，又要讲合作。自己所获利的利益，不应当建立在有害对手或伙伴的利益的基础上，而是应当彼此两利。对于这种商界的公德，商务人员在谈判中务必应当遵守。

六、人事分开

谈判者在处理己方与对手之间的相互关系时，要做到公私分明，必须要做到人情与事情分别而论。这也就是要求商务人员在谈判中与对方相处时,要切记朋友归朋友、谈判归谈判,对于二者之间的界限不能混淆。要清醒地认识到在谈判桌上,大家彼此对既定的目标都应该志在必得、义不容情,为了达成协议促成交易,双方可以据理力争,也可以直言反驳,但不能偏离轨道甚至发展成人身攻击或人格侮辱,不要谈判成功是朋友,谈判失败成敌手。

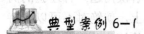
典型案例 6—1

商务谈判的三步曲为我们掌握商务谈判进程提供了可以遵循的基本框架。毫无疑问,申明价值可以使我们了解谈判双方的各自需求,创造价值可以使我们达到双赢的目的,克服障碍使我们顺利达成协议。然而,我们的谈判人员往往不能真正地理解其内涵,因此,我们给大家讲一个在谈判界广为流传的经典小故事。

有一个妈妈把一个橙子给了邻居的两个孩子。这两个孩子便讨论起来如何分这个橙子。两个人吵来吵去,最终达成了一致意见,由一个孩子负责切橙子,而另一个孩子选橙子。结果,这两个孩子按照商定的办法各自取得了一半橙子,高高兴兴地拿回家去了。

第一个孩子把半个橙子拿到家,把皮剥掉扔进了垃圾桶,把果肉放到果汁机上打果汁喝。另一个孩子回到家把果肉挖掉扔进了垃圾桶,把橙子皮留下来磨碎了,混在面粉里烤蛋糕吃。

从上面的情形,我们可以看出,虽然两个孩子各自拿到了看似公平的一半,然而,他们各自得到的东西却为物尽其用。这说明,他们在事先并未做好沟通,也就是两个孩子并没有申明各自利益所在。没有事先申明价值导致了双方盲目追求形式上和立场上的公平,结果,双方各自的利益并未在谈判中达到最大化。

如果我们试想,两个孩子充分交流各自所需,或许会有多个方案和情况出现。可能的一种情况,就是遵循上述情形,两个孩子想办法将皮和果肉分开,一个拿到果肉去喝汁,另一个拿皮去做烤蛋糕。然而,也可能经过沟通后是另外的情况,恰恰有一个孩子既想要皮做蛋糕,又想喝橙子汁。这时,如何能创造价值就非常重要了。

结果,想要整个橙子的孩子提议可以将其他的问题拿出来一块谈。他说:"如果把这个橙子全给我,你上次欠我的棒棒糖就不用还了"。其实,他的牙齿被蛀得一塌糊涂,父母上星期就不让他吃糖了。

另一个孩子想了一想,很快就答应了。他刚刚从父母那儿要了五块钱,准备买糖还债。这次他可以用这五块钱去打游戏,才不在乎这酸溜溜的橙子汁呢。

两个孩子的谈判思考过程实际上就是不断沟通、创造价值的过程。双方都在寻求对自己最大利益的方案的同时,也满足对方的最大利益的需要。

第六章 商务谈判礼仪

> 商务谈判的过程实际上也是一样。好的谈判者并不是一味固守立场,追求寸步不让,而是要与对方充分交流,从双方的最大利益出发,创造各种解决方案,用相对较小的让步来换得最大的利益,而对方也是遵循相同的原则来取得交换条件。在满足双方最大利益的基础上,如果还存在达成协议的障碍,那么就不妨站在对方的立场上,替对方着想,帮助扫清达成协议的一切障碍。这样,最终的协议是不难达成的。

第二节 商务谈判前的准备

谈判前的充分准备是保证谈判成功的关键。孙子曰:"知己知彼,百战不殆。"他的这句至理名言对谈判者准备谈判也有一定教益。在谈判之前,如能对对手有所了解,并就此有所准备,则在谈判之中谈判者就能够扬长避短、避实就虚,"以我之长,击敌之短",取得更好的成绩。商务谈判之前首先要确定谈判人员,与对方谈判代表的身份、职务要相当。谈判代表要有良好的综合素质,谈判前应整理好自己的仪容仪表,穿着要整洁正式、庄重。布置好谈判会场,谈判前应对谈判主题、内容、议程做好充分的准备,制订好计划、目标及谈判策略。

一、商务谈判的技术准备

（一）收集信息,提供资料

谈判前一定要详尽地了解双方的形势、目标、意图和退让的幅度,做到知己知彼。

1. 己方信息

己方信息包括我方的优势和劣势,我方参加谈判的人选,谈判的最低要求和最高目标,谈判策略,谈判时间、地点、环境等,力争在谈判中取得主动权。

2. 对方信息

（1）谈判对方的基本情况。

了解对方的法人资格、资信状况、法定地址、经营范围,这是谈判的基础。另外,还要了解该企业的历史沿革、主导产品、产品性能、市场占有率、市场竞争近况、企业规模和管理水平等。

（2）谈判对手的基本情况。

了解谈判对手的情况,尤其是主谈人的个人情况,如年龄、学历、资历、个性爱好、谈判目的、对方所持立场、谈判风格、谈判经历以及其对己方的态度等。

也应当对谈判对手的社会文化背景，如风俗习惯、价值观念、文化、信仰等有所了解。

（二）熟悉谈判程序

谈判的程序包括多个步骤。每一个具体步骤都有自己特殊的"起、承、转、合"，都有一系列的台前与幕后的准备工作要做，并且需要当事人具体问题具体分析，"随机应变"。商务人员在准备谈判时一定要多下功夫，多做案头的准备工作，尤其是要精心细致地研究谈判的常规程序及其灵活的变化，以便在谈判中能够胸有成竹、处变不惊。谈判桌不比战场，"从战争中学习战争"那一套对于谈判来讲是行不通的。虽说谈判的经验需要积累，但是因为谈判事关重大，所以它往往是不允许人们视之为儿戏，不允许人们在"知其一，不知其二"的情况下仓促上阵。

（三）学习谈判策略

商务人员在进行商务谈判时，总的指导思想是平等、互利，但是这并不排斥努力捍卫或争取己方的利益。事实上，任何一方在谈判中的成功，不仅要凭借实力，更要依靠对谈判策略的灵活运用。商务谈判常有的策略有以弱胜强、制造竞争、火上浇油、声东击西等。在商务谈判中，不仅要熟悉谈判策略，更要做到灵活运用。

二、商务谈判的礼仪准备

商务谈判的礼仪准备是要求谈判者在安排和准备谈判会时应该注重自己的仪表，预备好谈判的场所，并且以此来显示我方对谈判的重视以及对对方的尊重。

（一）谈判双方成员的仪表要求

一个专业的商务人员非常注意自身的衣着和言语，只有专业的形象才能够帮助商务人员取得谈判的优势。

谈判代表要有良好的综合素质，谈判前应整理好自己的仪容仪表，穿着要整洁正式、庄重。男士应刮净胡须，穿西装必须打领带。女士穿着不宜太性感，不宜穿细高跟鞋，应化淡妆。

（二）谈判时间、地点的确定

1. 要注意谈判时间的选择

时间观念是"快节奏"的现代人非常重视的观念。对于谈判活动，时间的掌握和控制是很重要的。如外交谈判开始之前的准时到达，表示对谈判对方有礼貌。相反，则是不尊重。无故失约、拖延时间、姗姗来迟这些"时间观"产生的都是负效应，只有"准时"，才

第六章　商务谈判礼仪

体现出交往的诚意。谈判时间的选择适当与否对谈判效果的影响很大。一般来说，应注意以下几种情况：

（1）避免在身心处于低潮时进行谈判。如夏天的午饭后、人们需要休息的时候不宜进行谈判；去外乡异地谈判或去国外谈判，经过长途跋涉后应避免立即开始谈判，要安排充分的休整之后再进行谈判。

（2）避免在一周休息日后的第一天早上进行谈判，因为这个时候人们在心理上可能仍未进入工作状态。

（3）避免在连续紧张工作后进行谈判，这时人们的思绪比较零乱。

（4）避免在身体不适时（特别是牙痛时）进行谈判，因为身体不适很难使自己专心致力于谈判之中。

（5）避免在人体一天中最疲劳的时间进行谈判。现代心理学、生理学研究认为，傍晚4点至6点是人一天的疲劳在心理上、肉体上都已达顶峰的时候，这时人容易焦躁不安，思考力减弱，工作最没有效率，因此在这个时候进行谈判是不适宜的。

（6）另外，在贸易谈判中，如果是卖方谈判者，则应主动避开买方市场；如果是买方谈判者，则要尽量避开卖方市场，因为这两种情况都难以进行平等互利的谈判，不要在最急需某种商品或急亟出售产品时进行谈判，要有一个适当的提前量，做到"凡事预则立"。同时要注意时间因素的重要性，如夏天买棉衣，冬天买风扇，落市时去买菜，在淡季去旅游，即选择对自己最有利的时机。

2. 要注意谈判地点的选择

谈判地点选择的总的礼仪原则是公平、互利。谈判地点的选择往往涉及一个谈判的环境心理因素问题，有利的场所能增加自己的谈判地位和谈判力量。人们发现动物在自己的"领域"内，最有办法保卫自己。人也是一种有领域感的动物，他与自己所拥有的场所、物品等有着密不可分的联系，离开了这些东西，他的感情和力量就会有无所依附之感。美国心理学家泰勒尔和他的助手兰尼做过一次有趣的实验，证明许多人在自己的客厅里谈话更能说服对方。因为人们有一种心理状况：在自己的所属领域内交谈，无需分心去熟悉环境或适应环境；而在自己不熟悉的环境中交谈，往往容易变得无所适从，导致出现正常情况下不该有的错误。对一些决定性的谈判，若能在自己熟悉的地点进行，可说是最为理想的，但若争取不到这个地点，则至少应选择一个双方都不熟悉的中性场所，以减少由于"场地劣势"导致的错误，避免不必要的损失。最差的谈判地点则是在对方的"自治区域"内。如果说某项谈判将要进行多次，那谈判地点应该依次互换，以示公平。

（三）谈判人员的选择

一般来说，谈判队伍由主谈人、助手、专家和其他谈判人员组成。谈判人员与对方谈判代表的身份、职务要相当。谈判人员的素质修养和仪表形象始终是一种信息，会与谈判的实质内容一起传递给对方，并相互影响、相互感染。

确定谈判人员需要注意的问题包括以下几个方面：

1. 树立权威

谈判小组是由多方面的专家组成，各自有其所长，但是必须树立起一个权威人士，或者说一个谈判主席，避免出现无人负责、无人决策的情况。

2. 明确责任，各有侧重

人员确定以后，还应该各有分工、各有侧重。用一句俗话来形容，就是"有唱红脸的，有唱白脸的"。遇到一些原则性问题，该坚持的时候必须坚持，但是需要让步的时候，就要有人去唱白脸、去拉近关系，消除彼此之间的障碍和隔阂。谈判小组人员中需要不同性格的搭配，相互取长补短。

3. 团队合作性

谈判小组中每个成员的团队合作意识要强。谈判成员一旦坐到谈判桌上，谈判的思路、战术等各方面都应该像是一个人的声音，步调要非常统一，因此，谈判小组成员必须要有很强的团队意识。

（四）谈判会场的布置

如何布置谈判会场，谈判环境的布置也很重要（参见图6-1）。

1. 谈判环境的选择

谈判环境的选择一般看自己是否感到有压力，如果有，说明环境是不利的。不利的谈判场合包括：嘈杂的声音，极不舒适的座位，谈判房间的温度过高或过低，不时地有外人搅扰，环境陌生而引起的心力交瘁感，以及没有与同事私下交谈的机会等。这些环境因素会影响谈判者的注意力，从而导致谈判的失误。为合作或谈判者布置好谈判环境，使之有利于双方谈判的顺利进行，一般来说，应考虑到以下几个因素：

（1）要注意光线。

可利用自然光源，也可使用人造光源。利用自然光源即阳光，应备有窗纱，以防强光刺目；使用人造光源时，要合理配置灯具，使光线尽量柔和一些。

（2）要注意声响。

第六章 商务谈判礼仪

室内应保持宁静,使谈判能顺利进行。房间不应临街,不在施工场地的附近,门窗应能隔音,周围没有电话铃声、脚步声等噪声干扰。

(3)要注意温度。

室内最好能使用空调机和加湿器,以使空气的温度与湿度保持在适宜的水平上。温度在 20℃,相对湿度在 40%~60%最合适。一般情况下,也至少要保证空气的清新和流通。

图 6-1 谈判会议室

(4)注意色彩。

室内的家具、门窗、墙壁的色彩要力求和谐一致,陈设安排应实用美观,留有较大的空间,以利于人的活动。

(5)注意装饰。

用于谈判活动的场所应洁净、典雅、庄重、大方。宽大整洁的桌子,简单舒适的坐椅(沙发),墙上可挂几幅风格协调的书画,室内也可装饰有适当的工艺品、花卉、标志物,但不宜过多过杂,以求简洁实用。

2. 谈判中座位的安排

在谈判中要想获得对方的合作,获取某种效果,座位的安排是有学问的。

(1)双边谈判的座次排列。

① 横桌式。

横桌式指谈判桌在谈判室内横放,客方人员面门而坐,主方人员背门而坐。除双方主谈者居中就座外,各方的其他人士应依其具体身份的高低,各自先右后左、自高而低地分别在己方一侧就座。双方主谈者的右侧之位,在国内谈判中可坐副手,而在涉外谈判中则应由翻译就座(参见图 6-2)。

图6-2 横桌式座次

② 竖桌式。

竖桌式指谈判桌在谈判室内竖放。具体排位时以进门时的方向为准，右侧由客方人士就座，左侧则由主方人士就座。在其他方面，则与横桌式排座相仿。

（2）多边谈判的座次排列。

① 自由式。

自由式即各方人士在谈判时自由就座，无须事先正式安排座次。

② 主席式。

主席式指在谈判室内面向正门设置一个主席之位，由各方代表发言时使用。其他各方人士则一律背对正门、面对主席之位分别就座。各方代表发言后，亦须下台就座。

（五）馈赠礼品的礼仪

礼品是谈判的"润滑剂"，它有助于加强双方的交往，增进双方的感情，巩固彼此的交易关系。选择礼品时，要注意对方的风俗习惯和礼品的数量，把握礼品的价值，注意礼品的暗示作用，不要因送礼品造成双方的误解和不愉快。馈赠礼品还应根据客人的特点选择合适的时间和场合。正确地选择礼品对促成谈判成功往往有意想不到的效果。选择时，既要考虑到对方的文化、习俗、爱好、性别、身份、年龄等因素，又要考虑礼品本身的思想性、艺术性、趣味性和纪念意义，还需注意避奢脱俗。正如世界一位著名的礼节专家所讲的那样，礼物应当是"创造性"的，应是为对方所喜欢并能接受的。像我国的景泰蓝、玉佩、绣品、水墨字画、瓷器、茶具等都受到国外客商及谈判者的喜爱。

有时也会遇到对方给自己送礼的情况，这就需要确定对方的礼物是否恰当、是否可以接受等问题，当不能接受时，应向对方讲明原因，并婉言谢绝。这样，可以防止对方的误解和不愉快。在商务交往中是否可以接受礼物以及礼物的处理，国内有关部门和企业都有相应的政策和纪律，谈判人员应当遵守这方面的政策规定。

第六章 商务谈判礼仪

 典型案例 6—2

在某次交易会上，我方外贸部门与一客商洽谈出口业务。在第一轮谈判中，客商采取各种招数来摸我方的底，罗列过时行情，故意压低购货的数量。我方立即中止谈判，收集相关的情报，了解到日本一家同类厂商发生重大事故停产，又了解到该产品可能有新用途。在仔细分析了这些情报以后，谈判继续开始。我方根据掌握的情报后发制人，告诉对方：我方的货源不多，产品的需求很大，日本厂商不能供货。对方立刻意识到我方对这场交易背景的了解程度，甘拜下风。在经过一些小的交涉之后，乖乖就范，接受了我方的价格，购买了大量该产品。在商业谈判中，口才固然重要，但是最本质、最核心的是对谈判的把握，不仅要注重收集自己方面的相关情报，还要重视收集对手的环境情报，只有知己知彼知势，才能获得胜利。

第三节　商务谈判中的礼仪

一个完整的谈判过程大致可分为三个大的阶段，即开局阶段、谈判之中和谈后签约阶段。

一、开局阶段

谈判之初，谈判双方接触的第一印象十分重要，言谈举止要尽可能创造出友好、轻松的良好谈判气氛。

作自我介绍时要自然大方，不可露出傲慢之意。被介绍到的人应起立微笑示意，可以礼貌地说："幸会""请多关照"之类。询问对方要客气，如"请教尊姓大名"等。如有名片，要双手接递。双手接过对方的名片要简单地看一下上面的内容，既不要把名片直接放在兜里或放在其他的位置根本不看，也不要长时间地拿在手里不停地摆弄，而应该把名片放在专用的名片夹中，尽量避免把名片放在口袋中，或者放在其他的位置。同时以握手作为友好的表示。

握手的次序，一般都是女士先伸手，男士再握手。握手时，对方伸出手后，我们应该迅速地迎上去，握手的时候应该避免的是很多人互相地交叉握手。握手时应身体微欠、面带笑容或双手握住对方的手，以表示对对方的敬意。谈判双方握手的时间以3～5秒为宜。握手时，一般应走到对方的面前，不能在与他人交谈时漫不经心地侧面与对方握手。握手

113

者的身体不宜靠得太近，但也不宜离得太远。同时握手者的面部表情是配合握手行为的一种辅助动作，通常可以起到加深情感、加深印象的作用。

握手的动作虽然平常简单，但通过这一动作确能起到增进双方亲密感的作用。介绍完毕，可选择双方共同感兴趣的话题进行交谈。稍作寒暄，以沟通感情，创造温和气氛。

在尚未正式进入谈判内容时，相互之间的寒暄语要注意所谈的话题、范围等。一般应选择容易引起双方共鸣，又和正题无关的中性话题来谈。如近期较流行的文艺节目或体育活动，个人的爱好与兴趣，或者以前相互合作的情形等。这一类的谈话往往可以起到沟通情感、创造有利谈判气氛的作用。

谈判之初的姿态动作也对把握谈判气氛起着重大作用，目光注视对方，目光应停留于对方双眼至前额的三角区域正方，这样使对方感到被关注。手心冲上，手势自然，不宜乱打手势，以免造成轻浮之感。切忌双臂在胸前交叉，那样显得十分傲慢无礼。与对方谈话时表情要自然，语言要和气亲切、表达得体。谈话时的距离要适中，太远或太近均不适合。在交谈中，自己讲话时要给别人发表意见的机会，别人讲话时也应寻找机会适时地发表自己的看法；要善于聆听对方的谈话，不要轻易地打断别人的发言。

总之，谈判之初的重要任务是摸清对方的底细，因此要认真地倾听对方的谈话，细心地观察对方的举止表情，并适当给予回应，这样既可以了解对方的意图，又可以表现出尊重与礼貌。

二、谈判之中

举行正式谈判时，谈判者尤其是主谈者的临场表现往往直接影响到谈判的现场气氛。在整个谈判进行期间，每一位谈判者都应当自觉地保持风度，礼待对手。

（一）谈判过程中的实质性阶段

谈判过程中的实质性阶段主要是报价、查询、磋商、解决矛盾、处理冷场。

1. 报价

报价要明确无误，恪守信用，不欺蒙对方。在谈判中报价不得变幻不定，对方一旦接受价格，即不再更改。

2. 查询

事先要准备好有关问题，选择气氛和谐时提出，态度要开诚布公。切忌气氛比较冷淡或紧张时查询，言辞不可过激或追问不休，以免引起对方的反感甚至恼怒。但对原则性问题应当力争不让。对方回答查问时不宜随意打断，答完时要向解答者表示谢意。

第六章　商务谈判礼仪

3. 磋商

讨价还价事关双方利益，容易因情急而失礼，因此更要注意保持风度，应心平气和，求大同，容许存小异。发言措辞应文明礼貌。

4. 解决矛盾

要就事论事，保持耐心、冷静，不可因发生矛盾就怒气冲冲，甚至进行人身攻击或侮辱对方。

5. 处理冷场

此时主方要灵活处理，可以暂时转移话题，稍作松弛。如果确实已无话可说，则应当机立断暂时中止谈判，稍作休息后再重新进行。主方要主动提出话题，不要让冷场持续过长。

（二）谈判中的交谈礼仪规范

交谈是商务谈判活动的中心活动。而在圆满的交谈活动中，遵守交谈礼仪具有十分重要的作用。

1. 尊重对方，谅解对方

在交谈活动中，只有尊重对方、理解对方才能赢得对方感情上的接近，从而获得对方的尊重和信任。因此，在交谈之前，谈判人员应当调查研究对方的心理状态，考虑和选择令对方容易接受的方法和态度；了解对方讲话的习惯、文化程度、生活阅历等因素对谈判可能造成的种种影响，做到多手准备、有的放矢。交谈时应当意识到说和听是相互的、平等的，双方发言时都要掌握各自所占有的时间，不能出现一方独霸的局面。

2. 及时肯定对方

在谈判过程中，当双方的观点出现类似或基本一致的情况时，谈判者应当迅速抓住时机，用溢美的言辞中肯地肯定这些共同点。赞同、肯定的语言在交谈中常常会产生异乎寻常的积极作用。当交谈一方适时中肯地确认另一方的观点之后，会使整个交谈气氛变得活跃、和谐起来，陌生的双方从众多差异中开始产生了一致感，进而十分微妙地将心理距离接近。当对方赞同或肯定己方的意见和观点时，己方应以动作、语言进行反馈交流。这种有来有往的双向交流有利于双方谈判人员感情融洽，从而为达成一致协议奠定良好的基础。

3. 态度和气，语言得体

交谈时态度要和气，语言表达要自然、得体、充满自信。手势不要过多，谈话距离要适当，内容一般不要涉及不愉快的事情。

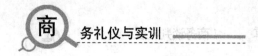

4. 注意语速、语调和音量

在交谈中语速、语调和音量对意思的表达有较大的影响。交谈中陈述意见要尽量做到语速平稳。在特定的场合下，可以通过改变语速来引起对方的注意，加强表达的效果。一般问题的阐述应使用正常的语调，保持能让对方清晰地听见而不引起反感的高低适中的音量。

在正式谈判中的各阶段，交谈及其他礼仪都是十分讲究并起着极其重要的作用，交谈主要依靠听、说及相应的行为动作来进行，我们有必要对谈判中的倾听与提问礼仪进行了解。

（三）谈判中的倾听与提问

既是交谈，首先就应善于倾听。尼尔伦伯格明确指出"倾听是发现对方需要的重要手段"。美国谈判学家卡洛斯也说过："如果你想给对方一个你丝毫无损的让步，这很容易做到，你只要注意倾听他说话就成了，倾听是你能做的一个最省钱的让步。"而恰当的提问有助于倾听。

在人际交往中，善于倾听的人往往给人留下有礼貌、尊重人、关心人、容易相处和理解人的良好印象，倾听也是大多实现正确表达的十分重要的基础和前提，一些谈判者往往利用倾听，首先树立起己方愿意成为对方朋友的形象，以获得对方的信任与尊重，当对方把你当成了他的朋友，就为达到说服、劝解等目的奠定了基础。

1. 倾听的礼仪需求

倾听是指听话者以积极的态度，认真、专注地悉心听取讲话者的陈述，观察讲话者的表达方式及行为举止，及时而恰当地进行信息反馈，对讲话者做出反应，以促使讲话者进而全面、清晰、准确地阐述，并从中获得有益信息的一种行为过程。

倾听的礼仪要求包括以下几个方面：

（1）专注。

在谈判中，谈判者内心必须时刻保持清醒和精神集中，一般人听话与思索的速度大约比讲话快4倍，所以听别人讲话时思想非常容易开小差；同时，根据有关研究资料显示，正常的人最多只能记住他当场听到的东西的60%～70%，如果不专心，记住的就更少。自此，倾听别人讲话一定要全神贯注，努力排除环境及自身因素的干扰。

（2）注意对方的说话方式。

对方的措辞、表达方式、语气、语调都传递了某种信息，认真予以注意，可以发现对方一言一语后面隐喻的需要，真正理解对方传递的全部信息。

（3）观察对方表情。

察言观色是判断说话者的态度及意图的辅助方法。

谈判场合的倾听，是"耳到，眼到、心到、脑到"四种综合效应。"听"即不仅运用耳

第六章 商务谈判礼仪

朵去听,而且运用眼睛观察,运用自己的心去为对方的话语作设身处地的构想,并用自己的脑子去研究判断对方话语背后的动机。

标准的倾听是不允许一边听,一边在脑子里构想轮到自己讲话时该说些什么,思考着说话者应该如何解决自己的问题或筹划着自己将要提出的忠告,思考着由听到的内容而联想起自己的某些相似经历并筹划着如何或是否要告诉说话者自己的经历等。一定要集中注意力,聚精会神地去获得说话者的信息,这样发散的思维就会消失。

(4)通过某些恰当的方式,如目光的注视、关切的面部表情、点头称许、前倾的身姿及发出一些表示注意的声音,促使讲话者继续讲下去。

(5)学会忍耐。

对于难以理解的话,不能避而不听,尤其是当对方说出不愿意听,甚至触怒自己的话时,只要对方未表示说完都应倾听下去,不可打断其讲话,甚至离席或反击,以免失礼。对于不能马上回答的问题,应努力弄清对方的意图,不要匆忙表达,应寻求其他的解决办法。

2. 提问的礼仪要求

提问对于了解对方、获取信息、促进交流都有很重要的意义。一个掌握了提问的礼仪要求、善于提问的人,不但能掌握交谈的进程、控制谈判的方向,而且能开启对方的心扉、拨动对方的心弦。

提问的礼仪要求主要包括以下几个方面:

(1)把握提问的时机。

提问的时机包括以下几个方面的要求:

一是当对方正在阐述问题时不要提问,"打岔"是不尊重对方的表现。

二是在非辩论性场合应以客观的、不带偏见的、不具任何限制的、不加暗示、不表明任何立场的陈述性语言提问。

三是在辩论性场合要先用试探性的提问证实对方的意图,然后再采用直接性提问方式,否则提问很可能是不合时宜的或招致对方的拒绝。如谈判者可以说:"我不知自己是否完全理解了您的意思。我听您说……您是这个意思吗?"如果对方肯定或否定,谈判者才可以说:"如果是这样,那么您为什么不同意这个条件呢?"等。

四是有关重要问题要事先准备好(包括提问的条件、措辞、由谁提问等),并设想对方的几种答案,针对这些答案设计好己方的对策。

五是对新话题的提问不应在对方对某一个问题谈兴正浓时提出,应诱导其逐渐转向。

(2)要因人设问。

提问应与对方的年龄、职业、社会角色、性格、气质、受教育程度、专业知识深度、知识广度、生活经历相适应，对象的特点决定了我们提问是否应当率直、简洁、含蓄、委婉、认真、诙谐、幽默、周密、随意等。

（3）分清提问的场合。

是公开谈判还是秘密谈判，是个人间谈判还是组织间谈判，是"场内"桌面上谈判还是"场外"私下谈判，是质询还是演讲等，都要求提问者注意环境场合的影响。

（4）讲究提问的技巧。

① 审慎地组织语句。

在谈判活动中谈判者为了获得有利的谈判地位或显得尊敬有礼，对谈判语言进行语序及结构的变换，使听话者产生语意判断上的错觉，并对之进行积极呼应。如不少国外谈判理论著述中都举过的一个典型例子。一名教士问主教："我在祈祷的时候可以抽烟吗？"主教感到这位教士对上帝极大的不尊敬，断然拒绝了他的请求。而另一名教士也去问这位主教："我在抽烟的时候可以祈祷吗？"主教感到他念念不忘上帝，连抽烟时都想着祈祷，可见其心之诚，便欣然同意了。后一名教士的请求之所以获准，正是由于他审慎地组织语句，玩了一个以谓语与前置状语"调包"的游戏。

心理学的研究表明，人们难以接受那些对自身带有攻击性的、违背社会规则的、违反伦理道德的行为或事物。如果人们感觉到别人对自己说话的方式和意图是善意的、和缓的、尊重的，就愿意接受。上述例子中第二个教士利用语序变化在自己真实目的不变的情况下改变语意，使听话者产生错觉，在态度上形成积极的呼应，减少对抗、戒备、敌视等不良反应。

这种技巧不仅可用在提问当中，在陈述、演讲、说服等语言中都可以加以运用。

② 简明扼要地提问。

提问太长、太多有碍于对方对信息的接受和思考。当问题较多时，每次至多问一两个问题，待搞清楚或对方表示回答完后，再接着往下问，这样的节奏显得有礼。

③ 对敏感问题的提问要委婉。

由于谈判的需要，有时需要问一些对方敏感的、在公众场合下通常忌讳的问题，最好是在提问之前略加说明理由，这是人们避免引起尴尬的技巧。如有的女士对年龄很敏感，则可以说："为了填写这份表格，可以问问您的年龄吗？"

提问后允许对方有思考后作答的时间，不要随意搅扰对方的思路。在商界，有一句名言叫做"君子求财不求气"。即意气用事，在商务交往的任何场合都是弊大于利的。商界还流行着一句名言，叫做"君子爱财，取之有道"。将其应用于谈判之中，也是合情合理的。作为商务人员，要想在商务谈判之中尽可能地维护己方的利益，就应当在谈判的方针、策略、技巧上下功夫，从而名正言顺地在谈判上获得成功。

3. 谈判中冷场的处理

谈判中有时会出现谁也不先开口，或者突然之间双方感到无话可说的局面。遇到这种情况，就需要主持人或东道主来灵活处理。主持人或东道主应视现场的具体情况当机立断地做出裁决。如果与会双方的确已无话可说，谈话无法再进行下去，就应该中止谈判，或者体会一段时间再重新进行。如果双方只是就某个话题的商谈告一段落，而需要谈判的问题还有很多，则应该灵活主动地变换一下话题。要注意冷场时间必须尽量缩短，最好不要超过3分钟。东道主或主持人要主动插话，或者概括与会者的发言情况，或者再提出新的有争议的问题，有意识地与参加谈判者产生共鸣，创造热情友好的气氛，使谈判继续顺利进行。

（四）谈判者的举止礼仪

谈判者的体态、动作也对造成谈判氛围起着很大的作用。一般而言，谈判人员在谈判开始后，目光应该一直注视着对方的双眼与前额之间的三角部位，这会使对方感到你是认真严肃、充满诚意的。如果能在谈判中始终如一保持这种凝视，你就能够把握谈话的主动权和控制权。另外，谈判人员的手势和脚的动作也往往会传达出无声的信息，影响谈话氛围。如在握手时，如果你的手心朝下，就会使对方感到你是想支配他，并对你心生戒备；如果你的手心朝上，对方则会感到你可以被他支配。再比如在谈判的过程中，假如能够在讲话时夹带一些适当的手势，往往会增加你谈话的感染力；但如果手势过多，尤其是在谈得心浮气躁时，双手乱动，甚至成手舞足蹈之状，则常常会使对方心生反感，认为你太过轻浮无礼。谈判人员的脚的动作则往往能够反映其心理状态。一般来讲，人在平静时脚尖是静止的、着地的，而紧张时则会自然抬高。在谈判的过程中，注意观察对方的脚，便可以判断其心理紧张与否。

三、谈后签约

商务谈判最后的阶段是签字仪式。从礼仪上来讲，举行签字仪式时一定要郑重其事、认认真真。签约仪式上，双方参加谈判的全体人员都要出席，共同进入会场，相互致意握手，一起入座。双方都应设有助签人员，分立在各自一方代表签约人外侧，其余的人排列站立在各自一方代表的身后。其中，最为引人注目的当属举行签字仪式时座次的排列方式问题。

（一）并列式

并列式是举行双边签字仪式时最常见的形式。它的基本做法是：签字桌在室内面门横放，双方出席仪式的全体人员在签字桌之后并排排列，双方签字人员居中面门而坐，客方居右，主方居左。

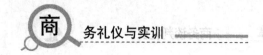

(二) 相对式

相对式与并列式签字仪式的排座基本相同。二者之间的主要差别只是相对式排座将双边参加签字仪式的随员席移至签字人的对面。

(三) 主席式

主席式主要适用于多边签字仪式。其操作特点是：签字桌仍须在室内横放，签字席仍须设在桌后面对正门，但只设一个，并且不固定其就座者。

举行仪式时，所有各方人员，包括签字人在内，皆应背对正门、面向签字席就座。签字时，双方参加谈判的全体人员都要出席，共同进入会场，相互致意握手，各方签字人应以规定的先后顺序依次走上签字席就座签字。

助签人员分立在各自一方代表签约人外侧，其余的人排列站立在各自一方代表的身后。助签人员要协助签字人员打开文本，用手指明签字位置。

双方代表各自在己方的文本上签字，然后由助签人员互相交换，代表再在对方文本上签字，然后即应退回原处就座。

签字完毕后，双方应同时起立，交换文本，并相互握手，祝贺合作成功。其他的随行人员则应该以热烈的掌声表示喜悦和祝贺。

典型案例6-3

中国开发的翻译林娟于上午7:50带领外方美国机械代表一行人到达公司的会议室。中国开发的陈总走上前去，和布朗先生一行一一握手，其他人则在谈判桌原地起立挥手致意。陈总请外方人员入座，服务员立即沏茶。下面是陈总和布朗先生在正式谈判之前的寒暄、介绍、致辞。

陈总：昨天在现场跑了一天，一定很累吧！

布朗先生：不累。北京的城市面貌很美。来北京的第二天就开始"旅游"，这样的安排简直太好了。

陈总：北京是一座千年古都，有很多不同于西方的文化古迹和自然景观，如长城、故宫、颐和园、天坛。

布朗先生：东方文化对我们来讲的确十分神秘。有时间的话，我们首先想去参观长城，当一回好汉；其次去一趟故宫，体验一下中国的皇帝和美国的总统有什么不同的待遇。

陈总：好的。那我们就言归正传，尽早完成谈判。

首先，我代表中国开发的全体员工对美国机械代表全体成员表示热烈的欢迎。

第六章 商务谈判礼仪

　　参加今天技术交流的各位昨天都已经认识了，就用不着我一一介绍了。我方对技术交流十分重视，特地请我公司顾问、中国××大学教授、乳制品机械专家张教授参加。

　　（张教授起立，点头致意）

　　中国是一个巨大的、正在高速增长的市场。随着人民生活水平的不断提高，普通百姓对高档乳制品的需求越来越大。我公司四年前引进的年产4000吨奶粉生产线已经远远不能满足市场的需求，而且产品档次亟待提高。因此，我们决定在今年再引进一套年产8000吨奶粉的生产线。

　　美国机械是国际知名的食品机械生产厂家，其质量得到中国用户的一致好评。我们相信我们和美国机械的合作一定能够取得双赢的结果。

　　现在热烈欢迎布朗总经理讲话。

　　布朗先生：我们十分高兴来到美丽的、充满活力的北京。我们对你们为本次谈判所做的细致的准备工作表示感谢。特别是国际知名的张教授能在百忙之中参加今天的技术交流，我们感到十分的荣幸。

　　美国机械的主要产品为仪器机械，其中以乳制品设备尤为著名。从1985年开始，我们已经向中国境内的企业（包括一些外资企业）提供了15套乳制品生产线。随着我们在中国的客户越来越多，我们于2004年在上海建立了一个制造、维修中心，从而可以为中国的用户提供更加便利、经济的售后服务。和20年前相比，我们的产品不仅质量更加可靠，而且价格更加便宜、服务更加周到。我们相信有远见的中国开发一定会选择我们的设备。

　　现在，请我公司的技术副总、技术专家鲍尔·史密斯先生首先向大家介绍我公司产品的性能。

一、判断题

1. 谈判时按横桌式座次排列要求，客方人员面门而坐，主方人员背门而坐。（　　）

2. 并列式双边签字仪式的基本做法是：签字桌在室内面门横放。双方出席仪式的全体人员在签字桌之后并排排列，双方签字人员居中面门而坐，主方居右，客方居左。（　　）

二、简答题

1. 谈判着装应注意哪些问题？

2. 在谈判的座次安排中应注意哪些问题？
3. 谈判过程中，应当怎样倾听和提问？

三、案例分析

巴西一个公司到美国去采购成套设备。巴西谈判小组成员因为上街购物耽误了时间。当他们到达谈判地点时，比预订时间晚了45分钟。美方代表对此极为不满，花了很长时间来指责巴西代表不遵守时间，没有信用，如果老这样下去的话，以后很多的工作很难合作，浪费时间就是浪费资源、浪费金钱。对此巴西代表感到理亏，只好不停地向美方代表道歉。谈判开始以后美方代表似乎还对巴西代表来迟一事耿耿于怀，一时间弄得巴西代表手足无措，说话处处被动，无心与美方代表讨价还价，对美方提出的许多要求也没有静下心来认真考虑，匆匆忙忙就签订了合同。等到合同签订以后，巴西代表平静下来，头脑不再发热时才发现自己吃了大亏，上了美方的当，但已经晚了。

请指出巴西公司与美国公司谈判中失误的原因。

鸿发茶叶公司谈判计划书

为了丰富我们公司销售的产品，进一步巩固并提升市场占有率，我们公司计划引进安徽好味有限责任公司的乐泰瓜片茶，并与该公司建立合作关系，决定于6月24号在其公司进行正式的洽谈。

一、谈判主题

采用一定的策略，以适当的价格够进一批乐泰瓜片茶，并建立友好的长期合作关系。

二、总体目标

1. 市场占领方面：这次我们公司和安徽好味有限责任公司就乐泰瓜片茶进行合作谈判，并有意建立长期的合作关系，进一步提升本公司的市场占有率。

2. 购买数量方面：（1）通过双方的谈判，在适当的价格内最多够买数量600千克特级瓜片茶、600千克精品级瓜片茶；（2）最少购买数量500千克特级乐泰瓜片茶、500千克精品瓜片茶。

3. 购买价格方面：我公司的最高购买价格是：特级乐泰瓜片620元/500克、精品瓜片540元/500克。分别报价为：特级乐泰瓜片茶580元/500克、精品瓜片茶480元/500克。

第六章　商务谈判礼仪

三、谈判的结构框架：采用纵向的谈判方式。

四、谈判程序与策略

为了实现我们公司的发展目标，并建立长期的合作关系。所以，我们与安徽好味公司的谈判主要是积极和友好的。为了更顺利地达成协议，我们根据谈判的六个阶段来实施策略：准备阶段、开局阶段、导入阶段、明示阶段、磋商阶段和协议阶段。

准备阶段：组织好本次相关的谈判人员，并了解当地的风俗和习惯，调查和分析西南的茶叶生产公司的运作销售情况以及以前的交易价格。准备本次谈判的相关资料。

开局阶段：实行友好和坦诚策略，与对方公司的人员建立关系，同时，采用旁敲侧击策略了解对方的销售大致价格。

导入阶段：向对方讲解一下我们公司最新的发展情况，表明我们公司的合作意愿。并倾听对方公司的介绍，寻找有利于我们公司的信息。

明示阶段：这个阶段已经进入实质性问题的洽谈，所以要明确表示我们公司的要求，提出问题，回答问题，说明公司的意图目标，努力达到自己的利益。

磋商阶段：在这个阶段我们公司为达到谈判方案制定的目标，并开始进行真正对抗和实力较量，此时双方都很紧张，并极力维护自己公司的利益。所以，为了不伤和气，要尽量回避冲突，具体的策略视情况而定（如果陷入僵局，可以运用最后通牒策略）。

协议阶段：这个阶段是谈判取得成功后，进一步保证所得权利的阶段，所以，在这个时候是不可以放松的。在合同的签订上一定要详细的阅读，确认后再签订和盖章。

五、具体日程安排本次谈判无论成功与否，都必须抓紧时间，在3天之内结束。时间安排如下：

6月24日上午：参观安徽好味有限责任公司乐泰瓜片的生产线。

6月24日下午—6月26日上午：进行合作事议的具体谈判和磋商。

6月26日下午：无论谈判成功与否，都要返回公司，并向领导汇报具体情况。

六、谈判地点：安徽好味茶叶生产公司会议室。

七、人员分工

采购部经理：刘丽　采购部经理秘书：孙军　营销部经理：张平　茶叶鉴定专家：方华

　实训任务一　商务谈判准备礼仪

一、实训要求

模拟安徽好味茶叶公司的销售部经理组织安排此次商务谈判活动，掌握谈判的组织、现场布置及席位安排等礼仪。

二、实训场地

实训室。

三、实训内容

1. 按谈判厅要求布置谈判室。会议室环境布置、谈判桌、台布、花饰、水杯等。
2. 谈判内容设计。
3. 双方谈判人员的组成及服饰。
4. 谈判相关的资料文件。

四、实训组织

结合所学内容，学生每6人一组，两组结合，根据所给背景资料，学生进行商务谈判准备礼仪的实训。

实训任务二　模拟商务谈判过程中的礼仪

一、实训要求

模拟两个公司进行商务谈判的整个过程，包括双方见面、寒暄交谈、讨价还价、谈判僵局，最后达成协议，加强谈判各阶段的礼仪训练。

二、实训场地

实训室。

三、实训内容

根据背景资料中给出的谈判计划，设计各个谈判阶段的场景。

1. 双方见面时，介绍问候及仪表仪态礼仪。
2. 进入谈判实质阶段，注意控制谈判气氛及正确的举止礼仪。
3. 学会如何打破谈判僵局，在友好合作的气氛中继续谈判。
4. 谈判达成共识，签署合同时，双方的礼仪。

四、实训组织

结合所学内容，学生每6人一组，两组结合，分别扮演谈判双方代表，根据所给背景资料，学生进行商务谈判实训。

五、小组考核

综合考评各组在两个实训中的表现，教师进行点评，学生撰写实训报告。

第七章　商务会务礼仪

> **学习目标**
>
> 通过本章的学习,掌握洽谈会的基本礼仪及洽谈的方针;了解商品展销会的程序;理解新闻发布会中的礼仪规范;了解茶话会礼仪中应注意的问题。

第一节　洽谈会礼仪

洽谈是指在商务交往中,存在着某种关系有关各方,为了保持接触、建立联系进行合作、达成交易、拟定协议、签署合同、要求索赔,或是为了处理争端、消除分歧,而坐在一起进行面对面的洽谈与协商,以求达成某种程度上的妥协。大家也应当看到,大凡正规、正式的洽谈都是很注重礼仪的。绝大多数正式的商务洽谈,其本身就是按照一系列约定俗成的、既定的礼仪和程序进行的庄重的会晤。在商务洽谈中,正确的态度应当是:既要讲谋略,又要讲礼仪。倘若只讲谋略而不讲礼仪,或是只讲礼仪而不讲谋略,都不会有助于洽谈的成功。

一、商务洽谈的基本原则

(一) 客观的原则

所谓客观的原则,意即在准备洽谈时,有关的商务人员所占有的资料要客观,决策时的态度也要客观。占有资料要客观是要求谈判者尽可能地取得真实而准确的资料,不要以道听途说或是对方有意散布的虚假情报来作为自己决策时的依据。决策时的态度要客观是要求谈判者在决策时态度要清醒而冷静,不要为感情所左右,或是意气用事。

(二) 预审的原则

所谓预审的原则,一是指准备洽谈的商务人员应当对自己的谈判方案预先反复审核、精益求精;二是指准备洽谈的商务人员应当将自己提出的谈判方案预先报请上级主管部门或主管人士审查、批准。

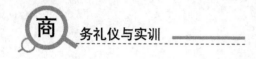

虽说负责洽谈的商务人员拥有一定的授权，在某种特殊的情况下可以"将在外，君命有所不受"或是"先斩后奏"。但是这并不等于说洽谈者可以忘乎所以、一意孤行。在洽谈之前，对自己的方案进行预审，既可以减少差错，又可以群策群力、集思广益，使方案更臻完美。

（三）自主的原则

所谓自主的原则，是指商务人员在准备洽谈时以及在洽谈进行之中，要发挥自己的主观能动性，要相信自己、依靠自己、鼓励自己、鞭策自己，在合乎规范与惯例的前提下，力争"以我为中心"。坚持自主的原则有两大好处：一是可以调动有关的商务人员的积极性，使其更好地有所表现；二是可以争取主动权，或是变被动为主动，在洽谈中为自己争取到有利的位置。

（四）兼顾的原则

所谓兼顾的原则，是要求商务人员在准备洽谈时以及在洽谈过程中，在不损害自身根本利益的前提下，应当尽可能地替洽谈对手着想，主动为对方保留一定的利益。

二、洽谈会的礼仪性准备

（一）注重仪表服饰

洽谈会的礼仪性准备是要求洽谈者在安排或准备洽谈会时应当注意自己的仪表。预备好洽谈的场所，布置好洽谈的场所，布置好洽谈的座次，并且以此来显示我方对于洽谈的郑重其事和对洽谈对象的尊重。

洽谈会是单位和单位之间的交往，所以应该表现的是敬业、职业、干练、效率的形象。在仪表上，要有严格的要求。如男士不准蓬头垢面，不准留胡子或留大鬓角。女士应选择端庄、素雅的发型，化淡妆。摩登或超前的发型、染彩色头发、化艳妆或使用香气浓烈的化妆品都不可以。

由于洽谈会关系大局，所以在这种场合，商务人员应该穿着正统、简约、高雅、规范的最正式的礼仪服装。男士应穿深色三件套西装和白衬衫，打素色或条纹式领带，配深色袜子和黑色系带皮鞋。女士要穿深色西装套裙和白衬衫，配肉色长筒袜或连裤式丝袜和黑色高跟、半高跟皮鞋。

（二）洽谈会会场布置

洽谈会是否能圆满举办成功，会场的布置也是其中很重要的一个环节。

1. 横幅

横幅一般悬挂于来宾入口、酒店大堂或是会议主席台上方，以作欢迎和明示主题之用，是会场布置中最常用的会议装饰物料。

第七章　商务会务礼仪

2. 指示牌

指示标志对于来宾们迅速地找到会场位置非常重要，往往周到的细节安排也会使与会者更能体会到服务的周到，指示牌也要注意统一整个会议的 VI（视觉识别系统，全称 Visual Identity，以标志、标准字、标准色为核心展开的完整的、系统的视觉表达体系）标识。

3. 胸牌

设备统一 VI 的胸牌，可用不同的颜色及文字区分会场人员的身份，可以更加容易识别和协调人员。

4. 签到处

协助主办方提供签到或咨询以及办理入住手续。

5. 会场主背景板/背景墙

搭建起一块主题背景，注明会议主题及主办机构信息，更好地体现会议地专业性。

6. 舞台

根据会议主办方的需要搭建舞台，具体尺寸及高度视会场情况而定。

7. 主席台/演讲台

置于主持人或发言人的前方，布置鲜花，前方置主办人的标识。

8. 摆装饰

在 VIP 室、签到桌、餐桌及讲台等位置放置鲜花，以营造优美的环境氛围。

9. 其他装饰

比较复杂的会场往往还需要其他很多的装饰及布景（如气球、布艺、展示制作等），这就需要根据不同的场地情况和不同的主题要求进行配置，这样可以体现大型会议的专业性，使服务更加周到和人性化。

（三）洽谈会的座次安排

如果担任东道主安排洽谈，一定要在各方面利用好礼仪这张"王牌"。在洽谈会的台前幕后，恰如其分地运用礼仪，迎送、款待、照顾对手，都可以赢得信赖，获得理解、尊重。

在洽谈会上，不仅应当布置好洽谈会会场的环境，预备好相关的用品，而且应当特别重视礼仪性很强的座次问题。座次问题在举行正式的洽谈会时必须予以重视。只有小规模的洽谈会或预备性洽谈会才可以不用讲究。

举行双边洽谈时，应使用长桌或椭圆形桌子，宾主应分坐在桌子的两侧。桌子横放的话，应面对正门的一方为上，属于客方。桌子竖放的话，以进门的方向为准，右侧为上，属于客方。

在进行洽谈时，各方的主谈人员在自己一方居中而坐。其余的人员则应遵循右高左低的原则，依照职位的高低自近而远地分别在主谈人员的两侧就座。如果有翻译，可以安排就座在主谈人员的右边。

举行多边洽谈时，为了避免失礼，按照国际惯例，一般要以圆桌为洽谈桌来举行"圆桌会议"。这样一来尊卑的界限就被淡化了。即便如此，在具体就座时，仍然讲究各方的与会人员尽量同时入场、同时就座。最起码主方人员不要在客方人员之前就座。

三、洽谈的三大方针

洽谈过程中，双方人员的态度、心理、方式、手法等都对洽谈构成重大的影响。

（一）要依法办事

洽谈者所进行的一切活动都必须依照国家的法律办事，才能确保既得利益。

（二）要礼敬于人

这要求洽谈者在洽谈会的整个进程中，时时、处处、事事表现得对对方不失真诚的敬意。而且在今后的进一步商务交往中还能发挥潜移默化的功效。

（三）要互利互惠、平等协调

洽谈是一种合作或为合作而进行的准备。所以圆满的结局应当是洽谈的所有参与方都取得一定的成功，获得更大的利益。如果把商务洽谈视之为"一次性买卖"，主张赢得越多越好，争取以自己的大获全胜和对手的彻底失败来作为洽谈会的最终结果，必将危及己方与对方的进一步合作。而且，也会"赢得"不好的声誉。

典型案例 7-1

> 一家广告公司要安排会见一个潜在的客户，讨论一项宣传活动。这个客户的工作地点离广告公司相当远，是一个小型的开放式办公室，所以广告公司建议用一家邻近客户而且具备会议设施的饭店作洽谈场地。
>
> 会谈前一周，广告公司的相关人员就到饭店检查准备情况，当看到会议室有一套多媒体系统和一张大桌子时，广告公司的相关人员便要求把桌子搬走，安置一套标准的视听设备，因为他知道展示自己的公司需要利用这种设备。
>
> 会见客户的那天，广告公司的执行人员提早进行音响测试，并将座位安排成半圆形，调整了窗帘和空调，并订好了点心，会谈进行得很顺利，最终广告公司赢得了这个新客户。

第七章　商务会务礼仪

第二节　商品展销会礼仪

商品展销会是指在固定场所和一定期限内，具有相应资格的若干经营者参加，用展销的形式，以现货或者订货的方式销售商品的集中交易活动。展销会礼仪是指企业在组织、参加展销会时所应当遵循的规范与惯例。展销会礼仪主要包括场地的布置、展销会的工作人员、展销会客户接待以及展销会的组织程序等几个方面的内容。

一、场地的布置

展销会的场地布置要隆重、典雅，体现一种文化氛围。展区布置要富有感染力，能体现出自身鲜明的特点。展销商品要设计考究、布置精美、陈列有序、安全防盗、不易受损，要讲究摆放的艺术性和技巧性，突出产品的特色，又要方便顾客购买。

二、展销会的工作人员礼仪

展销会工作人员的形象则主要是指在展销会上直接代表参展单位露面的人员的穿着打扮问题。在一般情况下，要求工作人员应当统一着装。最佳的选择是身着本单位的制服，或者是穿深色的西装、套裙。全体工作人员皆应在左胸佩戴标明本人单位、职务、姓名的胸卡。按照惯例，工作人员不应佩戴首饰，但男士应当剃须，女士则最好化淡妆。

展销会工作人员要时时注意待人礼貌。在展销会上，参展单位的工作人员都必须真正地意识到客户是自己的上帝，为其热情而真诚地服务则是自己的天职。为此，全体工作人员都要将礼貌待人放在心坎上，并且落实在行动上。配备的专业讲解人员或服务人员要细心主动地为客户介绍商品，耐心回答客户的咨询。

三、展销会客户接待

对待前来参加展销会的客户应该一视同仁，避免厚此薄彼。如果存在竞争性商品，切不可为推销自己的产品而贬低别人的商品。当客户在本单位的展位上进行参观时，工作人员可随行于其后，以备对方向自己进行咨询；也可以请其自便，不加干扰。对于客户所提出的问题，工作人员要认真做出回答。不允许置之不理，或以不礼貌的言行对待对方。当客户离去时，工作人员应当真诚地向对方欠身施礼，并道以"谢谢光临"或"再见"。

在任何情况下，工作人员均不得对客户恶语相加或讥讽嘲弄。对于极个别不守规则而乱摸乱动、乱拿展品的观众，仍须以礼相劝，必要时可请保安人员协助，但不能对对方擅自动粗，进行打骂、扣留或者非法搜身。

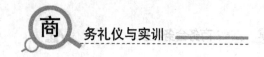

四、展销会的组织程序

主办方在组织展销会时要遵循一定的程序。

（一）展销会方案的策划

展销会方案的策划包括确定展销会的主题、展销会活动实施方案。主办方可以写出提纲，使展品得到有机的排列与组合。

（二）向工商行政管理机关提出举办展览会的申请

工商行政管理机关是商品展销会的主管机关，主管商品展销会的登记，监督举办者的组织管理活动和参展者的经营行为的合法性，保护企业和消费者的合法权益。

（三）确定展销会的举办场地

主办方在选择举办场地时要考虑展销会的规模、场地的面积、场地租借费用、交通情况等。

（四）确定参展单位

一旦决定举办展销会由哪些单位来参加的问题通常都是非常重要的。在具体考虑参展单位的时候，必须注意两厢情愿，不得勉强。按照商务礼仪的要求，主办单位事先应以适当的方式对拟参展的单位发出正式的邀请或召集。邀请或召集参展单位的主要方式为刊登广告、寄发邀请函、召开新闻发布会等。

（五）布置展厅

布置展厅要有新意，引人注意，展品的摆放要讲究艺术性。展厅内的环境要优雅、卫生，必要时可设立一些指示标语。

（六）做好宣传工作

为了引起社会各界对展销会的重视，并且尽量地扩大影响，主办单位有必要对其进行大力宣传。宣传的重点应当是展销的内容，即展销会上的展示陈列之物。因为只有它才能真正地吸引各界人士的注意和兴趣。对展销内容所进行的宣传主要可以采用以下几种方式：第一，举办新闻发布会；第二，邀请新闻界人士到场进行参观采访；第三，发表有关展销会的新闻稿；第四，公开刊发广告；第五，张贴有关展销会的宣传画；第六，在展销会现场散发宣传性材料和纪念品；第七，在举办地悬挂彩旗、彩带或横幅；第八，利用升空的彩色气球和飞艇进行宣传。

第七章　商务会务礼仪

（七）做好安全保卫工作

无论展销会举办地的社会治安环境如何，组织者对于有关的安全保卫事项均应认真对待，免得由于事前考虑不周而麻烦丛生，或是"大意失荆州"。在举办展销会前，必须依法履行常规的报批手续。此外，组织者还须主动将展销会的举办详情向当地公安部门进行通报求得其理解、支持与配合。举办规模较大的展销会时，最好从合法的保安公司聘请一定数量的保安人员，将展销会的保安工作全权交予对方负责。展销会组织单位的全体工作人员均应自觉地树立良好的防损、防盗、防火、防水等安全意识，为展览会的平安进行尽一己之力。

（八）做好服务工作

主办单位作为展销会的组织者，有义务为参展单位提供一切必要的辅助性服务项目。否则，不单会影响自己的声誉，而且还会授人以柄。由展销会的组织者为参展单位提供的各项辅助性服务项目最好有言在先，并且对有关费用的支付进行详尽的说明。具体而言，为参展单位所提供的辅助性服务项目通常主要包括以下各项：一是展品的运输与安装；二是车票、船票、机票的订购；三是与海关、商检、防疫部门的协调；四是跨国参展时有关证件、证明的办理；五是电话、传真、电脑、复印机等现代化的通信联络设备；六是举行洽谈会、发布会等商务会议或休息之时所使用的适当场所；七是餐饮以及有关展销时使用的零配件的提供；八是供参展单位选用的礼仪、讲解、推销人员等。

（九）评估展销会的效果

在展销会结束后，要通过销售额、与会顾客的数量、参展单位数量、新闻报道数量等指标客观评价展销会，收集意见与评价，分析反馈信息，总结经验，以备参考。

典型案例 7-2

> 美国 A 州杏仁商会为了在中国推广和销售加州杏仁，委托 K 公共关系有限公司在中国策划一次宣传推广活动。经过调查分析，该公关公司决定策划一次"健美人生巡回展"，希望在消费者心目中树立杏仁有利健康的形象。
>
> 活动选择具有影响力的大型商场进行专业健美操表演活动，并采用各种生动的形式来最大限度对加州杏仁进行宣传和推广，如标贴各种吸引人的标牌，制作一个真人大小的杏仁吉祥物，进行一次主持生动的庆祝会，展示杏仁营养宣传品等。
>
> 为了突出加州杏仁的形象，要求表演者穿着统一的印有 A 州杏仁商会标记的服装。舞台的幕后背景以及舞台覆盖物均设计成富有生命活力的绿色。特大型的印有 A 州杏

仁商会会标的舞台覆盖物和舞台背景非常有效地突出了这次活动的主题。

此外，免费给在场的小朋友发放印有宣传语"送给幸福的人"的彩色气球。主持人忙着在舞台上带领小朋友做游戏，并指导现场的观众参加健美运动。另外，A 州杏仁商会的吉祥物也出现在此次活动中，颇受现场观众的喜爱，并引起媒体记者争相拍照留念。

活动吸引了数十万观众参加，给消费者留下了深刻的印象，实现了产品信息的传递。同时，通过吸引众多媒体的关注和报道，成功地开拓了中国市场，取得了预期的效果。

第三节　新闻发布会礼仪

新闻发布会，简称发布会，也称记者招待会。这是一种主动传播各类有关的信息，谋求新闻界对某一社会组织或某一活动、事件进行客观而公正的报道的有效的沟通方式。对商界而言，举办新闻发布会是自己联络、协调与新闻媒介之间的相互关系的一种最重要的手段。发布会礼仪一般指的就是有关举行新闻发布会的礼仪规范。对商界而言，发布会礼仪至少应当包括会议的筹备、媒体的邀请、现场的应酬、善后事宜等四个主要方面的内容。

一、会议的筹备

筹备新闻发布会要做的工作很多，主要包括主题的确定、时空的选择、人员的安排、材料的准备等事项。

（一）主题的确定

企业决定召开新闻发布会之后，应首先确定新闻发布会的主题。新闻发布会的主题是指新闻发布会的中心议题。一般来说，新闻发布会的主题有三类：一类是发布某一消息；一类是说明某一活动；还有一类是解释某一事件。

具体而言，企业推出新举措、新产品、新技术或者新服务，企业开业、扩建、合并或关闭，组织遭遇重大事故，遭到社会的误解或批评等，通常都是新闻发布的主题。

（二）时空的选择

新闻发布会时空的选择通常是指时间和地点的选择。对这两个问题不加重视，即便主题再好，新闻发布会也往往难于奏效。

1. 时间的选择

一般来说，一次新闻发布会所使用的全部时间应当限制在 2 小时以内。通常，在选定新闻发布会时间的时要考虑以下几个因素：一是要与节日和假日避开；二是要避开本地的

第七章　商务会务礼仪

重大活动；三是要避开其他单位的新闻发布会；四是要避开与新闻界的宣传报道重点撞车。

通常认为，举行新闻发布会的最佳时间是周一至周四上午的 9 点至 11 点，或是下午的 3 点至 5 点左右。在此时间内，绝大多数人都方便参会。

2. 地点的选择

新闻发布会的举行地点除了可考虑在本单位或事件所在地举行外，可考虑租用宾馆、饭店举行。如果希望造成全国性影响的，则可在首都或某一大城市举行。发布会现场应交通便利、条件舒适、大小合适。会议地点确定后应进行实地考察，在会议召开前应认真进行会场布置。会议的桌子最好不用长方形的，要用圆形的，大家围成一个圆圈，显得气氛和谐、主宾平等，当然这只适用于小型会议。大型会议应设主席台席位、记者席位、来宾席位等。

（三）人员的安排

新闻发布会的人员安排关键是要选好主持人和发言人。新闻发布会的主持人应由主办单位的公关部长、办公室主任或秘书长担任。其基本条件是仪表堂堂、年富力强、见多识广、反应灵活、语言流畅、幽默风趣，善于把握大局、引导提问和控制会场，具有丰富的会议主持的经验。

新闻发言人由本单位的主要负责人担任，除了在社会上口碑较好、与新闻界关系较为融洽之外，对其基本要求是修养良好、学识渊博、思维敏捷、能言善辩、彬彬有礼。

新闻发布会还要精选一批负责会议现场工作的礼仪接待人员，一般由相貌端正、工作认真负责、善于交际应酬的年轻女性担任。

值得注意的是，所有出席新闻发布会的人员均需在会上佩带事先统一制作的胸卡，胸卡上面要写清姓名、单位、部门与职务。

（四）材料的准备

在举行新闻发布会之前，主办单位要事先准备好以下材料：

1. 发言提纲

发言提纲是发言人在新闻发布会上进行正式发言时的发言提要，它要紧扣主题，体现全面、准确、生动、真实的原则。

2. 问答提纲

为了使发言人在现场正式回答提问时表现自如，可在对被提问的主要问题进行预测的基础上，形成问答提纲及相应答案，供发言人参考。

3. 报道提纲

事先必须精心准备一份以有关数据、图片、资料为主的报道提纲,并认真打印出来,在新闻发布会上提供给新闻记者。在报道提纲上应列出本单位的名称、联系方式等,便于日后联系。

4. 形象化视听材料

这些材料供与会者利用,可增强新闻发布会的效果,包括:图表、照片、实物、模型、录音、录像、影片、幻灯片、光碟等。

二、媒体的邀请

在新闻发布会上,主办单位的交往对象以新闻界人士为主,在邀请新闻界人士时,必须有所选择、有所侧重,不然的话就难以保证新闻发布会取得成功。媒体邀请的技巧很重要,既要吸引记者参加,又不能过多透露将要发布的新闻。在媒体邀请的密度上,既不能过多,也不能过少。通常,企业应该邀请与自己联系比较紧密的商业领域的记者参加,必要时如事件现场气氛热烈,应关照平面媒体记者与摄影记者一起前往。

邀请的时间一般以提前3~5天为宜,新闻发布会前一天可做适当的提醒。联系比较多的媒体记者可以采取直接电话邀请的方式。相对不是很熟悉的媒体或发布内容比较严肃、庄重时可以采取书面邀请函的方式。

适当地制造悬念可以吸引记者对新闻发布会新闻的兴趣,一种可选的方式是开会前不透露新闻,给记者一个惊喜。"我要在第一时间把这消息报道出来"的想法促使很多媒体都在赶写新闻。如果事先就透露出去,用记者的话说就是"新闻资源已被破坏",看到别的报纸已经报道出来了,媒体进行新闻报道的热情会大大减弱,甚至不想再发布。无论一个企业与某些报社的记者多么熟悉,在举行新闻发布会之前,重大的新闻内容都不可以透漏出去。

在邀请记者的过程中必须注意,一定需要邀请新闻记者,而不能邀请媒体的广告业务部门人员。有时,媒体广告人员希望借助新闻发布会的时机进行业务联系,并做出也可帮助发稿的承诺,此时也必须进行回绝。

三、现场的应酬

在新闻发布会举行的过程之中,往往会出现各种不确定的问题。要应付这些难题,除了要求主办单位的全体人员齐心协力、密切合作之外,最重要的是要求代表主办单位的主持人、发言人要善于沉着应变、把握全局。为此,主持人、发言人需要牢记以下几个要点:

第七章　商务会务礼仪

（一）要注意外表的修饰

在新闻发布会上，代表主办单位出场的主持人、发言人被媒体视为主办单位的化身和代言人。按照惯例，主持人、发言人要进行必要的化妆，并且以化淡妆为主，发型应当庄重而大方。男士着深色西装套装、白色衬衫、黑袜黑鞋，并且打领带。女士则宜穿单色套裙、肉色丝袜、高跟皮鞋。服装必须干净、挺括，一般不宜佩戴首饰。在面对媒体时，主持人、发言人要举止自然而大方，要面含微笑、目光炯炯、表情松弛、坐姿端正。

（二）要注意相互的配合

不论是主持人还是发言人，在新闻发布会上都是一家人，因此主持人与发言人必须保持一致的口径，不允许公开顶撞、相互拆台。当媒体提出的某些问题过于尖锐或难于回答时，主持人要想方设法转移话题，不使发言人难堪。而当主持人邀请某位新闻记者提问之后，发言人一般要给予对方适当的回答。

主持人要做到的主要是主持会议、引导提问；发言人要做到的则主要是主旨发言、答复提问。有时，在重要的新闻发布会上，为慎重起见，主办单位往往会安排数名发言人同时出场。若发言人不止一人时，事先必须进行好内部分工。当数名发言人到场时，只需一人进行主旨发言即可。

（三）要注意语言艺术

新闻发布会上主持人、发言人的言行都代表着主办单位。所以，必须注意自己讲话的分寸。

1. 简明扼要

不管是发言还是答问，都要条理清楚、重点集中，让人既一听就懂，又难以忘怀。不要卖弄口才、口若悬河。

2. 提供新闻

新闻发布会自然就要有新闻发布。媒体就是特意为此而来的，所以在不违法、不泄密的前提下，要善于满足对方在这一方面的要求，要在讲话中善于表达自己的独到见解。

3. 要生动灵活

适当地采用一些幽默风趣的语言、巧妙的典故也是必不可少的。

4. 要温文尔雅

（新闻记者大都见多识广，加之又是有备而来，所以他们在新闻发布会上经常会提出一些尖锐而棘手的问题。遇到这种情况时，发言人能答则答，不能答则应当巧妙地避实就虚。无论如何，都不要恶语相加，甚至粗鲁地打断对方的提问。吞吞吐吐、张口结舌也不会给

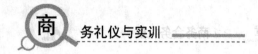

人以好的印象。

四、新闻发布会中的礼仪

（一）开会时的礼仪规范

开会时，应先由主持人介绍新闻发布会的基本情况，并向记者介绍发布新闻的有关人士，接着由主要发言人发布有关新闻。新闻发布完毕后，记者开始提问，由主要发言人及有关人士答问。回答记者提问时，应充分地、准确地向记者提供有关信息，但对涉及保密和不宜发表透露的内容时应婉转地向记者解释。同时，对记者提出的一些敏感又回答不了的提问通常可采取删繁就简的方式回答。

（二）会议中的礼仪规范

会议中，要尊重记者、以礼相待，不得随意打断记者的提问。记者提问结束时，发言人应向到会的记者表示感谢，最后由会议主持人宣布会议结束。同时，在新闻发布会中，主为单位应为记者的采访提供各种便利条件，包括：选择交通便利、环境清静整洁的地点；提供齐全的设备（如电话、传真机、打印机、扩音设备等），桌椅的设置应便于记者作记录，准备好有关的材料供记者作参考（如宣传材料、照片、实物、模型等），以及可配合新闻发布会，组织记者进行现场参观，给记者创造实地采访、摄影、录音、录像的机会。

（三）会议后的礼仪规范

会议结束后，根据记者到会的情况，查对该新闻单位报道情况。如果发现所发的消息有误，应及时通知该新闻单位予以更正；对正确地报道了主办单位有关信息的记者和新闻单位应通过电话或书信表示谢意。

五、善后事宜

新闻发布会举行完毕后，主办单位应在一定的时间内对其进行一次认真的评估善后工作，主要包括以下几个方面：

（一）整理会议资料

整理会议资料有助于全面评估新闻发布会会议效果，为今后举行类似会议提供借鉴。新闻发布会后要尽快整理出会议记录材料，对新闻发布会的组织、布置、主持和回答问题等方面的工作进行回顾和总结，从中吸取经验，找出不足。

第七章 商务会务礼仪

（二）收集各方反映

首先，要收集与会者对会议的总体反映，检查在接待、安排、服务等方面的工作是否有欠妥之处，以便今后改进。

其次，要收集新闻界的反映，了解与会的新闻界人士有多少人为此次新闻发布会发表了稿件，并对其进行归类分析，找出舆论倾向。同时，对各种报道进行检查，若出现不利于本单位的报道，应做出良好的应对策略。若发现不正确的或歪曲事实的报道，应立即采取行动，说明真相。如果是由于自己的失误所造成的问题，应通过新闻机构表示谦虚接受并致歉意，以挽回声誉。

典型案例 7—3

> 上海保温瓶二厂历史悠久，其产品"长城"牌保温瓶久负盛名。1984年，"长城"牌保温瓶获国家银质奖。他们没有大做广告，而是策划了以旧换新的活动，即用20世纪80年代的新产品换回四五十年代的老产品。为使这一消息让更多的人知道，上海保温瓶二厂不失时机地举办了新闻发布会，邀请了许多记者，经过记者的及时报道，这一消息在上海很快传播开来，并引起了轰动，人们奔走相告。

第四节 茶话会礼仪

所谓茶话会，在商界主要是指意在联络老朋友、结交新朋友的具有对外联络和进行招待性质的社交性集会。因其以参加者不拘形式地自由发言为主，并且因之备有茶点，故此称为茶话会。有的时候也有人将其简称为茶会。从表面上来看，茶话会主要是以茶待客、以茶会友，但是实际上，它则往往是重点不在"茶"，而在于"话"，即意在借此机会与社会各界沟通信息、交流观点、听取批评、增进联络，为本单位实现"内求团结、外求发展"这一公关目标创造良好的外部环境。从这个意义上来讲，茶话会在所有的商务性会议中并不是无足轻重的。

茶话会礼仪，在商务礼仪之中特指有关单位召开茶话会时所应遵守的礼仪规范。其具体内容主要涉及茶话会的组织与准备工作、会议的议程安排、茶话会进行中需要注意的礼仪等几个方面。

一、茶话会的组织与准备工作

（一）会议主题的确定

茶话会的主题特指茶话会的中心议题。在一般情况下，茶话会的主题大致可分为以下几类：

1. 以联谊为主题

以联谊为主题的茶话会是平日里所见最多的茶话会。这一类型的茶话会的主题是为了联络主办单位同与会的社会各界人士的友谊。在这一类型的茶话会上，宾主通过叙旧与答谢增进彼此之间的关系和友情。

2. 以娱乐为主题

以娱乐为主题的茶话会主要是指在茶话会上安排一些文娱节目或文娱活动。这一类型的茶话会主要是为了增强活动现场热烈、喜庆的气氛，调动与会人员的积极性。以娱乐为主题的茶话会所安排的文娱活动不需要事前进行专门的安排与排练，而是以现场的自由参加和即兴表演为主。

3. 以专题为主题

以专题为主题的茶话会是指在某一特定的时间，或者为了某些专门的问题而召开的茶话会。它的主要内容是主办单位就某一专门问题收集反映，听取某些专业人士的意见。召开此类茶话会时，尽管主题确定，仍须鼓励与会者畅所欲言。为了促使会议进行的轻松而活跃，有时候茶话会的专题允许宽泛一些，并且许可与会者的发言稍许有些脱题。

（二）来宾的确定

茶话会的与会者，除主办单位的会务人员之外，即为来宾。邀请哪些方面的人士参加茶话会往往与其主题存在着直接的因果关系。因此，主办单位在筹办茶话会时必须围绕其主题来邀请来宾，尤其是确定好主要的与会者。

在一般情况下，茶话会的主要与会者大体上可被区分为下列五种情况：

1. 本单位的人士

具体来讲，以本单位人士为主要与会者的茶话会主要是邀请本单位的各方面代表参加。茶话会的目的意在沟通信息、通报情况、听取建议、嘉勉先进、总结工作。这类茶话会亦可邀请本单位的全体员工或某一部门、某一阶层的人士参加。这种茶话会有时也叫做内部茶话会。

2. 本单位的顾问

以本单位的顾问为主要与会者的茶话会，意在表达对有助于本单位的各位专家、学者、教授的敬意。他们受聘为本单位的顾问，自然对本单位的贡献良多。同时，特意邀请他们与会，既表示了对他们的尊敬与重视，也可以进一步地直接向其进行咨询，并听取他们的建议。

3. 社会上的贤达

所谓社会贤达，通常是指在社会上拥有一定的才能、德行与声望的知名人士。作为知名人士，他们不仅在社会上具有一定的影响力、号召力和社会威望，而且还往往是某一方面的代言人。以社会上的贤达为主要与会者的茶话会可使本单位与社会贤达直接进行交流，加深对方对本单位的了解与好感，并且倾听社会各界对本单位的直言不讳的意见或反映。

4. 合作中的伙伴

合作中的伙伴在此特指在商务往来中与本单位存在着一定联系的单位或个人。除了自己的协作者之外，还应包括与本单位存在着供、产、销等其他关系的单位或个人。以合作中的伙伴为主要与会者的茶话会重在向与会者表达谢意，加紧深彼此之间的理解与信任。这种茶话会有时亦称联谊会。

5. 各方面的人士

有些茶话会往往会邀请各行各业、各个方面的人士参加。这种茶话会通常叫做综合茶话会。以各方面的人士为主要与会者的茶话会，除了可供主办单位传递必要的信息外，主要是为与会者创造出一个扩大个人交际面的社交机会。

茶话会的与会者名单一经确定，应立即以请柬的形式向对方提出正式邀请。按照惯例，茶话会的请柬应在半个月之前被送达或寄达被邀请者之手，但对方对此可以不必答复。

（三）时空的选择

一次茶话会要取得成功，其时间、空间的具体选择都是主办单位必须认真对待的事情。

举行茶话会的时间问题可以分成三个具体的、相互影响的小问题，即举行的时机、举行的时间、时间的长度。

1. 茶话会举行的时机

在举行茶话会的时间问题上，举行的时机问题是头等重要的。唯有时机选择得当，茶话会才会产生应有的效益。通常认为，辞旧迎新之时、周年庆典之际、重大决策前后、遭遇危险挫折之时等都是商务单位酌情召开茶话会的良机。

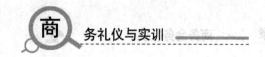

2. 茶话会举行的时间

举行的时间在此是指茶话会具体应于何时举行。根据国际惯例,举行茶话会的最佳时间是下午 4 点左右。有些时候,亦可将其安排在上午 10 点左右。需要说明的是,在具体进行操作时不必墨守成规,而主要应以与会者尤其是主要与会者的方便与否以及当地人的生活习惯为准。

3. 茶话会时间的长度

对于一次茶话会到底举行多长时间的问题可由主持人在会上随机应变、灵活掌握。也就是说,茶话会往往是可长可短的,关键是要看现场有多少人发言,发言是否踊跃。不过在一般情况下,一次成功的茶话会大都讲究适可而止。若是将其限定在 1~2 个小时,茶话会的效果往往会更好一些。

举行茶话会的空间问题是指茶话会兴办地点、场所的选择。按照惯例,适宜举行茶话会的场地主要有:一是主办单位的会议厅;二是宾馆的多功能厅;三是主办单位负责人的私家客厅;四是主办单位负责人的私家庭院或露天花园;五是包场高档的营业性茶楼或茶室。餐厅、歌厅、酒吧等处均不宜用来举办茶话会。

在选择举行茶话会的具体场地时,还需同时兼顾与会人数、支出费用、周边环境、交通安全、服务质量、档次名声等问题。

(四)座次的安排

在安排茶话会与会者的具体座次时,必须使之与茶话会的主题相适应,而绝对不应当令二者相互抵触。具体而言,根据约定俗成的惯例,目前在安排茶话会与会者的具体座次时主要采取以下四种办法:

1. 环绕式

所谓环绕式排位,指的是不设立主席台,而将坐椅、沙发、茶几摆放在会场的四周,不明确座次的具体尊卑,而听任与会者在入场之后自由就座。这一安排座次的方式与茶话会的主题最相符,因而在当前流行面最广。

2. 散座式

所谓散座式排位,多见于在室外举行的茶话会。它的坐椅、沙发、茶几的摆放貌似散乱无序,四处自由地组合,甚至可由与会者根据个人要求而自行调节、随意安置。其目的就是要创造出一种宽松、舒适、惬意的社交环境。

3. 圆桌式

所谓圆桌式排位,指的是在会场上摆放圆桌,而请与会者在其周围自由就座的一种安排座次的方式。在茶话会上,圆桌式排位通常又分为下列两种具体的方式:一是仅在会场中央安放一张大型的椭圆形会议桌,而请全体与会者在其周围就座;二是在会场上安放数张圆桌,而请与会者自由组合,各自在其周围就座。当与会者人数较少时,可采用前者。而当与会者人数较多时,则应采用后者。

4. 主席式

在茶话会上,主席式排位并不意味着要在会场上摆放出一目了然的主席台,而是指在会场上,主持人、主人与主宾应被有意识地安排在一起就座,并且按照常规,居于上座之处。如中央、前排、会标之下或是面对正门之处。

就总体而论,为了使与会者畅所欲言,并且便于大家进行交流,茶话会上的座次安排尊卑并不宜过于明显。不排座次,允许与会者自由活动,不摆与会者的名签,乃是其常规做法。

(五)茶点的准备

茶话会,顾名思义,自然有别于正式的宴会,因此不上主食、热茶,不安排品酒,而是只向与会者提供一些茶点。不论是主办单位还是与会者,大家都应当明白,茶话会是重"说"不重"吃"的,所以没有必要在吃的方面去过多地下功夫。

商务礼仪规定,在茶话会上,为与会者所提供的茶点应当被定位为配角。虽说如此,在具体进行准备时,亦需注意以下几个方面:

对于用以待客的茶叶与茶具,务必要精心进行准备。选择茶叶时,在力所能及的情况之下应尽力挑选上等品,切勿滥竽充数。与此同时,要注意照顾与会者的不同口味。对中国人来说,绿茶老少咸宜;而对欧美人而言,红茶则更受欢迎。

在选择茶具时,最好先用陶瓷器皿,并且讲究茶杯、茶碗、茶壶成套,千万不要采用玻璃杯、塑料杯、搪瓷杯、不锈钢杯或纸杯,也不要用热水瓶来代替茶壶。所有的茶具一定要清洗干净,并且完整无损,没有污垢。

除主要供应茶水之外,在茶话会上还可以为与会者略备一些点心、水果或是地方风味小吃。需要注意的是,在茶话会上向与会者所供应的点心、水果或地方风味小吃,其品种要丰富、数量要充足,并且要便于取食。为此,最好同时将擦手巾一并上桌。

按照惯例,在茶话会举行之后,主办单位通常不再为与会者备餐。

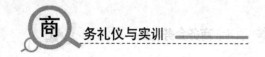

二、会议的议程安排

商界所举办的茶话会的主要会议议程大体包括以下四个方面：

（一）主持人宣布茶话会正式开始

在宣布会议正式开始之前，主持人应当提请与会者各就各位，并且保持安静。而在会议正式宣布开始之后，主持人则还可对主要的与会者略加介绍。

（二）主办单位的主要负责人讲话

主要负责人的讲话应以阐明此次茶话会的主题为中心内容。除此之外，还可以代表主办单位对全体与会者的到来表示欢迎与感谢，并且恳请大家今后一如既往地给予本单位以更多的理解、更大的支持。

（三）与会者发言

根据惯例，与会者的发言在任何情况下都是茶话会的重心之所在。为了确保与会者在发言之中直言不讳、畅所欲言，通常情况下主办单位事先均不对发言者进行指定与排序，也不限制发言的具体时间，而是提倡与会者自由地进行即兴式的发言。有时候，与会者在同一次茶话会上还可以数次进行发言，以不断补充、完善自己的见解、主张。

（四）主持人略作总结

总结随后，即可宣布茶话会至此结束散会。

三、茶话会进行中需要注意的礼仪

（一）茶话会开始

主持人应热情致辞欢迎应邀者光临，并讲明举办茶话会的目的和内容。一般来说，茶话会就座比较自由，讲话也不要求有严格的顺序，可随感而发，即席发言。当比较生疏的客人发言时，主持者应介绍发言人的身份，以便大家有所了解。

（二）现场的发言

会者的现场发言在茶话会上举足轻重。假如在一次茶话会上没有人踊跃发言，或者与会者的发言严重脱题，都会导致茶话会的最终失败。

根据会务礼仪的规范，茶话会的现场发言要想真正得到成功，重点在于主持人的引导得法和与会者的发言得体。

在茶话会上，主持人所起的作用往往不止于掌握、主持会议，更重要的是要求主持人在现场上能够审时度势、因势利导地引导与会者的发言,并且有力地控制会议的全局。在众人争相发言时,应由主持人决定孰先孰后。当无人发言时,应由主持人引出新的话题,或者由其恳请某位人士发言。当与会者之间发生争执时,应由主持人出面劝阻。在每位与会者发言之前,可由主持人对其略作介绍。在与会者发言的前后,应由主持人带头鼓掌致意。万一有人发言严重跑题或言辞不当,则还应由主持人出面转换话题。

在茶话会上发言时,与会者表现必须得体。在要求发言时,可举手示意,但同时也要注意谦让,不要与人进行争抢。不论自己有何高见,打断他人的发言都是失礼的行为。在进行发言的过程中,不论所谈何事,都要使自己语速适中、口齿清晰、神态自然、用语文明。肯定成绩时,一定要实事求是,力戒阿谀奉承;提出批评时,态度要友善,切勿夸大事实、调讽刺苦。与其他的发言者意见不合时,要注意"兼听则明",并且一定要保持风度。切勿当场对其表示出不满,或是在私下里对对方进行人身攻击。

(三) 奉茶的时机

奉茶通常是在客人就座后,茶话会开始之前。如果茶话会已经开始,这时才端茶上来,免不了要打断谈话或为了放茶而移动桌上的文件,这是失礼的。值得注意的是,喝茶要趁热,凉茶伤胃,茶浸泡过久会泛碱味,不好喝,故一般应在客人坐好后再沏茶。

(四) 奉茶的顺序

上茶时一般由主人向客人献茶,或由接待人员给客人上茶。上茶时最好用托盘,手不可触碗面。奉茶时,按先主宾后主人、先女宾后男宾、先主要客人后其他客人的礼遇顺序进行。不要从正面端茶,因为这样既妨碍宾主思考,又遮挡视线。得体的做法是应从每人的右后侧递送。

(五) 斟茶的礼仪

在斟茶时要注意每杯茶水不宜斟得过满,以免溢出洒在桌子上或客人的衣服上。一般斟七分满即可,应遵循"满杯酒、半杯茶"的古训。

(六) 续茶的礼仪

茶会中陪伴客人品茶要随时注意客人杯中茶水的存量,随时续茶。应安排专人给客人续茶,续茶时服务人员走路要轻,动作要稳,说话声音要小,举止要落落大方。续茶时要一视同仁,不能只给一小部分人续,而冷落了其他的客人。如用茶壶泡茶,则应随时观察是否添满开水,但注意壶嘴不要冲着客人方向。

（七）饮茶的礼仪

不论是客人还是主人，饮茶要边饮边谈，轻啜慢咽。不宜一次将茶水饮干，不应大口吞咽茶水，喝得咕咚作响。应当慢慢地一小口、一小口地仔细品尝。如遇漂浮在水面上的茶叶，可用茶杯盖拂去，或轻轻吹开，切不可从杯里捞出来扔在地上，更不要吃茶叶。

（八）茶会结束时的礼仪

茶会进行到一定时间后，主人要适时地宣布茶会到此结束。茶会结束时的礼仪类同于前面所讲宴会结束时所应注意的礼仪。主人应站在门口恭送客人离去，并说些道别的客气话。

典型案例 7-4

> 小刘所在的公司应邀参加一个茶话会，该次会议邀请了很多商界的知名人士以及新闻界人士参加。老总特别安排小刘和他一道去参加，同时也让小刘见识见识大场面。
>
> 小刘早上睡过了头，等他赶到，会议已经进行了 20 分钟。他急急忙忙推开了会议室的门，"吱"的一声脆响，他一下子成了会场上的焦点。刚坐下不到 5 分钟，肃静的会场上又响起了摇篮曲，是谁在播放音乐？原来是小刘的手机响了！这下子小刘可成了全会场的"明星"。
>
> 没过多久，听说小刘已经另谋高就了。

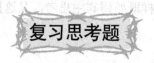

复习思考题

一、判断题

1. 社会组织只有在出现突发事件时，才可召开新闻发布会。（ ）
2. 茶话会主要是以茶待客、以茶会友，但是实际上，它则往往是重点不在"茶"，而在于"话"。（ ）
3. 新闻发布会的主持人一般由主办单位的办公室主任或公关部长担任。（ ）

二、简答题

1. 在洽谈会的座次安排中，应当注意哪些问题？
2. 新闻发布会的程序有哪些？
3. 展销会的组织程序有哪些？

第七章　商务会务礼仪

4. 茶话会的主题有几种类型？

三、案例分析

某分公司要举办一次重要会议，请来了总公司总经理和董事会的部分董事，并邀请当地政府要员和同行业知名人士出席。由于出席的重要人物多，领导决定用U字形的桌子来布置会议桌。分公司领导坐在位于U字横头处的下首。其他的参加会议者坐在U字的两侧。在会议的当天开会时，贵宾们都进入了会场，按安排好的座签找了自己的座位就座，当会议正式开始时，坐在横头桌子上的分公司领导宣布会议开始，这时发现会议的气氛有些不对劲，有的贵宾相互低语后借口有事站起来要走，分公司的领导人不知道发生什么事或出了什么差错，非常尴尬。

请你指出此案例中该公司的失礼之处。

项目实训

实训任务一　产品代理商洽谈会

为了让代理商更多地了解美华公司的发展，同时展示美华公司即将推向市场的新产品的优势及性能，研究如何扩大产品销售等问题，美华公司的领导决定8月8日—10日在上海市召开一次全国代理商会议，由公司总经理介绍企业的基本概况及发展远景；研发部经理介绍、演示新产品的性能、核心技术及测试结果；生产部总监介绍目前企业的生产能力及生产情况；销售部总监介绍公司产品的销售情况；公司主管副总经理就下一步销售策略、销售政策及开展销售竞赛评比等事项做专题发言。同时，选择东北、华北、华南三位销售代表介绍各自的经验，最后表彰50家优秀代理商。会议期间，还要组织与会代表参观企业，利用一个晚上的时间举办一场联欢晚会，安排代表游览上海市内的几个景点。

为保证会议的成功举办，公司还决定会议地点安排在上海国际会议中心，食宿也在上海国际会议中心。同时各部门抽调10人组成大会筹备处，由张经理负责，具体工作包括：准备会议所需文件、材料，寄发会议通知，接待，安排食宿，布置会场，联系上海国际会议中心及旅游景点，预订返程车票、船票、机票，邀请新闻媒体，组织联欢晚会，购置礼品等。美华公司总经理还特别强调，要在保证会议隆重、热烈、节俭的前提下，尽量让代表们吃好、住好、玩好。

根据公司领导的意见,张经理立即从各部门抽调了10位同志成立了大会筹备处,并召开了会务工作会议,对会议准备工作进行了部署和分工。

一、实训目标

通过训练,熟悉洽谈会会前的筹划准备工作,掌握会场布置及位次安排礼仪。

二、实训项目

拟设职业情景完成会议方案、会议日程。按会议礼仪要求完成会场布置及位次安排,训练礼仪人员服饰仪容礼仪。

三、实训条件

本实训可在一间模拟会议室进行,应具有齐全的办公设备及实训前应预备实训资料。

四、实训组织

实训最好能结合学校会议(如团代会、运动会、演唱会等)展开。会议方案设计要合理、完整,会议日程要符合情景要求并且安排合情合理。

五、实训考核

对完成的每一项进行单独打分,最后综合评定小组成绩。

 实训任务二 产品新闻发布会

某国产品牌手机厂商召开手机新产品新闻发布会。会场外围宣传气氛冷清,偌大的酒店外除一条横幅外别无他物。横幅长约3米,宽约60厘米,悬挂在大约5米的高处,需抬头仰视,非常吃力,而且与酒店高大宽阔的大堂门形成强烈的反差。酒店门里边也没有任何其他的宣传,大堂中央立着一块高约1米、宽60厘米的水牌,标注会议举行的具体地址。相对气势雄伟的宽敞大堂而言,那真是形单影孤,大堂大约300平方米,高十来米,就一个水牌孤零零立在大堂中心柱侧边。按照水牌指示上楼,有4个电梯,但都停着,只能走楼梯上去,会后听说开始时也只开1个电梯。上得电梯寻找标注房间,在电梯尽头有一块与大堂一样大小的水牌,红色的纸上用粉红色水彩笔写着房间名,画着长约10厘米、宽约3厘米的浅褐色指示箭头,不停下来走进去认真看还真看不清楚。沿着指示牌继续往前看到两易拉宝,一是该公司的介绍,二是该公司的产品,再往前20米,又是同样内容的两易拉宝,会场外再无其他任何宣传。会场大厅门口也没有礼仪小姐开门或引路。推门进入会场,除了主席台有会议主题内容的背景板与两个幻灯布外,两边过道与后端再无任何宣传陈列。

参会经销商的层次与素质,从他们的衣着打扮与形态看,丝毫没有肃穆与庄严的感觉,倒感觉像是赶集或是凑热闹。从会场纪律来看,会场大约能容纳200人左右,但参会可能

第七章　商务会务礼仪

在100人上下，前两排是嘉宾，相对比较紧凑。这两排之后坐得七零八落、稀稀拉拉的，随意性很强。而且参会人员会场纪律观念淡薄，有频繁走动的，有大声接听电话甚至声音压过主持人的，有交头接耳的，有东张西望的，会议的大门不停地在开关着。发言者的水平令人质疑。一个应该是该公司高层领导，其讲话带有浓厚的家乡口音，由于年龄原因可以原谅。不能忍受的是他居然从头至尾介绍的是该品牌所在地的风土人情，直到结束也没听到他谈企业、谈产品。前后几个发言的大都相同：一是发言条理不清；二是枯燥干涩缺乏鼓动色彩；三是幻灯放像准备不足，发言部分与幻灯放像不匹配；四是时间仓促，营销总监发言不到3分钟就结束了；五是底气不足，听到很多可能与好像之类的词语；六是个人装扮严重影响企业形象，其中一个部门总监头发蓬松，穿着白色长袖衬衣，没有熨烫，褶皱部分明显，而他还挽起衣袖至肘部，干劲挺足的样子，敞着衣领没打领带，灰色裤子显得陈旧，皮带扣得松松垮垮。

四名身着红色旗袍的高个模特手拿机器从会场两边过道走向中间过道，然后从中间过道往会场后面撤出，两人一组。首先是她们的仪容无法让人苟同，发型、面容未做专业美容美发处理，头发散乱，眼睛、嘴唇、脸颊、脖子等处看不到专业化妆痕迹。其次是步伐，两人一组，但两人步调却不一致，有的快，有的慢，与平时走路没什么区别。再就是眼神，看不出是在展示产品，走过时眼睛随处乱看，毫无端庄可言。展示时间非常短，前后大约就10分钟，十几款机型展示同时也无人进行产品解说。

现场录像的就两个人，一个扛机器，一个拉电源。这应该算作一家媒体单位。除此之外，现场很难发现第二家媒体记者。

发布会在草率中于12点结束，进入午餐时间，吃的是自助餐。但最后吃饭只有三四十人，而且吃饭的地方很小，也只能容纳几十人，后面的人看到可能容不下又是自助餐，大部分人走了。就在这几十人中，还有十几个是其他品牌的业务，他们是利用这个机会与经销商沟通，探听他们的反应。

实训任务与要求：

1. 请指出该企业新闻发布会失败的原因。
2. 如果你是该企业的商务人员，你将如何组织此次新闻发布会，请写出具体方案，包括：新闻发布会日程安排、会场布置、相关礼仪人员安排、服饰与化妆要求、会议中发言者及主持人、记者应注意的礼仪。

第八章　商务仪式礼仪

> **学习目标**
>
> 通过本章的学习，了解商务仪式的作用，种类，筹备和举办各种商务仪式的程序和礼仪规范。

第一节　开业仪式礼仪

开业仪式是指在单位的创建、开业，或是本单位所经营的某个项目、工程的开始或完工、落成，企业的成立、企业的周年庆典、商店的开张、分店开业、写字楼落成、新桥通车、新船下水、企业的开工、宾馆的落成、银行的开业、大型建筑物的启用、道路或航道的开通、展销会或展览会的开幕等，为了表示庆贺或纪念，而按照一定的程序所隆重举行的专门的礼仪庆典。开业仪式礼仪一般指的是在开业仪式筹备与运作的具体过程中所应当遵从的礼仪惯例。

一、开业仪式的作用

开业仪式有助于塑造出本单位的良好形象，提高自己的知名度与美誉度。它有助于扩大本单位的社会影响，吸引社会各界的重视与关注；有助于将本单位的建立或成就"广而告之"。

开业仪式有助于让支持过自己的社会各界精英一同分享成功的喜悦，邀请同行业的人员参与开业仪式，为日后的进一步合作奠定良好的基础。

开业仪式有助于增强本单位全体员工的自豪感与责任心，从而为自己创造出一个良好的开端，或是开创一个新的起点。尤其是热烈而又隆重的开业仪式能够增强组织内部员工的凝聚力和向心力。

二、筹备和举办开业仪式的原则

开业仪式礼仪一般指的是在开业仪式筹备与动作的具体过程中所应当遵从的礼仪惯

第八章 商务仪式礼仪

例。通常，它包括两项基本内容：第一，是开业仪式的筹备；第二，是开业仪式的动作。一般来说，筹备和举行开业仪式始终应按着"热烈、隆重、节约、缜密"的原则进行。

（一）要热烈隆重

热烈就是要想方设法在开业仪式的进行过程中营造出一种欢快、喜庆、隆重而令人激动的氛围，而不应令其过于沉闷、乏味。开业仪式理应删繁就简，但却不可以缺少热烈、隆重。与其平平淡淡、草草了事，或是偃旗息鼓、灰溜溜地走上一个过场，反倒不如索性将其略去不搞。

（二）要节制俭省

节俭就是要求主办单位勤俭持家，在举办开业仪式以及为其进行筹备工作的整个过程中，在经费的支出方面量力而行，做到节制、俭省，反对铺张浪费。该花的钱要花，不该花的钱千万不要白花。

（三）要细致缜密

细致缜密则是指主办单位在筹备开业仪式之时，既要遵行礼仪惯例，又要具体情况具体分析，认真策划，注重细节，分工负责，一丝不苟。力求周密、细致，严防百密一疏，临场出错。

三、开业仪式的筹备工作

具体来说，筹备开业仪式时，对于舆论宣传、来宾约请、场地布置、接待服务、礼品馈赠、程序拟定等六个方面的工作尤其需要事先做好认真安排。

（一）做好舆论宣传工作

举办开业仪式的主要目的是提高组织的知名度和美誉度，塑造良好的组织形象，吸引社会各界对组织的重视与关心，那么舆论宣传工作是必不可少的。为此要做的常规工作包括两个方面：一是运用传播媒介广泛地刊登广告，以引起公众的注意。其内容多为开业仪式举行的日期、开业仪式举行的地点、企业的经营特色、开业之际对顾客的优惠、开业单位的经营特色等。二是邀请有关媒体人士光临开业仪式进行采访、报道，以便进一步扩大组织的影响。

（二）拟定来宾名单及邀请工作

开业仪式成功与否，在很大程度上取决于来宾的身份与数量的多少，因此要力争多邀请一些来宾参加开业仪式。上级领导、主管部门与地方领导、合作单位与同行单位的领导、知名人士、社会团体负责人及新闻媒介等方面的人士都是邀请时应予优先考虑的重点。对邀请出席的来宾，应将请柬送达，以示对客人的敬重。请柬要精美、大方，一般用红色、白色、蓝色，填写好的请柬应放入信封内，提前一周左右的时间邮寄或专人提前送达对方的手中，以便对方早作安排。

（三）做好场地布置工作

开业仪式多在开业现场举行，其场地可以是正门之外的广场，也可以是正门之内的大厅。在现场应悬挂开业仪式的会标、庆祝词或欢迎词等。按照惯例，开业仪式一般是站立举行的，所以一般不布置主席台或坐椅，要在来宾站立处铺设红色地毯，以示尊敬和庄重。会场两边可放置来宾赠送的花篮，四周悬挂彩带和宫灯。还要准备好音响、照明设备，使整个场地显得隆重、热烈。对于音响、照明设备，以及开业仪式举行之时所需使用的用具、设备，必须事先认真地进行检查、调试，以防其在使用时出现差错。

（四）做好接待服务工作

对来宾的接待服务工作一定要有专人负责，重要来宾的接待应由组织负责人亲自完成。要安排专门的接待室，接待室要求茶杯洁净，茶几上放置烟灰缸，如不允许吸烟，应用礼貌标语标牌放置在接待室中以提示来宾。要准备好来宾的签到处，准备贵宾留言簿，最好是红色或金色锦缎面高级留言册，同时准备好毛笔、砚、墨等留言用的文具。为了便于来宾了解组织的情况，可以印刷一些材料，如庆典活动的内容、意义，来宾名单和致辞，组织经营项目和政策等。

（五）做好礼品馈赠工作

开业仪式上向来宾赠送的礼品是一种宣传性传播媒介，只要准备得当，往往能产生很好的效果。向来宾赠送的礼品要突出纪念性，可选用本单位的产品，也可在礼品及其包装上印有本单位的企业标志、广告用语、产品图案、开业日期等。要使这些礼品具有一定的纪念意义，并能引起拥有者的珍惜、重视。礼品还应具有鲜明的特色，使人一目了然，并且过目不忘。

（六）做好程序拟定工作

开业仪式的程序包括：确定主持人，介绍重要来宾，组织负责人或重要来宾致辞、剪彩或参观、座谈、联欢等，由开场、过程、结局三大基本程序所构成。开场，即奏乐，邀请来宾就位，宣布仪式正式开始，介绍主要来宾。过程，是开业仪式的核心内容，它通常包括本单位负责人讲话、来宾代表致辞、启动某项开业标志等。结局则包括开业仪式结束后，宾主一行进行现场参观、联欢、座谈等。它是开业仪式必不可少的尾声。为使开业仪式顺利地进行，在筹备之时，必须要认真地草拟相关的程序，并选定好称职的仪式主持人。

第八章　商务仪式礼仪

四、开业仪式的种类

站在仪式礼仪的角度来看，开业仪式其实是一个统称。在不同的适用场合，它往往会采用其他的一些名称。它们的个性则表现在仪式的具体运作上存在着不少的差异，需要有所区别。

（一）开幕仪式

开幕仪式是开业仪式常见的形式之一，它是指企业、宾馆、商店、银行等正式起用前，或各类商品的展示会、博览会、订货会正式开始之前，所正式举行的相关仪式。

每当开幕仪式举行之后，企业、宾馆、商店、银行将正式营业，有关商品的展示会、博览会、订货会将正式接待顾客与观众。一般举行开幕式时要在比较宽敞的活动空间中进行，如门前广场、展厅门前、室内大厅等处都是较为合适的地点。依照常规，举行开幕式需要较为宽敞的活动空间，所以门前广场、展厅门前、室内大厅等处均可用作开幕仪式的举行地点。

开幕仪式的主要程序共有六项：

（1）仪式宣布开始，全体肃立，介绍来宾。

（2）邀请专人揭幕或剪彩。

揭幕的具体做法是：揭幕人行至彩幕前恭敬地站立，礼仪小姐双手将开启彩幕的彩索递交对方。揭幕人随之目视彩幕，双手拉启彩索，令其展开彩幕。全场目视彩幕。鼓掌并奏乐。

（3）在主人的亲自引导下，全体到场者依次进入幕门。

（4）主人致辞答谢。

（5）来宾代表发言祝贺。

（6）主人陪同来宾进行参观。开始正式接待顾客或观众，对外营业或对外展览宣告开始。

（二）开工仪式

开工仪式即工厂准备正式开始生产产品、矿山准备正式开采矿石时，所专门举行的庆祝性、纪念性活动。大都在工厂的生产车间或矿山的主要矿井等生产现场举行。

开工仪式的程序包括以下步骤：

（1）宣布仪式开始。全体起立，介绍各位来宾，奏乐。

（2）开工单位领导讲话。

（3）来宾致贺词。

（4）在司仪的引导下，本单位的主要负责人陪同来宾行至开工现场机器开关或电闸附

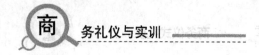

近等地肃立。

（5）正式开工，届时应由本单位职工代表或来宾代表来到机器开关或电闸旁，动手启动机器或合上电闸。全体人员此时应鼓掌祝贺，并奏乐。

（6）在主人的带领下，全体来宾参观生产现场。

（三）奠基仪式

奠基仪式通常是一些重要的建筑物（如大厦、场馆、亭台、楼阁、园林、纪念碑等）在动工修建之初所正式举行的庆贺性活动。对于奠基仪式举行地点应选择在动工修建建筑物的施工现场，一般在建筑物的正门右侧，在奠基仪式的举行现场设有彩棚，安放该建筑物的模型、设计图、效果图，并使各种建筑机械就位待命。

用来奠基的奠基石应是一块完整无损、外观精美的长方形石料。在奠基石上文字应当竖写，在其右上款写上建筑物的名称，正中央应有"奠基"两个大字，左下款刻有奠基单位的全称以及举行奠基仪式的具体年月日。奠基石上的字体大都用楷体字刻写，并且最好用白底金字或黑字。在奠基石的下方或一侧还应安放一只密闭完好的铁盒，内装与该建筑物相关的各有关资料以及奠基人的姓名。届时，它将同奠基石一道被奠基人等培土掩埋于地下，以志纪念。

奠基仪式的程序包括以下步骤：

（1）仪式正式开始，介绍来宾，全体起立。

（2）主人对建筑物的功能、规划设计等进行介绍。

（3）来宾致辞道贺。

致辞也有组织方致辞和来宾致辞，如果有上级单位或者政府部门，也需要请他们的代表致辞。

（4）正式进行奠基。

奠基人双手持握系有红绸的新锹为奠基石培土，再由主人与其他的嘉宾依次为之培土，直至将其埋没为止。奠基时应演奏喜庆的乐曲或敲锣打鼓，营造良好的气氛。

（四）破土仪式

破土仪式，亦称破土动工，是指在道路、河道、水库、桥梁、电站、厂房、机场、码头、车站等正式开工之际所专门为此而举行的动工仪式。一般而言，奠基仪式与破土仪式在具体程序方面大同小异，而其适用范围亦大体相近。故此，这两种仪式不宜同时举行。

破土仪式举行的地点大多应当选择在工地的中央或其某一侧。举行破土仪式的现场务必要事先进行认真的清扫、平整、装饰。至少，也要防止出现道路坎坷泥泞、飞沙走石或是蚊蝇扑面的状况。

倘若来宾较多，尤其是当高龄来宾较多时，最好在现场附近临时搭建某些以供休息的帐篷或活动房屋，使来宾得以免受风吹、日晒、雨淋，并稍事休息。

破土仪式的具体程序共有五项：

（1）仪式宣布开始，介绍来宾，全体肃立；

（2）主人致辞，以介绍和感谢为其发言的重点；

（3）来宾致辞祝贺；

（4）正式破土动工。

其常规的做法是：首先由众人环绕于破土之处的周围肃立，并且目视破土者以示尊重。接下来，破土者须双手执系有红绸的新锹垦土3次，以示良好的开端。最后，全体在场者一道鼓掌，并演奏喜庆的乐曲或燃放鞭炮。

（五）落成仪式

落成仪式有时又称竣工仪式或建成仪式。落成仪式是指本单位所属的某一建筑物或某项设施建设、安装工作完成之后，或者是某一纪念性、标志性建筑物（如纪念碑、纪念塔、纪念堂、纪念像、纪念雕塑等）建成之后，以及某种意义特别重大的产品生产成功之后所专门举行的庆贺性活动。落成仪式一般应在现场举行，如新落成的建筑物之外，纪念碑、纪念塔的旁边等。

在落成仪式举行时，全体出席者的情绪应与仪式的具体内容相适应。如在庆贺工厂、大厦落成或重要产品生产成功时，应当表现得欢快而喜悦。在庆祝纪念碑、纪念塔、纪念堂、纪念像、纪念雕塑建成时，则须表现得庄严而肃穆。

落成仪式的基本程序通常一共有七项：

（1）宣布仪式开始，全体起立，介绍各位来宾；

（2）演奏本单位标志性乐曲；

（3）本单位负责人发言，以介绍、回顾、感谢为主要内容；

（4）进行揭幕或剪彩；

（5）全体人员向刚刚落成的建筑物行注目礼；

（6）来宾致辞；

（7）全体人员进行参观。

（六）下水仪式

所谓下水仪式，是指新船建成下水之时所专门举行的仪式。一般造船厂在吨位较大的轮船建造完成、验收完毕、交付使用之际，为其正式下水起航而特意为之举行的庆祝性活动。

按照国际上目前所通行的做法，下水仪式基本上都是在新船码头上举行的。届时，应对现场进行一定程度的美化。如在船动静门口与干道两侧应饰有彩旗、彩带。在新船所在的码头附近应设置专供来宾观礼或休息用的彩棚。

下水仪式的主要程序共有四项：

（1）宣布仪式开始，介绍来宾，全体起立，乐队奏乐或演奏锣鼓；

（2）由主人简介新船的基本状况，如船名、吨位、马力、长度、高度、吃水、载重、用途、造价等；

（3）由特邀掷瓶人行掷瓶礼。砍断缆绳，新船正式下水。

行掷瓶礼是国外传入我国的一种下水仪式上独具特色的节目，旨在渲染喜庆气氛。其做法是由身着礼服的特邀嘉宾双手持握一瓶正宗的香槟酒，用力将瓶身向新船的船头投掷，使瓶破之后酒香四溢，酒沫飞溅。在嘉宾掷瓶之后，全体到场者面向新船行注目礼，并随即热烈鼓掌。此时，还可在现场再度奏乐或演奏锣鼓，施放气球，放飞鸽子，并且在新船上撒彩花、落彩带等。

（4）来宾代表致辞祝贺。

（七）通车仪式

通车仪式是在重要的交通建筑完工并验收合格之后所正式举行的启用仪式。举行通车仪式的地点应在公路、铁路、地铁与轻轨新线路的某一端、新建桥梁的某一头，或者新建隧道的某一侧。在现场附近以及沿线两旁应当适量地插上彩旗、挂上彩带。必要时，还应设置彩色牌楼，并悬挂横幅。对汽车、火车或地铁列车等要进行装饰，可在车头系上红花，在车身两侧插上彩旗、系上彩带，悬挂大幅醒目标语。

通车仪式的主要程序一般共有五项：

（1）宣布仪式开始，介绍来宾；

（2）主人致辞，介绍即将通车的新线路、新桥梁、新隧道等的基本情况，并向有关方面表示谢意；

（3）来宾代表致辞祝贺；

（4）正式剪彩；

（5）首次正式通行车辆，宾主及群众代表一起登车而行，主人所乘坐的车辆行进在最前方开路。

第八章 商务仪式礼仪

（八）通航仪式

通航仪式，又称首航仪式。通航仪式是指飞机或轮船在正式开通某一条新航线之际所正式举行的庆祝性活动。一般而言，通航仪式除去主要的角色为飞机或轮船之外，在其他方面，尤其是在具体程序的操作上往往与通车仪式大同小异。因此，对其将不再赘述。在进行实际操作时，一般均可参照通车仪式的具体做法进行。

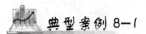典型案例 8-1

某酒店开业仪式案例

09:00　迎宾（礼仪小姐及工作人员引导嘉宾签名）。军乐队奏响迎宾曲，音响交替播放音乐。

09:40　礼仪小姐请嘉宾、记者到主会场。邀请相关领导及嘉宾上台。

09:45　主持人出场，宣布××××大酒店开业庆典仪式现在开始。介绍到场嘉宾及相关领导。

场景营造：音响播放一小段。

09:50　××××大酒店董事长×××先生/女士隆重宣布"××××大酒店今天隆重开业"并为开业做致辞（致辞内容主要是感谢各级领导在百忙之中抽空前来参加××××大酒店的开业仪式并对本公司及本酒店进行简短的介绍）。

场景营造：礼花弹升空，军乐队、锣鼓队演奏一小段。

10:00　市领导讲话（内容主要为祝贺词及为××××大酒店在本市开发的意义）。

场景营造：军乐队、锣鼓队演奏一小段。

10:05　酒店总经理讲话（着重介绍酒店各项状况）。

10:10　主持人宣布××××大酒店开业揭幕仪式现在开始。邀请××××大酒店董事长×××先生/女士及××××大酒店总经理×××先生/女士为酒店揭幕。

场景营造：军乐队、锣鼓队演奏一小段。礼花弹升空。

10:20　主持人宣布××××大酒店开业剪彩仪式现在开始。宣读剪彩领导名单，并邀请上台。礼仪小姐持托盘（内装剪彩用品）上台恭候领导及嘉宾剪彩。领导及嘉宾上前为酒店开业剪彩。

场景营造：此时，放飞礼花弹，放飞氢气球，舞台冷光焰喷薄而出，贺喜鞭炮鸣响，锣鼓队、军乐队交替奏响。活动达到高潮。

10:30　主持人宣布金狮采青开始。

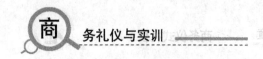

> 场景营造：门头安置冷光焰。在采青的刹那释放，寓意辉煌、蓬勃。
> 10:40　舞狮子表演。
> 11:00　燃放鞭炮，乐队乐曲再次响起。庆祝酒会开始。邀请相关来宾至酒店参加宴会。

第二节　剪彩仪式礼仪

　　剪彩仪式是商务活动中的一些有关单位，为了庆祝企业的成立、企业的周年庆典、企业的开工、宾馆的落成、商店的开张、银行的开业、大型建筑物的启用、道路或航道的开通、展销会或展览会的开幕等等而举行的一项极其重要的、不可或缺的程序。尽管它往往也可以被单独地分离出来，独立成项，但是在更多的时候，它是附属于开业仪式的。

　　目前所通行的剪彩礼仪主要包括剪彩的准备、剪彩人员的选择、剪彩的程序、剪彩者的礼仪规范四个方面的内容。

一、剪彩的准备

　　剪彩的准备涉及场地的布置、环境的卫生、灯光与音响的准备、媒体的邀请、人员的培训等。在准备这些方面时必须认真细致、精益求精。

　　除此之外，尤其对剪彩仪式上所需使用的某些特殊用具，如红色缎带、新剪刀、白色薄纱手套、托盘以及红色地毯等仔细地进行选择与准备。

　　红色缎带亦即剪彩仪式之中的"彩"。作为主角，它自然是万众瞩目之处。按照传统的做法，红色缎带应当由一整匹未曾使用过的红色绸缎在中间结成数朵花团而成。有时候为了厉行节约，而代之以长度为2米左右的细窄的红色缎带，或者以红布条、红线绳、红纸条作为其变通，这也是可行的。一般来说，红色缎带上所结的花团，不仅要生动、硕大、醒目，而且其具体数目往往还同现场剪彩者的人数直接相关。依照惯例，红色缎带上所结的花团的具体数目有两类模式可依：第一，是花团的数目较现场剪彩者的人数多上1个；第二，是花团的数目较现场剪彩者的人数少上1个。前者可使每位剪彩者总是处于2朵花团之间，尤显正式；后者则不同常规，亦有新意。

　　新剪刀是专供剪彩者在剪彩仪式上正式剪彩时所使用的。必须是每位现场剪彩者人手一把，而且必须是崭新的、锋利的而且顺手。事先一定要逐把检查一下将被用以剪彩的剪刀是否已经开刃，好不好用。务必要确保剪彩者在正式剪彩时可以"手起刀落"，一举成功，而切勿一再补刀。在剪彩仪式结束后，主办方可将每位剪彩者所使用的剪刀经过包装之后送给对方以资纪念。

第八章　商务仪式礼仪

白色薄纱手套是专为剪彩者所准备的。在正式的剪彩仪式上，剪彩者剪彩时最好每人戴上一副白色薄纱手套以示郑重其事。在准备白色薄纱手套时，除了要确保其数量充足之外，还须使之大小适度、崭新平整、洁白无瑕。有时，可不准备白色薄纱手套。

托盘在剪彩仪式上是托在礼仪小姐手中，用作盛放红色缎带、剪刀、白色薄纱手套的。在剪彩仪式上所使用的托盘最好是崭新的、洁净的。通常首选银色的不锈钢制品。为了显示正规，可在使用时上铺红色绒布或绸布。就其数量而论，在剪彩时，可以一只托盘依次向各位剪彩者提供剪刀与手套，并同时盛放红色缎带；也可以为每一位剪彩者配置一只专为其服务的托盘，同时使红色缎带专由一只托盘盛放。后一种方法显得更加正式一些。

红色地毯主要用于铺设在剪彩者正式剪彩时的站立之处。其长度可视剪彩人数的多寡而定，其宽度则不应在 1 米以下。在剪彩现场铺设红色地毯，主要是为了提升其档次，并营造一种喜庆的气氛。有时，亦可不予铺设。

二、剪彩人员的选择

在剪彩仪式上，最为活跃的当然是人而不是物。因此，对剪彩人员必须认真地进行选择，并于事先进行必要的培训。除主持人之外，剪彩的人员主要是由剪彩者与助剪者等两个主要部分的人员所构成的。以下就分别简单介绍一下对于他们的主要礼仪性要求。

剪彩者的仪表和举止直接影响剪彩仪式的效果。因此，剪彩者应当讲究有关礼仪。剪彩者穿着要整洁、庄重，精神要饱满，给人以稳健、干练的印象。剪彩者走向剪彩的绸带时，应面带微笑、落落大方。当工作人员用托盘呈上剪彩用的剪刀时，剪彩者应向工作人员点头致意，并向左右两边手持彩带的工作人员微笑致意，然后全神贯注把彩带一刀剪断。剪彩完毕，放下剪刀，应转身向四周的人鼓掌致意。在剪彩仪式上担任剪彩者是一种很高的荣誉。

剪彩仪式档次的高低往往也同剪彩者的身份密切相关。因此，在选定剪彩的人员时，最重要的是要把剪彩者选好。根据惯例，剪彩者可以是一个人，也可以是几个人，但是一般不应多于 5 个人。通常，剪彩者多由上级领导、合作伙伴、社会名流、员工代表或客户代表所担任。

确定剪彩者名单必须是在剪彩仪式正式举行之前。名单一经确定，即应尽早告知对方，使其有所准备。在一般情况下，确定剪彩者时必须尊重对方的个人意见，切勿勉强对方。需要由数人同时担任剪彩者时，应分别告知每位剪彩者届时他将与何人同担此任。这样做是对剪彩者的一种尊重。千万不要"临阵磨枪"，在剪彩开始前方才强拉硬拽，临时找人凑数。在剪彩仪式举行前将剪彩者集中在一起，告之对方有关的注意事项，并稍事训练。按照常规，剪彩者应着套装、套裙或制服，将头发梳理整齐。不允许戴帽子或者戴墨镜，也不允许其穿着便装。

若剪彩者仅为一个人，则其剪彩时居中而立即可。若剪彩者不止一个人，则其同时上场剪彩时位次的尊卑就必须予以重视。一般的规矩是：中间高于两侧，右侧高于左侧，距离中间站立者愈远位次便愈低，即主剪者应居于中央的位置。需要说明的是，之所以规定剪彩者的位次"右侧高于左侧"，主要是因为这是一项国际惯例，剪彩仪式理当遵守。其实，若剪彩仪式并无外宾参加时，执行我国"左侧高于右侧"的传统做法亦无不可。

助剪者指的是剪彩者剪彩的一系列过程中从旁为其提供帮助的人员。一般而言，助剪者多由东道主一方的女职员担任。现在，人们对她们的常规称呼是礼仪小姐。

具体而言，在剪彩仪式上服务的礼仪小姐又可以分为迎宾者、引导者、服务者、拉彩者、捧花者、托盘者。迎宾者的任务是在活动现场负责迎来送往。引导者的任务是在进行剪彩时负责带领剪彩者登台或退场。服务者的任务是为来宾尤其是剪彩者提供饮料，安排休息之处。拉彩者的任务是在剪彩时展开、拉直红色缎带。捧花者的任务则是在剪彩时手托花团。托盘者的任务则是为剪彩者提供剪刀、手套等剪彩用品。

在一般情况下，迎宾者与服务者应不止一个人。引导者既可以是一个人，也可以为每位剪彩者各配一名。拉彩者通常应为两个人。捧花者的人数则需要视花团的具体数目而定，一般应为一花一人。托盘者可以为一个人，亦可以为每位剪彩者各配一个人。有时，礼仪小姐亦可身兼数职。

礼仪小姐的基本条件是：相貌较好、身材颀长、年轻健康、气质高雅、音色甜美、反应敏捷、机智灵活、善于交际。礼仪小姐的最佳装束应为：化淡妆、盘起头发，穿款式、面料、色彩统一的单色旗袍，配肉色连裤丝袜、黑色高跟皮鞋。除戒指、耳环或耳钉外，不佩戴其他任何首饰。有时，礼仪小姐身穿深色或单色的套裙亦可。但是，她们的穿着打扮必须尽可能地整齐划一。必要时，可向外单位临时聘请礼仪小姐。

三、剪彩的程序

在正常情况下，剪彩仪式应在行将启用的建筑、工程或者展销会、博览会的现场举行。正门外的广场、正门内的大厅都是可予优先考虑的场所。在活动现场可略作装饰。在剪彩之处悬挂写有剪彩仪式的具体名称的大型横幅更是必不可少。

剪彩仪式宜紧凑，忌拖沓，在所耗时间上愈短愈好。短则15分钟即可，长则至多不宜超过1个小时。

按照惯例，剪彩既可以是开业仪式中的一项具体程序，也可以独立出来，由其自身的一系列程序所组成。

独立而行的剪彩仪式通常应包含以下五项基本的程序：

（一）请来宾就位

在剪彩仪式上，通常只为剪彩者、来宾和本单位的负责人安排坐席。在剪彩仪式开始

第八章　商务仪式礼仪

时，即应敬请这些人在已排好顺序的座位上就座。在一般情况下，剪彩者应就座于前排。若其不止一人时，则应使之按照剪彩时的具体顺序就座。

（二）宣布仪式正式开始

在主持人宣布仪式开始后，乐队应演奏音乐，现场可燃放鞭炮，全体到场者应热烈鼓掌。此后，主持人应向全体到场者介绍到场的重要来宾。

（三）发言

发言者依次应为东道主单位的代表、上级主管部门的代表、地方政府的代表、合作单位的代表等。其内容应言简意赅，每人不超过 3 分钟，重点分别应为介绍、道谢与致贺。

（四）进行剪彩

此刻，全体应热烈鼓掌，必要时还可奏乐或燃放鞭炮。在剪彩前，须向全体到场者介绍剪彩者。

（五）进行参观

剪彩之后，主人应陪同来宾参观被剪彩之物。仪式至此宣告结束。随后东道主单位可向来宾赠送纪念性礼品，并以自助餐款待全体来宾。

剪彩的做法必须标准无误。进行正式剪彩时，剪彩者与助剪者的具体做法必须合乎规范，否则就会使其效果大受影响。

四、剪彩者的礼仪规范

当主持人宣告进行剪彩之后，礼仪小姐即应率先登场。在上场时，礼仪小姐应排成一行行进，从两侧同时登台，或是从右侧登台均可。登台之后，拉彩者与捧花者应当站成一行，拉彩者处于两端拉直红色缎带，捧花者各自双手手捧一朵花团。托盘者须站立在拉彩者与捧花者身后 1 米左右，并且自成一行。

在剪彩者登台时，引导者应在其左前方进行引导，使之各就各位。剪彩者登台时，宜从右侧上场。当剪彩者均已到达既定位置之后，托盘者应前行一步，到达前者的右后侧，以便为其递上剪刀、手套。

剪彩者若不止一人，则其登台时亦应列成一行，并且使主剪者行进在前。在主持人向全体到场者介绍剪彩者时，后者应面含微笑向大家欠身或点头致意。

剪彩者行至既定位置之后，应向拉彩者、捧花者含笑致意。当托盘者递上剪刀、手套时，亦应微笑着向对方道谢。

在正式剪彩前，剪彩者应首先向拉彩者、捧花者示意，待其有所准备后，集中精力，右手手持剪刀，表情庄重地将红色缎带一刀剪断。若多名剪彩者同时剪彩时，其他的剪彩者应注意主剪者的动作，与其主动协调一致，力争大家同时将红色缎带剪断。

按照惯例，剪彩以后，红色花团应准确无误地落入托盘者手中的托盘里，而切勿使之坠地。为此，需要捧花者与托盘者的合作。在剪彩成功后，剪彩者可以右手举起剪刀，面向全体到场者致意。然后放下剪刀、手套于托盘之内，举手鼓掌。接下来，可依次与主人握手道喜，并列队在引导者的引导下退场。退场时，一般宜从右侧下台。

待剪彩者退场后，其他的礼仪小姐方可列队由右侧退场。不管是剪彩者还是助剪者，在上下场时，都要注意井然有序、步履稳健、神态自然。在剪彩过程中，更是要表现得不卑不亢、落落大方。

典型案例 8-2

湛江某酒店剪彩仪式活动策划

（基本内容：醒狮——领导讲话——剪彩——海鲜珍品拍卖——捐款——宴请）

庆典活动程序：

开业庆典初定于20××年1月1日上午11点在大天然广场举行。

——9:30 会场音乐嘹亮，彩旗飘飘，迎宾、军乐队、醒狮队伍、礼仪小姐到位，工作人员准备工作就绪。

——10:10 公司领导、嘉宾陆续进场，礼仪小姐为来宾办理签到、佩带鲜花、引领入座，导位礼仪小姐在入口处等候，做好引领准备工作。

——10:55 庆典司仪（邀请湛江电视台主持人担任）宣布庆典即将开始，请领导、嘉宾就座，请参与庆典所有人员就位。

——11:00 庆典正式开始，庆典司仪朗诵司仪词开场白。

——司仪宣读出席庆典主要嘉宾名单。

——庆典司仪宣布：湛江市××酒店开业庆典开始！（金鼓齐鸣10秒钟）。

——庆典司仪请乐队奏乐一首。

——庆典司仪请舞龙队表演。

——庆典司仪请醒狮队表演。

——庆典司仪宣布：请××讲话（公司领导）。

——庆典司仪宣布：请××讲话（贵宾）。

——庆典司仪主持剪彩仪式，礼仪小姐引领公司领导、嘉宾就位。

——庆典司仪请出××酒店领导主持剪裁仪式。

——××酒店领导宣布：××酒店新店开业！（各位领导、嘉宾剪彩！）

第八章　商务仪式礼仪

——剪彩一刻，音乐嘹亮，礼花漫天，龙狮起舞，庆典形成高潮。
——司仪宣布慈善海鲜珍品拍卖会开始，请各位领导嘉宾移步海鲜池！（开始拍卖）
——××酒店领导将拍卖现款当场转赠予湛江孤儿院。
——湛江孤儿院领导上前结果赠款，并发表讲话。
——庆典司仪宣布：请各位领导、嘉宾进入大堂就餐。
——在歌声中，司仪发布结束语，领导、嘉宾步入大堂内。
——庆典结束。

第三节　签字仪式礼仪

在商务交往中，组织与组织之间通过谈判，就某一领域内的问题达成协议，缔结合同时，往往会依例举行一系列的程式化的活动，即所谓的签字仪式。在现实生活中，商务人员所接触到的商务合同的种类繁多，常见的就有购销合同、借贷合同、租赁合同、协作合同、加工合同、基建合同、仓保合同、保险合同、货运合同、责任合同等。在签约具体操作时，它又分为草拟阶段、准备阶段与签署阶段等三个部分。

一、草拟阶段

草拟阶段的主要工作就是草拟合同。合同的写作有一定的规范。它的首要要求是目的要明确，内容要具体，用词要标准，数据要精确，项目要完整，书面要整洁。从具体的写法上来说，合同大体上有条款式与表格式两类。所谓条款式合同，指的是以条款形式出现的合同。所谓表格式合同，则是指以表格形式出现的合同。条款式合同与表格式合同在写法上都有各自的具体规范，对此在实践中只能够遵守。一般来说，标的、费用与期限被称作合同内容的三大要素。在任何一项合同中，都应当三者齐备，缺一不可。如果从具体的条款撰写上来讲，则一项合同至少需要具备标的、数量或质量、价款或酬金、履约的期限与地点及其方式、违约责任等五个基本内容。

在草拟合同时，除了在格式上要标准、规范之外，同时还必须注意遵守法律、符合惯例、合乎常识、顾及对手等四个方面的关键问题。

（一）草拟合同必须遵守法律

在商务交往中，所有正式的合同都具有法律约束力。它一旦订立，任何一方都不可擅自变更或解除。因此，商务人员必须熟悉国家的有关法律与法规，以便充分地运用法律来维护自身的正当权益。

在草拟涉外商务合同时，还必须遵循我国的法律与国际条法。遵循我国的法律，是国

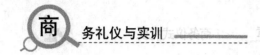

家主权原则的体现，也是为了不损害我国的社会公共利益。遵循国际条法，则是为了在对外交往中更好地与国际社会接轨，在国际经济合作中少走弯路。

（二）草拟合同必须符合惯例

在草拟合同时，必须优先遵守法律、法规，尤其是必须优先遵守我国的法律、法规。遇上有关法律、法规尚未规定的情况，则可采用举世公认的国际惯例。

（三）买方在签署合同后，应当按照合同规定的期限，向银行开立信用证

开立信用证时应填写申请书，当银行同意接受后，将依交易金额收取一定比例的开证费，并根据客户的资信收取一定数额的押金，然后按进口方的要求向出口方开出信用证。信用证一经开出，对方往往会要求进行某种程度的改动。只有确系开证时疏漏之处，方可同意修改。反之，是不宜贸然应允的。

（四）草拟合同必须合乎常识

在草拟合同时，商务人员有必要使合同的一切条款合乎常识，坚决不要犯常识性错误。商务人员在草拟合同时应当具备的常识是指与其业务有关的专业技术方面的基本知识，它们包括商品知识、金融知识、运输知识、保险知识和商业知识等。

（五）草拟合同必须顾及对手

正式合同的一大特征是有关各方面必须协商一致，出自心甘情愿。反之，如果一方恃强凌弱、仗势压人，把自己的意志强加于他方，强迫他人与自己订立"城下之盟"，那么合同即使勉强签署，事后亦必不断发生纠纷，那样对有关各方都不会有好处。

二、准备阶段

在签署合同之前，还要做好以下工作：

（一）确定仪式的参加对象

签署合同的参加对象包括以下人员：

（1）签字人。

签字人是签字仪式上的主要角色。签字人要符合以下两个条件。一是要具有法定资格。各方签字人员必须具有代表本组织的法定资格，或者由法人代表所委托的人员签字。委托签字时必须出示委托人亲笔签署的委托书。二是要规格相等。各方签字人员的职务和身份应当一致或大致相当。

（2）领导人。

为了表示对谈判成果的重视和庆贺，签约各方也可以派出身份较高的领导人参加签字

第八章 商务仪式礼仪

仪式,但也应当注意规格大体相等。

(3) 致辞人。

一般由签字各方身份最高的领导人分别致辞。有时也可安排上级机关或协调机构的代表致贺词。

(4) 主持人。

如果签字仪式中安排致辞、祝酒等活动,应当有一位主持人介绍致辞人的身份。主持人一般由主办方派有一定身份的人士担任。

(5) 见证人。

见证人主要是参加会谈的人员,各方人数应当大致相等。有时也可邀请保证人、协调人、律师、公证机关的公证人员参加。

(6) 助签人。

助签人的主要职责是在签字过程中帮助签字人员翻揭文本,指明需要签字之处。由于涉外签字的文本由中外文印成,各方签字的位置不一,一旦签错,文本就会失效。故助签人必须参加谈判的全过程,参与文本的整理、起草和制作工作,且非常熟悉业务,认真仔细,忠实可靠。双边签字时,双方助签人的人选应事先商定。多边签字时,也可由主方派一名助签人,依次协助各方签字。

(7) 群众代表。

(8) 记者。

(二) 文本准备

1. 定稿

定稿即通过讨论和磋商确定正式文件的文字内容,这是文本准备的前提。如果是涉外谈判,还要对不同文字的文本内容及具体表述进行磋商,达成共识。双方并列缔约、在用本国文字写成的文本中并提双方国名或领导人姓名时,本国的国名和姓名列在前面。

2. 文字

缔约双方如使用不同的语言,签字文本应当用两种文字写成;按主权平等的原则,两种文字文本具有同等效力。根据《中华人民共和国缔结条约程序法》的规定,如我国与某外国签订双边条约,双方均不大熟悉对方的语言,除了用双方的语言制作文本外,还可以用双方共同熟悉的第三种语言增加一种文本,三种文本具有同等效力。一些技术性较强的专门文件,经双方同意也可只用某一国际通用语言写成。多边谈判文件的起草,使用一种或几种国际通用语言,如《中华人民共和国加入世界贸易组织议定书》即用英文、法文和西班牙文写成。

3. 校印

文本排版后,必须经过严格的校对,确认无误后,才能交付印刷、装订。文本的标准格式应当符合有关规定，同时还应注意以下两个方面：

（1）涉外双边会谈签字的文本如用各签字国的文字同时印制，应将各方的本国文字置于各方自己保存的文本的前面（从右向左竖排文字则在右侧）。如中美双方签字，中方保存的文本，中文在前，英文在后；美方保存的文本，英文在前，中文在后。多边签字缔约，以英文国名的顺序确定各国文字的次序。

（2）涉外双边签字缔约，各方签字的位置应当安排在各方自己保存的文本签字处的前面（从右向左竖排文字则在右侧），如果双方签字的位置是左右并排，则安排在左边。这种惯例称为"优先签字"。但如果双方的名称用"甲方""乙方"等表示顺序的词、词组或字母来简称，则一般按其顺序签字。

4. 确定正本和副本

签字文本分正本与副本，正本签字后由各方各自保存。双边签字，双方各保存正本一份。但有时为了方便工作，也可以印制若干副本。副本的数量由双方根据实际需要协商确定，也可在条款中加以说明。多边签字，正本也可以仅制作一份，各方签字后，由东道国（方）或发起缔约的国际组织保存。

5. 盖章

为了保证文本在签字后立即生效，一般在举行签字仪式前，先在文本上盖上双方的公章，这样，文本一经签字便具有法定效力。外交方面的签字文本需事先加盖火漆印。

（三）现场布置和物品准备

1. 签字桌椅

涉外双边签字仪式的座位以签字人员的人朝向为准，按主左客右的惯例摆放，即客方的座位安排在主方的右边。多方签字则按礼宾次序安排各方签字代表的座次，一般按英文国名当头字母的顺序排列，也可按事先商定的顺序排列。排在第一位的居中，第二位排在其右边，第三位排在其左边。

2. 国旗

涉外签字仪式一般要挂各方的国旗。国旗可以按主左客右的惯例交叉插在签字桌中央的旗架上，也可以分别插于签字桌的两端或并挂在背面的墙上。举行多边签字仪式，则放在各方签字入座位前的桌上。

3. 文具

签字用的文具包括钢笔、墨水、吸墨器（纸）。

4. 文本

各方保存的文本置于各方签字入座位前的桌子上。

5. 参加人员位置

双边缔约，参加签字仪式的领导人和主要见证人面向签字桌，按主左客右的惯例排成一行站立于签字人员的后面，各方身份最高的领导人并排站立于中间，其他的人员按身份高低向两侧顺排。

6. 讲台

如果安排致辞，可在签字桌的右侧放置讲台或落地话筒。

7. 会标

签字仪式的会标要求醒目，并反映签约各方的名称、签约内容。涉外签字仪式的会标应当用中文和外文书写。

8. 香槟酒

有时在签字仪式结束后，各方举行小型酒会，举杯共庆会谈成功。工作人员应事先准备好香槟酒、酒杯等。

双边签字仪式现场布置参见图8-1。

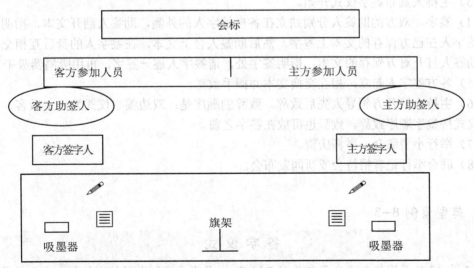

图8-1 双边签字仪式现场布置

涉外多边签字仪式现场布置参见图8-2。

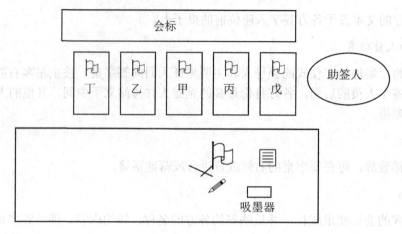

图8-2 双边签字仪式现场布置

三、签署阶段

（1）双方出席人员进入签字厅，在工作人员的引导下进入预订的位置。

（2）主持人向全体参加人员介绍签字各方的主要领导以及其他的贵宾。

（3）主持人宣布签字仪式开始。

（4）签字。双方的助签人分别站立在各自签字人的外侧，助签人翻开文本，指明签字处，签字人在己方保存的文本上签字。然后助签人合上文本，在签字人的身后互相交换文本。助签人打开对方保存的文本，指明签字处，请签字人逐一签字，再用吸墨器吸干。

（5）各方签字人起立，相互交换文本并握手致意。

（6）主持人请各方领导人先后致辞。致辞的顺序是：双边签字仪式为先主后客，多边签字仪式按签字顺序致辞。致辞也可放在签字之前。

（7）举行小型酒会，举杯庆贺。

（8）联合举行记者招待会或新闻发布会。

签 字 仪 式

7月15日是国能电力公司与美国PALID公司在多次谈判后达成协议，准备正式签字的日期。国能电力公司负责签字仪式的现场准备工作，国能电力公司将公司总部十楼的大会议室作为签字现场，在会议室摆放了鲜花，长方形签字桌上临时铺设了深绿色的

第八章 商务仪式礼仪

台呢布，摆放了中美两国的国旗，美国国旗放在签字桌左侧，中国国旗放在右侧，签字文本一式两份放在黑色塑料的文件夹内，签字笔、吸墨器文具分别置放在两边，会议室空调温度控制 20℃，办公室陈主任检查了签字现场，觉得一切安排妥当，他让办公室张小姐通知国能电力公司董事长、总经理等我方签字人员在会议室等待，自己到楼下准备迎接客商。

上午9点，美方总经理一行乘坐一辆高级轿车，准时驶入国能电力公司总部办公楼，司机熟练地将车平稳地停在楼前，陈主任在门口迎候，他见副驾驶座上是一位女宾，陈主任以娴熟优雅的姿势先为前排女宾打开车门，并做好护顶姿势，同时礼貌地问候对方。紧接着，陈主任迅速走到右后门，准备以同样动作迎接后排客人，不料，前排女宾已经先于他打开了后门，迎候后排男宾，陈主任急忙上前问候，但明显感觉女宾和后排男宾有不悦之色。陈主任一边引导客人进入大厅，来到电梯口，一边告知客人，董事长在会议室等待，电梯到达十楼后，陈主任按住电梯控制开关，请客商先出，自己后出，然后引导客人到会议室，在会议室等待的国能电力公司的签字人员在客人进入会议室时，马上起立鼓掌欢迎，刘董事长急忙从座位上站起，主动向对方客人握手，不料，美方客人在扫视了会议室后，似乎非常不满，不肯就座，好像是临时改变了主意，不想签字了，问题出在哪里呢？

第四节　交接仪式礼仪

交接仪式一般是指施工单位依照合同将已经建设、安装完成的工程项目或大型设备，如厂房、商厦、宾馆、办公楼、机场、码口、车站或飞机、轮船、火车、机械、物资等，经验收合格后正式移交给使用单位之时所专门举行的庆祝典礼。仪式既是商务伙伴们对于所进行过的成功合作的庆贺，是对给予过自己关怀、支持、帮助和理解的社会各界的答谢，又是接收单位与施工、安装单位巧妙地利用时机，为双方各自提高知名度和美誉度而进行的一种公共宣传活动。

交接仪式的礼仪一般是指在举行交接仪式时所须遵守的有关规范。通常，它具体包括交接仪式的准备、交接仪式的程序等方面的主要内容。

一、要做好交接仪式的准备

准备交接仪式主要关注下列三件事，即来宾的邀请、现场布置、物品预备。

（一）来宾的邀请

一般应由交接仪式的东道主——施工、安装单位负责。在具体拟定来宾名单时，施工、安装单位亦应主动征求自己的合作伙伴——接收单位的意见。接收单位对于施工、安装单位所草拟的名单不宜过于挑剔,不过可以对此酌情提出自己的一些合理建议。

在一般情况下,参加交接仪式的人数自然越多越好。但是,确定参加者的总人数时,必须兼顾场地条件与接待能力。

交接仪式的出席人员一般应当包括:施工、安装单位的有关人员,接收单位的有关人员,上级主管部门的有关人员,当地政府的有关人员,行业组织、社会团体的有关人员,各界知名人士、新闻界人士,以及协作单位的有关人员等。

在上述人员之中,除施工、安装单位与接收单位的有关人员之外,对于其他所有的人员均应提前送达或寄达正式的书面邀请,以示对对方的尊重之意。

(二)现场布置

举行交接仪式的现场亦称交接仪式的会场。在对其进行选择时,通常应视交接仪式的重要程度、全体出席者的具体人数、交接仪式的具体程序与内容等几个方面的因素而定。

一般可将交接仪式的举行地点安排在已经建设、安装完成并已验收合格的工程项目或大型设备所在地的现场。有时,亦可将其酌情安排在东道主单位本部的会议厅,或者由施工、安装单位与接收单位双方共同认可的其他场所。

(三)物品预备

在交接仪式上,有不少需要使用的物品,应由东道主一方提前进行准备。首先,必不可少的是作为交接象征之物的有关物品。它们主要有验收文件、一览表、钥匙等。除此之外,主办交接仪式的单位还需为交接仪式的现场准备一些用以烘托喜庆气氛的物品,并应为来宾略备一份薄礼。

在交接仪式的现场可临时搭建一处主席台。必要时,应在其上铺设一块红地毯,至少也要预备足量的桌椅。在主席台上方,应悬挂一条红色巨型横幅,上书交接仪式的具体名称,如"××某工程交接仪式",或"热烈庆祝××工程正式交付使用"。

在举行交接仪式的现场四周,尤其是在正门入口之处、干道两侧、交接物四周,可酌情悬挂一定数量的彩带、彩旗、彩球,并放置一些色泽艳丽、花朵硕大的盆花,用以美化环境。

若来宾所赠送的祝贺性花篮较多,可依照约定俗成的顺序,如"先来后到""不排名次"等,将其呈一列摆放在主席台正前方,或是分成两行摆放在现场入口处门外的两侧。在此两处同时摆放也是可以的。不过,若是来宾所赠的花篮甚少,则不必将其公开陈列在外。

在交接仪式上用以赠送给来宾的礼品应突出其纪念性、宣传性。被交接的工程项目、大型设备的微缩模型,或以其为主角的画册、明信片、纪念章、领带针、钥匙扣等皆为上佳之选。

第八章　商务仪式礼仪

二、交接仪式的程序

交接仪式的程序具体是指交接仪式进行的各个步骤。不同内容的交接仪式，其具体程序往往各有不同。主办单位在拟定交接仪式的具体程序时，必须注意两个方面的重要问题：第一，必须在大的方面参照惯例执行，尽量不要标新立异；第二，必须实事求是、量力而行，在具体的细节方面不必事事贪大求全。从总体上来讲，几乎所有的交接仪式都少不了下述五项基本程序：

（一）主持人宣布交接仪式正式开始

此刻，全体与会者应当进行较长时间的鼓掌，以热烈的掌声来表达对于东道主的祝贺之意。在此之前，主持人应邀请有关各方人士在主席台上就座，并以适当的方式暗示全体人员保持安静。

（二）演奏标志性歌曲

在交接仪式上乐队可以演奏东道主单位的标志性歌曲。此前，全体与会者必须肃立。该项程序有时亦可略去。不过若能安排这一程序，往往会使交接仪式显得更为庄严而隆重。

（三）由施工、安装单位与接收单位正式进行有关工程项目或大型设备的交接

具体的做法主要是由施工、安装单位的代表将有关工程项目、大型设备的验收文件、一览表或者钥匙等象征性物品正式递交给接收单位的代表。此时，双方应面带微笑，双手递交、接收有关物品。在此之后，还应热烈握手。至此，标志着有关的工程项目或大型设备已经被正式地移交给了接收单位。在有些情况下，为了进一步营造出一种热烈而隆重的气氛，这一程序亦可由上级主管部门或地方政府的负责人为有关的工程项目、大型设备的启用剪彩所取代。

（四）各方代表发言

按惯例，在交接仪式上须由有关各方的代表进行发言。他们依次应为：施工、安装单位的代表，接收单位的代表，来宾的代表等。这些发言一般均为礼节性的，并以喜气洋洋为主要特征。它们通常宜短忌长，只需要点到为止的寥寥数语即可。原则上来讲，每个人的此类发言应以3分钟为限。

（五）宣告交接仪式正式结束

仪式主持人宣告交接仪式结束，随后安排全体来宾进行参观或观看文娱表演。此时此刻，全体与会者应再次进行较长时间的热烈鼓掌。

按照仪式礼仪的总体要求，交接仪式同其他的仪式一样，在所耗费的时间上也是宜短不宜长的。在正常情况下，每一次交接仪式从头至尾所用的时间大体上不应当超过1个小时。为了做到这一点，就要求交接仪式在具体程序上讲究少而精。正因为如此，一些原本应当列入正式程序的内容，如进行参观、观看文娱表演等均被视为正式仪式结束之后所进行的辅助性活动而另行安排。

若是出于某种主观原因不便邀请来宾进行现场参观，也可以通过组织其参观有关的图片展览或向其发放宣传资料的方式来适当地满足来宾的好奇之心。不论是布置图片展览，还是印制宣传资料，在不泄密的前提条件下均应尽可能地使之内容翔实、资料充足、图文并茂。

在仪式结束后，若不安排参观活动，还可为来宾安排一场综艺类的文娱表演以助雅兴。表演者可以是东道主单位的员工，也可以邀请专业人士。表演的主要内容则应为轻松、欢快、娱乐性强的节目。

三、交接仪式的注意事项

在参加交接仪式时，不论是东道主一方还是来宾一方，如果有人在仪式上表现失当，往往就会使之黯然失色。有时，甚至还会因此而影响到有关各方的相互关系。

（一）东道主一方需要注意的主要问题

1. 要注意仪表整洁

东道主一方参加交接仪式的人员必须要妆容规范、服饰得体、举止有方。

2. 要注意保持风度

在交接仪式举行期间，不允许东道主一方的人员东游西逛、交头接耳、打打闹闹。在为发言者鼓掌时，不允许厚此薄彼。当来宾为自己道喜时，切勿得意忘形。

3. 要注意待人友好

不管自己是否专门负责接待、陪同或解说工作，东道主一方的全体人员都应当自觉地树立起主人翁意识。一旦来宾提出问题或需要帮助时都要鼎力相助。不允许一问三不知、借故推脱、拒绝帮忙，甚至胡言乱语、大说风凉话。即使自己力不能及，也要向对方说明原因，并且及时向有关方面进行反映。

（二）来宾一方应邀出席交接仪式时应当重视的问题

1. 应当致以祝贺

接到正式邀请后，被邀请者即应尽早以单位或个人的名义发出贺电或贺信，向东道主

第八章　商务仪式礼仪

表示热烈祝贺。有时，被邀请者在出席交接仪式时，将贺电或贺信面交东道主也是可行的。不仅如此，被邀请者在参加仪式时还须郑重其事地与东道主一方的主要负责人一一握手，再次口头道贺。

2. 应当略备贺礼

为表示祝贺之意，可向东道主一方赠送一些贺礼，如花篮、牌匾、贺幛等。

3. 应当预备贺词

假若自己与东道主的关系密切，则还须提前预备一份书面贺词，供被邀请代表来宾发言时之用。贺词的内容应当简明扼要，主要是为了向东道主一方道喜祝贺。

4. 应当准点到场

若无特殊原因，接到邀请后务必牢记在心，届时正点抵达，为主人捧场。若不能出席，则应尽早通知东道主。

复习思考题

一、简答题

1. 开业仪式有何主要作用？
2. 商务庆典包括哪些形式？它一般需要哪些基本程序？
3. 如何准备交接仪式？
4. 签字仪式包括哪些程序？
5. 开业仪式与开幕仪式有何区别？

二、案例分析

2009年3月18日马自达小轿车车豪店销售大厅开业庆典，具体方案如下：

1. 给媒体报道的亮点。

在开业盛典上，将一辆马自达轿车设为大奖，所有在北京上牌的马自达车主均可参加抽奖（备用方案：赠送顶级汽车音响）。

2. 店内布置简述。

销售大厅入口一侧设为签到及礼品区，礼宾人员在此工作；鉴于马自达传递的时尚、动感气息，礼宾小姐服装选择别致的蓝色套装。展厅西侧设为主活动区，搭建背景板、舞台，摆放音响、司仪台；展厅东侧设为新车展示区，香港时尚铝铂气球点缀在车旁；面对

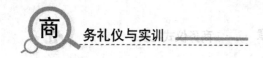

大厅的二层栏杆上,制作6块醒目的KT板喷绘,内容可以是车豪店销售的系列时尚车型画面及"祝贺一汽马自达车豪店缤纷开业"的文字;大厅洽谈桌上摆放艺术插花一盆。

3. 准备工作。

提前一周签订合作协议,落实详细方案,报批气球升放手续。提前5天,双方开第一次协调会,确定双方配合人员、背景板、喷绘稿图样,最后确认落实有关停车、贵宾室安排等事宜。提前3天,双方开第二次协调会,落实现场每项工作的具体负责人及工作细则,落实嘉宾人员到场情况,落实可到场的来宾数量(如果来宾数量不足,需安排配合人员到场烘托气氛),落实主持人讲稿。提前1天,双方开第三次协调会,检查物资到场情况,确保每个参与人员都拿到庆典当日的"细节执行流程单"。

4. 庆典当天工作安排。

6:30　工作人员到场准备,气球灌充、音响调试。

8:30　现场准备完毕,音乐暖场。

9:30　来宾陆续进场、签到,乐队开始表演,贵宾由礼仪小姐领入休息区。

10:00　乐队在主席台前表演,吸引聚拢来宾。主持人宣布仪式正式开始,介绍来宾。

10:05　领导讲话。

10:10　嘉宾致辞。

10:15　主持人邀请领导剪彩,仪式进入高潮。

10:20　抽奖仪式。

10:50　主持人宣布促销规则。

请分析这一次开业典礼活动安排程序是否规范,指出其不足之处。

(资料来源:《商务秘书实务与训练教程案例集》)

项目实训

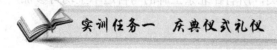

实训任务一　庆典仪式礼仪

一、实训要求

通过模拟庆典仪式掌握庆典筹备方式、议程安排及庆典的规范服务,了解庆典活动的类型,理解庆典活动的整体策划、组织,并能熟练应用与庆典活动相关的技能。

第八章 商务仪式礼仪

二、实训器材

本项目可选择在模拟谈判室、模拟会议室、教室、学校多功能厅、食堂等场所及其他空旷场地进行。

实训前需准备的器材包括横幅、旗帜、酒杯、香槟酒、剪刀、彩带、照相机、桌子（可有学生桌拼凑）等。

三、实训组织

重要领导和来宾名单的单位、职务、姓名，可由学生自己拟定。

庆典仪式场景模拟由全班学生完成。实训分组进行，每组学生分别扮演校方领导、接待人员、重要领导、来宾，要求各司其职，轮流模拟演示。

参加实训的双方须简单演示见面礼仪，在着装上适当修饰。

1. 庆典是商务庆祝仪式的统称，是有目的地利用企业内部的重大节日或纪念日、社会生活中的传统节日等时机，通过各种形式的庆祝活动来营造一种喜庆气氛，以亲和企业内部的人际关系，改善企业外部的社会舆论与关系环境。

2. 庆典活动可分为周年庆典、组织荣获重大荣誉、组织取得重大业绩、组织取得显著发展等类型。

3. 庆典活动前，应精心选择对象，发出邀请，确定来宾，邀请上级领导、社会名流、大众传媒、合作伙伴、同行业代表、消费者代表等参加。

4. 常见的庆典活动程序见下图。

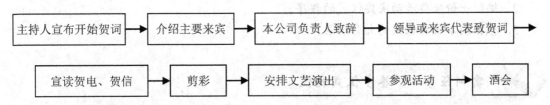

四、情景模拟与任务要求

天津某集团公司是拥有庞大海外市场的民营企业，从1995年开始国际化战略，目前公司业务辐射全球160多个国家和地区，拥有1000万个家庭的固定消费群、4万家加盟连锁店，在95个国家和地区建立了分公司；与美国、法国、德国、马来西亚、西班牙等20多个国家的一流企业结成了战略联盟；在国内注册了97家分公司，下设4300多家授权经销店。该集团公司在大力发展保健品营销主业的同时，还将更加积极推进其他相关业务的发展，如国际贸易商务、研发产品、电子商务、品牌管理、旅游、教育等。2009年该集团成立15周年，集团领导经过研究，决定举办15周年庆典活动，对内增强全体员工对集团的自豪感和荣誉感，对外显示集团的实力和发展前景。集团早在年前就成立了庆典筹备委员会，下设秘书组、新闻组、接待组、信息组、联络组，每组的组长都由集团的中层以上干部担任，筹备会给予他们充分的权力和空间，自主设置庆典项目及相关事宜，重大项目需由庆典筹备委员会讨论审核。

秘书组织要负责庆典仪式的活动和筹划，制定议程，拟定邀请重要来宾的名单，并撰写相关文书，直接接受筹委会领导、协调、监督。

新闻组负责庆典活动的新闻发布会的筹划及新闻采访活动安排。

接待组主要工作由该集团的文秘负责筹划，具体工作由文秘专业的学生承担，要求统一着装，负责迎接宾客、来宾签到、赠送纪念品、茶水服务、活动应到、参观解说，并要求在集团总部大门口列队迎送客人。

信息组组织编写集团发展史及宣传册。

联络组主要负责联络各地经销商及上级领导和协会同人。

对于15周年校庆，集团领导非常重视，制订了一整套方案，专门拿出100万元经费用于筹划庆典。在庆典仪式上安排了剪彩活动，在庆典日的晚上还将举行盛大的庆祝晚会。同时，为使庆典活动更具学术气氛，庆典期间还将举行"中国保健品营销发展研讨会"。

五、实训任务与要求

1. 假如你是该集团15周年庆典活动的秘书组成员，请拟出参与庆典活动的重要领导和来宾名单。

2. 编织一份庆典活动庆典仪式的程序。

3. 模拟演示庆典仪式的大会场景。

实训任务二　签字仪式礼仪

一、实训要求

通过模拟签字仪式过程，熟悉签字仪式程序，了解签字仪式中的位次礼仪。

二、实训内容

中国××公司与美国××公司合作建设生态城基地项目的签字仪式。

三、实训条件

模拟实训室及相关器材。

四、实训准备

签字文本准备（正本一式两份，副本若干）、致辞稿、参加人员名单及人数安排（包括双方签字人、助签人、主持人、记者、翻译、群众代表等）、现场布置（会标、签字桌椅、讲台、签字用品、吸墨器、文本和鲜花等）。

五、模拟情景

（1）入场签到。

（2）参加人员先在台下就座，主要领导坐在前排。

（3）主持人按职位高低先主后宾、一主一宾介绍双方主要领导。介绍的领导逐一上台，在礼仪人员引导下在指定位置就座。

（4）主持人宣布签字仪式开始。

（5）双方签字。助签人翻开文本，指明签字处，用吸墨器吸干换文本。

（6）各方签字人起立，相互交换文本并握手致意。

（7）中国××公司总经理、美国××公司董事长先后致辞，由翻译人员当场翻译。

（8）主持人宣布签字仪式结束。

第九章　商务旅行礼仪

> **学习目标**
>
> 通过本章的学习，掌握商务旅途中的基本礼仪，做好出行前的准备工作，掌握商务出行礼仪，包括乘坐各种交通工具的礼仪规范，学会宾馆酒店的选择，掌握入住宾馆的基本礼仪规范。

第一节　商务旅途中的基本礼仪

作为商务人员，一些商务性的旅行是避免不了的。然而，商务旅行不同于一般的旅行，它要求在旅行过程中要讲求一定的礼仪、合乎一定的规范。因此，商务人员在这方面应该具备一些简单的礼仪知识，其中包括一般性的礼仪和住宿就餐的礼仪。商务人员的旅行不是一般的观光旅游，而是商务活动的一个组成部分，整个旅途中旅行人员的仪表、谈吐举止、行为规范都代表着个人、企业乃至国家的形象。因此，商务人员旅行应掌握得体的礼仪，使旅行愉快，减少不必要的麻烦，同时把握商机。

未雨绸缪，行程无忧。商务旅行要想达到高效和愉快的效果就一定要有计划，而且计划要尽可能周到、详细，既包括路上的计划，也包括安排离开时的工作，还包括旅行结束时应该做的工作。每一个环节都要想到，如用不用带熨斗和一些备用的药品等。

一、出行前的准备工作

（一）确定旅行目标

商务旅行可以一举多得，完成多个目标，这些目标分主要目标和次要目标，主要目标是争取完成或必须完成的，次要目标是要兼顾的。

主要目标可能是去参加一个洽谈会议，与对方达成贸易协议，为此可能要宴请对方，与对方打高尔夫球、举行谈判会议等；次要目标可能是会见老同学、老朋友，联络老客户，寻找新的朋友，了解当地最新的生意信息。再有时间可能顺便参观当地的名胜古迹。

第九章 商务旅行礼仪

(二)要计划日程

为行程列一个清单,列出出发时间、旅程路线、到达时间、所到目的地、顺访地、在当地的停留时间,以及各项活动的日程安排。有时要考虑季节变化,有时甚至要考虑调整生物钟适应时差变化。如果是长途旅行,则应提前一两天到达目的地以让自己适应。当我们到美国或欧洲旅行时,需要在日程里留出整天的时间来调整由于高速飞行而造成的生理节奏紊乱,调整时差。

第一,日程计划好后要及时与对方联系,看看计划的时间与对方的要求是否合适,待调整后最后确定计划日程表。

第二,商务人员要多向做过类似旅行的同事请教,征求他们的建议,汲取其中的成功经验。

第三,将手机号码和电子邮件等联系方式留给工作人员或同事,商量定期定时联系的时间。动身之前在日程上留一点时间来处理相关的琐事,把你不在单位这段时间里的工作安排好,一些重要事情要交代清楚。返回时要留出"迎头赶上"的时间,最好列一张清单,写明返回后需要马上着手的事。

(三)为出差整理行装

1. 带什么

为了最大限度地减轻负担可以只带必需的物品。如果只有一次正式的会面,那么你就只需要带一身套装。带多了既占地方又要费心选择。如果虽然有几次会面但对象各不相同,同一身衣服也是无妨——只要他们没见过,那就是新的。在比较随便的场合,领带、衬衫和外衣都可以互换着穿,以便节省行李箱的空间。也许你认为只有把箱子装满才能防止衣服起皱,其实装得太多才正是使衣服变得皱皱巴巴的根源。如果我们打算大包小包挂满身,那与"优雅"二字就更是不沾边了。

2. 用什么装

合适的箱包对于实现出差的目的举足轻重。

(1)衣物保护罩。

罩在衣架上的衣物保护罩十分适合短途旅行使用。衣服可以平放其中,不会起摺,而且很轻,完全可以随身携带。可以将挂在一个衣架上的每层衣服之间分别垫上纸巾或者先将它们分别用干燥清洁的袋子包好。这样可以进一步防止弄皱。大多数飞机上都辟有带挂杆的分隔间,我们可以将保护罩挂在里面,以免衣服在座位上方的行李柜中被挤个乱七八糟。

(2)带轱辘的行李箱。

如果觉得衣物保护罩太大拿着不方便,并且担心它太招摇,有违反机上手提行李规定的嫌疑，那么我们可以使用能够托运的行李箱。建议你选择那种里面有一个专门放置西装的分隔层的带轱辘的行李箱。分隔层的大小应该足够一至两套西装对折放入。这样，虽然到达旅馆时你可能需要熨一下衬衫，但你的外衣和裤子一定还是平整如初的。

（3）带肩带的行李箱。

如果你需要带不止一两套服装，可以使用没有轱辘的较大的行李箱。这种箱子的面比较软，装的东西也比较多。它没有专门放套装的分隔层，但至少有两个侧边都是有拉锁的。这样，你可以在装东西时将箱子平放。按逆时针方向依次放入要带的衣物，将较长的部分如袖子和裤腿折在上面。系好箱子里面起固定作用的带子以保证衣物不会因移动而被弄皱。

3. 小零碎

无论你选择什么样的箱包都应该保证将剃须用品以及其他的洗漱用品单独放置。沾着剃须膏或牙膏的西装再平整也是白费。最重要的旅行用品，如票证、钱、牙刷和梳子应该放在随身的公事包里，以便在飞机降落后可以随时拿出来使用。

（四）商务人员主要的备用品

在商务人员的旅行里，主要携带这样的物品：第一，换洗的衣服；第二，礼品；第三，药品；第四，雨具；第五，随身用的洁具；第六，手机和备用电池以及充电器。经常旅行的商务人员平时就要准备好常用的物品，在旅行包里面装好电吹风、旅行熨斗、梳洗用具、化妆袋或剃须用具。这样，每次旅行只需再装上所需的衣服就可以了。要自始至终把所有重要的物品如急用药品和贵重用品放在手提包里，女士应该把化妆盒、男士把剃须用具放进手提包内，以备行李延误时取用。如有必要，可以随身携带一份列有所带物品的清单。要带些旅途中便于携带的衣服，如分量轻的衣服、不显脏的衣服。重点要放在实用、用途广的衣服上。衣服的相互搭配可以最大限度地增加服装的种类。往包里装每套衣服时，别忘了装上套装的所有配件——皮带、领带、合适的袜子。带两双穿着舒适的鞋。女士们应该带几双备用长筒袜。

一般来说，如果是长途旅行，则要至少准备3个包：第一是行李包，第二是手提电脑及公文包，第三是手提包。不同的包装不同的物品。行李包里主要装衣物、礼品、运动器材；手提包里放手机、钥匙、机票、护照、钞票、各种信用卡、首饰等贵重物品和重要物品，此外还有化妆袋、电话号码本；手提电脑及公文包里放置手提电脑、重要的文件、照片、宣传品，公文包一般来说是随身携带，因为万一人到而行李未到，会给商务旅行带来不便。每一种包都要按照有序、整洁的原则来摆放，否则用时乱翻一气，既不方便，也会给人一种做事没有条理的坏印象，给旅行带来烦恼。

第九章　商务旅行礼仪

（五）选择交通工具

交通工具应该分为火车、飞机、轿车、轮船、汽车等，在旅行前，一定要确定好将要选择的交通工具是什么，然后预订票。

如果选择乘飞机，应尽量选择直达航班，以减少延误和出错的机会及由此给你和对方带来的不便，并尽可能购买往返机票。下飞机后如果未见迎接人员，可以打电话询问原因，并做好乘坐出租车、公交车的准备方案。如事前未联系出人意料地从机场或车站给对方打电话要求对方来接是非常不礼貌的。

商务人员如选择乘坐汽车，外出之前应提前联系好需乘什么类型的汽车、需几辆车、乘车地点和时间等，这些情况均须事先通报给司机。尤其是当商务人员搭乘他人的车辆时，更应当提前讲清楚。商务人员届时应当准时在约定的地点等候乘车。若因故不能如约，应提前告诉司机，不要让人家白跑一趟。

（六）选择下榻的宾馆、饭店

饭店需要提前预订，旅游旺季更要提早预订，临行前对预订饭店还需确认。计划举办的重要商务宴请可以临时安排，有时也要提前预订餐厅包间。在预订房间时要弄清该饭店如下情况：该饭店是星级饭店吗，是几星级饭店，交通位置方便吗，处在城市的什么位置，价格如何，能打折吗，是否给会员打折，打几折，有套间吗等。如果打算把饭店当做商务运作的基地，套间房就会提供很多方便，需要在饭店里会见客户时，这一点尤其重要。没有套间房，你就不得不把饭店的酒吧、咖啡厅或大厅当做临时办公室了，而在这些地方办公效果较差。如果需要，可以借用饭店的小会议室。包间的餐桌上是中国人很好的临时办公室，但不要选择卧室。千万不要图省事把会面安排在卧室里，那是极不礼貌的选择。

宾馆、饭店的预订经过确认会使你的心里踏实，如果因故计划发生改变，就应该及时取消预订。

二、旅途中的一般性礼仪

（一）着装得体

商务人员要有职业化的着装。旅行时，虽然总想舒服点，但商务人员的着装应该能反映出自己的职业和身份。所以商务人员要带一套正规工作装，或是带一套工作休闲装。通常最好能选择职业化的服装。

（二）互相尊重

旅行环境通常都很拥挤，所以尊重旅行伙伴的领地很重要，不要将身体或物品伸放到别人的座位上。

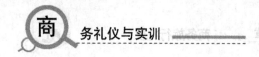

（三）遵守秩序

不论是登机（上车、上船）、离机（车、船）、请人提供服务时，商务人员都要按顺序排队。在等行李和出租车时也要排队，拥挤和推搡他人是不礼貌的行为。

（四）学会适应

商务人员一定要有很强的适应能力，因为商务旅行的变数很大，随时都可能遇到意想不到的问题和困难。遇事不要急躁、不要发火，要镇静处理。

（五）集体旅行注意角色和地位

集体旅行中存在地位和角色分配等问题。一般将表示身份、舒适的座位留给领导同志。年轻的职员要尽量照顾上级领导和年纪大的同事。

（六）集体旅行注意协商与合作

集体旅行就是一个团队，团队就要体现出商务人员所代表的组织的整体形象，遇事大家多协商，求同存异，尽量协同行动、一致对外，共同完成旅行任务。

三、商务旅行应该注意的问题

在一些外出旅行的人中，由于行前准备不充分，往往在旅游中非但没有感受到旅游的乐趣，反而给自己留下一些不快。那么，在旅游中应该注意些什么呢？

（一）忌惹是生非

在旅行过程中，商务人员要注意自己的言行举止，不要沾惹不必要的麻烦和引发不必要的冲突，影响自己的情绪，耽误商务旅程。

（二）忌不明地理

每到一地可以先买一份当地的地图，一可作走失时应急之用，二可留为纪念。

（三）忌暴食暴饮

有的旅行者在旅途中饱一顿、饥一顿，看见好吃的就暴食暴饮，没有好吃的便不吃，这种做法是十分错误的。同时还要注意饮食卫生，预防肠道感染，防止发生旅途腹泻。

（四）忌语言粗野

旅行中应时时处处讲文明、讲礼貌，不要恶语伤人或与人争吵，以免破坏自己和同伴的欢乐情趣。

第九章　　商务旅行礼仪

（五）忌轻易交友

在旅行中应注意不要随便与不认识的人深交，以免上当受骗。

（六）忌随身携带重要文件或贵重物品

尽量不要随身携带重要文件或贵重物品，谨防失密、失窃，造成不应有的严重损失。

典型案例9-1

就餐自助餐狂灌饮料路上喝

刘明刚毕业就应聘到一家外贸公司做经理助理，试用期没过，他就被公司指派陪同销售经理到南方某城市参加商品交易会。经理先到了机场，等了他好久也没有见到他，打他的手机一直关机，离登机还有半小时，他才拖着一个笨重的大行李箱气喘吁吁地出现了，"我打你电话怎么关机呢？"经理问，"我原来的手机号码长途费用高，现在我换了一个更便宜的，忘记告诉您了！"由于是第一次出差，他准备了整整一皮箱的物品，包括衣物、牙具、刮胡刀、雨伞等。经理却只带了一个公文包，见到他如此兴师动众，经理说："咱们就去两天，你带这么多行李干什么？"到了机场，过安检的时候，刘明带的物品里面有乘机禁止携带的物品，托运又不值得，所以他只好把精心准备的物品留在了机场。上了飞机，经理说："把吴秘书准备的资料拿给我！""资料！"刘明脑袋嗡了一下，"对不起，经理，我光想着带生活用品了，把资料落在办公室了！""你怎么抓不住工作重点呢！"此时，飞机已经起飞了。到了目的地，他们来到事先预订的宾馆，进了房间，经理打开笔记本，却发现无法上网，经理问刘明："吴秘书是怎么安排的，怎么找了这样一家宾馆呢？"，刘明吞吞吐吐地说："经理，是我订的房间，我也是想为公司节约开支。"经理无奈地摇了摇头。后来，经理让公司把资料给他传真过来，总算没有耽误事情。试用期过后，公司并没有和刘明签约。出差前做好充分准备节约开支无可厚非，但不能顾此失彼，毕竟工作还是第一位的。

第二节　商务出行礼仪

商务人员外出参会、出游旅行是商务活动中必不可少的。商务出行离不开各种交通工具。在乘坐飞机、汽车、火车、轿车、轮船的同时，商务人员也应该注重自己的礼仪规范。如空中旅行喷香水是失礼，出游礼仪从准备垃圾袋开始，乘坐火车有礼仪禁忌。而且，随着国际商务交往的日益频繁，与世界各地的商务人员交往就需要充分了解各国的商务礼仪。而且，不同的国家有着不同的习俗和商务礼仪，各国商人也有着不同的爱好和特性。

一、乘坐飞机的礼仪

随着经济的发展，各单位、企业之间经济往来日益频繁，不论在国内还是国外，飞机已成为普通的交通工具。商务人员也经常乘坐飞机出行。飞机在空中飞行时，空间体积非常有限，因此，与在地面上相比，感觉上应当占据更少的"自我空间"，这是空中旅行本身的特点。要想在空中旅行时保持良好的形象，避免出现尴尬局面，应当遵循以下礼仪。

（1）乘坐飞机通常要求在半小时前登机。飞机场一般都设在城市的郊区，距市区较远，在安排时间时一定要预留出充足的时间，避免由于塞车等特殊情况造成迟到，延误航班。

（2）不要携带易燃易爆的危险物品、小刀等物品（包括女士日常使用的修眉刀与修眉剪），这些物品应当事先放在托运的行李当中，不要随身携带，否则这些物品可能无法通过安全检查。如果需要随身携带液体物品，在通过安检通道时应把液体物品拿在手中或放在容易拿出的地方，节省安全检查的时间。

（3）不要把体积很大的旅行包背在肩上，也不要在地上拖着走。这样做容易碰到坐在走廊旁边的乘客。

（4）把随身携带的手提箱、衣物等整齐地放入上方的行李舱中。通常，乘务员会在飞机起飞之前检查行李是否放好。不要给乘务员增添太多的麻烦，以免延误起飞时间。

（5）对于很多工作繁忙的人来说，飞机上的时间是非常宝贵的休息或放松的时间，在机舱内谈话声音不要过高，尤其当其他的乘客闭目养神或阅读书报时，不要大声喧哗。

（6）飞机起飞前，一般都会播放安全注意事项。此时，一定要保持安静，仔细聆听。即使你已经对安全注意事项非常熟悉，也不要和你旁边的人说话。你旁边的人也许是第一次乘坐飞机，假如他（她）出于礼貌而和你交谈，就会错过某些与生命安全密切相关的重要内容。按照安全要求去做。如飞机起落时扣好安全带，将坐椅靠背放直，不要使用移动电话（这样做会对飞机信号造成干扰）等。

（7）如果你必须经常离开座位去洗手间或到处走动，你应当在上飞机之前申请一个靠走廊的座位，否则进进出出会给别人增添很多的麻烦。如果事先没有得到靠走廊的座位，上飞机后可以请乘务员帮助调换座位。

（8）飞机机舱内通风不良，因此，不要过多地使用香水，也不要使用味道浓烈的化妆品（尤其是那些容易晕车、晕船、晕飞机的人）。

（9）尊重空乘人员。空乘人员的工作非常重要，他们承担着保护乘客安全的重要职责。不要把乘务员当成你的私人保姆，不要故意为难他（她）们。

（10）在头等舱点餐时，不要点过多的食品，能吃多少就点多少，遵循优雅的餐桌礼节。在机上应饮食适量，并勿携带味道特殊的食物影响机舱内的气味。进餐时，应将椅背竖直，并将前座背后的小桌拉放下来以便服务员将菜盘放上。用餐时禁止走动，以免妨碍餐车作

第九章　商务旅行礼仪

业。机上供应的餐点，视航线及航空公司不同而有差异，一般分为猪肉、牛肉、鸡肉、鱼肉，如吃素者，请尽早了解。高空上，因机舱压力太大，不宜饮酒过量，以免影响身体健康。遵循优雅的餐桌礼节。不要要求乘务员提供奇特的食品。如果在饮食上有什么要求，应当在预订座位时向航空公司事先声明。尽管头等舱酒水免费，也不要多喝酒。在飞机上人通常处于缺水状态，酒精的危害也更大一些。

（11）在飞机没有完全停稳之前不要急忙站起，这样很不安全。要等信号灯熄灭后再解开安全带。下飞机时不要拥挤，应当有秩序地依次走出机舱。

（12）保持卫生间清洁。占用卫生间的时间不要过长，不要在卫生间内没完没了地化妆或梳头。维护机上洗手间的干净是每个人的责任。洗手间门上标示着灯亮，表示门已上锁。厕所内绝对禁止吸烟。男士用厕时，要将坐垫掀起，用毕冲水，以利下一位旅客使用。

（13）不要把坐椅靠背放得过低。飞机上两排坐椅之间的距离通常比较狭窄，假如坐椅靠背放得很低，后面乘客的腿便很难伸开，也无法看报纸了。在旅途中如果想把坐椅靠背向后放下，应当先和后面的人打声招呼，看看后面的人是否方便。不要突然操作，以免碰到后面的人。进餐时要将坐椅靠背放直。

（14）飞机上空气干燥、空间狭小，基本保养不能少。在飞机上因舱压的关系，若觉得耳部不适，可张开口或做吞咽口水的动作。如晕机时，可于颈后放置靠垫，保持头部平稳。飞机上容易口干舌燥，宜多喝开水。在飞机上由于压力及干燥，最好能将隐形眼镜摘下，特别是长途飞行时。舱压及冷气使肌肤呈现干燥状态，最好随身准备保湿性的化妆水或矿泉水，随时滋润一下，若是长时间飞行，最好卸妆。在飞机上应放松心情，特别是长途飞行，应好好睡一觉，调整时差。长途飞行于机上过夜时，可携带外套或以机上的毯子盖在身上，以免着凉。

（15）夜间长途飞行时，注意关闭阅读灯，以免影响其他乘客的休息。如果你的座位是在"非吸烟区"，在整个飞行期中是禁止吸烟的。不要让孩子在走道上跑跳。若觉得无聊，可向空乘人员索取纸牌打发时间，但需注意勿大声喧哗，以免影响他人安宁。

如果你对空乘人员的服务有意见，可以向航空公司投诉，不要在飞机上与乘务员大吵大闹，以免影响旅行安全。按照国际惯例，所有空乘人员都不接受小费。

最后需要注意的是按照商务出行目的着装。因为这是一次商务出行，所以你需要时刻保持商务人员的职业形象。

二、乘车的礼仪

（一）乘坐公共汽车

公共汽车是我国城市居民最常坐的交通工具。平常上下班，节假日上街购物通常都乘坐公共汽车。乘坐公共汽车要遵循以下礼仪。

第一，要依次上车。在车站候车时，要依次自觉排队。上车后，要向车厢内移动，不要堵在车门上，以免妨碍后面的乘客上车。

第二，要主动购票。距离售票员较远时，应有礼貌地招呼或请人传递。坐无人售票车时，要准备好零钱，主动投币。

第三，互谅互让。在车上如遇到老、弱、病、残、孕者，有座位的年轻乘客应主动让座。当他人给自己让座时，要立即表示感谢。

第四，注意卫生。不要在车厢上吸烟，不要随地吐痰，不要将瓜果这类的东西随地乱扔，更不能扔出车窗外。遇到自己咳嗽、打喷嚏时，要用手帕捂住口鼻，防止唾沫四溅。随身携带的机器零件等应将其包好，以免弄脏其他乘客的衣服。雨天乘车，应把雨伞放入事先准备好的塑料袋中，以免沾湿他人的衣服。

若与亲友一起乘车，则下车时先由男士或年轻者先下，再帮助女士或年长者下车。

（二）乘坐轿车

小轿车的座位，如有司机驾驶时，以后排右侧为首位，左侧次之，中间座位再次之，前座右侧殿后，前排中间为末席。如果由主人亲自驾驶，以驾驶座右侧为首位，后排右侧次之，左侧再次之，而后排中间座为末席，前排中间座则不宜再安排客人。主人夫妇驾车时，则主人夫妇坐前座，客人夫妇坐后座，男士要服务于自己的夫人，宜开车门让夫人先上车，然后自己再上车。如果主人夫妇搭载友人夫妇的车，则应邀友人坐前座，友人之妇坐后座，或让友人夫妇都坐前座。主人亲自驾车，坐客只有一人，应坐在主人旁边。若同坐多人，中途坐前座的客人下车后，在后面坐的客人应改坐前座，此项礼节最易疏忽。女士登车不要一只脚先踏入车内，也不要爬进车里。需先站在座位边上，把身体降低，让臀部坐到位子上，再将双腿一起收进车里，双膝一定保持合并的姿势。

（三）乘坐火车或地铁

乘坐火车或地铁往往需要对号入座，座位可供选择的余地并不太大。比较而言，有关座次的讲究也相对较少。基本的规矩是：临窗的座位为上座，临近通道的座位为下座。与车辆行驶方向相同的座位为上座，与车辆行驶方向相反的座位为下座。

在有些车辆上，乘客的座位分列于车厢两侧，而使乘客对面而坐。在这种情况下，应以面对车门一侧的座位为上座，以背对车门一侧的座位为下座。

在乘坐车辆时以礼待人不单是一种要求，而且应当落实到乘坐车辆时的许多细节上，特别需要注意下列三个方面的问题：

第一，是上下车的先后顺序。在涉外交往中，尤其是在许多正式场合，上下车的先后顺序不仅有一定的讲究，而且必须认真遵守。

乘坐公共汽车、火车或地铁时，通常由位卑者先上车、先下车。位尊者则应当后上车、后下车。这样规定的目的同样是为了便于位卑者寻找座位，照顾位尊者。

第九章　商务旅行礼仪

第二，是就座时的相互谦让。不论是乘坐何种车辆，就座时均应相互谦让。争座、抢座、不对号入座都是非常失礼的。在相互谦让座位时，除对位尊者要给予特殊礼遇之外，对待同行人中的地位、身份相同者，也要以礼相让。

第三，是乘车时的律己敬人。在乘坐车辆时，尤其是在乘坐公用交通工具时，必须将其视为一种公共场合。因此，必须自觉地讲究社会公德，遵守公共秩序。对于自己，处处要严格要求；对于他人，时时要友好相待。

三、乘船的礼仪

在江河湖海上旅行，轮船成为重要的交通工具。要在轮船上展示自己良好的道德修养和谦谦君子风度，请你注意下边的礼节：

有秩序地排队上船，对号入座，不要争先恐后地去抢铺位。有的船扶梯较多、较陡，如果你是位男士或年轻人，应当留意照顾同行的女士或年老者，使其上船时走在你的前面，以便照顾。在客房内吸烟是不礼貌的，躺在床铺上吸烟还可能引起火灾，如果吸烟，最好去甲板上。如果你晕船要吐的话，应当去洗手间，不要吐在舱内或甲板上。

在船上凡标明"旅客止步"的地方，多为船员工作或休息的场所，不可妨碍他们。船上各种各样的电路、蒸汽开关很多，请你不要随意触动。

在航行中应遵守有关的规则，不要因无知而制造麻烦。白天舞动花衣服或手帕，会被其他的船只误认作打旗语。晚上拿着手电筒乱晃，也有可能被当成灯光信号，雾天能见度很低，船员们有时要凭借耳朵来听清楚周围的动静，此时不宜大声喧哗，也不能在甲板上听收音机或录音机。在轮船上的餐厅内就餐时，看到一张桌子上还有一个空位，不要去了就座，应当有礼貌地向在座的人问好，经过允许后，方可入座。

下船时要有秩序地排队下船，不要抢先拥挤。男士或年轻人要走在前面，以帮助同行的女士或年长者下船。

典型案例 9—2

> 在一些国际航班上，有的旅客大概是第一次乘飞机比较兴奋，当大家都在休息的时候，他们却站在飞机的过道上互相拍照，还摆出各种各样的姿势，大概是想带回国去给家人和朋友看看，以示留念。但他们只顾着自己"留念"，忘记了照顾其他乘客的感受。
>
> 搭乘交通工具时很重要的一点就是保持安静，在很多外国人看来，在飞机上拍照、喧哗是很不可思议的事情，一方面坐飞机是很平常的事情，犯不着如此新鲜和兴奋；另一方面，大家都在休息，你自顾自地拍照，难免侵犯了他人的"私人空间"，是对别人的不尊重。在国际航班上这样做会给别人留下不好的印象，本来你是想给自己留下美好的回忆，却在其他人的脑海中烙下了不好的回忆，得不偿失。

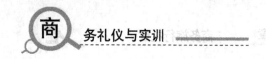

第三节 宾馆礼仪

在商务人员繁忙的生活中,商务酒店扮演着至关重要的角色。正确选择和享用商务酒店可以为商务旅行锦上添花。

一、商务酒店的选择

(一)考虑地理位置

一个商务酒店地理位置的优越性是商务旅行者应该首当其冲考虑的。因为对于在短时期内要完成各种商务任务的商务人员来说,地理位置不优越,无异于浪费时间。

(二)考虑品牌

一般来说,品牌是质量和服务的保证。越是成熟的酒店,尤其是国际化的酒店集团,如洲际、香格里拉、希尔顿、喜来登等,越是注重品牌,所提供的硬件设施和软件服务水平相应也越好,而且客人在他们旗下的任何酒店所享受到产品和服务也比较整齐划一。商务酒店绝大多数是4星级或5星级,商务旅行者应该根据自己企业的实力和形象来选择相应档次的酒店入住。

(三)价格是不可或缺必须考虑的因素

商务人员要仔细考虑自己每年商务旅行的频率和次数,每次出差是在什么季节,需要住多长时间,然后根据这些情况确定预算费用应是多少。

宾馆饭店是为旅客提供住宿和餐饮服务的场所,一般还为旅客提供洗浴、娱乐、购物、健身、美容、会议、邮电、干洗衣服、打字复印等一系列配套服务。因此,宾馆在现代商务交往中扮演着十分重要的角色,它们不仅设备完善、环境幽雅、服务周到,而且在许多方面还直接介入了商务活动。

二、宾馆礼仪

不论是出差或旅行,有时商务人员都会入住一些宾馆,所以有一些必要的宾馆的礼仪是一定要注意的养。宾馆是你暂时租用的一个地方。人们经常听到"大宾馆是小社会"的说法,这并不夸张。在现代生活中,人们来到大宾馆,已不仅仅局限于歇脚、住宿,人们还会利用它来娱乐、购物、用餐、开会、办公等。宾馆向社会提供的也早已不止是几间客房而已。任何一家现代化的大宾馆往往会同时拥有公寓、写字楼、会议厅、展览厅、商务中心、商场、餐厅、酒吧、歌厅、舞厅、健身房、游泳池等,并以此向社会提供全方位的

第九章　商务旅行礼仪

服务。

(一) 在前台

想住宾馆的时候，最好提前用电话联系预约。要告诉饭店服务员自己准备哪天进住，共住几天，需要什么样的房间，申请住房人的姓名，并问清房价以及当天到达饭店的大概时间。许多饭店都会在一定的时间内保留预订。如果实际入住时间比预订时间到达晚得多，为避免预订被取消，就要尽快用电话通知宾馆。另外，如果要取消房间，有礼貌的做法是及时打个电话取消，宾馆就可以把房间租给别人了。

(二) 在客房

在客房内不要随地吐痰，不要在墙上乱画，不要弄脏家具的表层，用完卫生间后要清理干净。

入住宾馆要有安全意识，进出房间要随手关门。有时人进入房间后，门虽然锁了，但门的保险链却总是忘记挂好。要特别注意，即使锁好了，也要再仔细检查一下，让外面的人绝对打不开。

淋浴时，把围帘的下部放在浴盆里面，避免把水弄到外面而把地板弄湿了。若是用浴缸，用完之后，把淋浴帘的下部要放在浴盆的外面。洗发膏、牙刷、肥皂、信封、信纸之类的小用品可以带走，但不能拿走毛巾或烟灰缸，这是酒店的财产。

入住宾馆的注意事项主要包括以下几个方面：

1. 注意内外有别

因为宾馆既是休息的地方，又是工作的地方，所以，室内着装可相对随便些。但是如果约好客人在下榻饭店的客厅或自己的房间洽谈业务，则要仪表端庄，注意自己的职业形象，不可穿着内衣、睡衣或者拖鞋离开房间。不可在房间门开启的时候只穿着内衣。同时亦应遵守前面提到的待客礼仪和日常礼仪，为客人准备好相应的茶水和饮料。

2. 注意不影响他人休息

关房门时注意用力轻一些。深夜回来，如需洗澡，注意动作要轻一些，避免打扰隔壁邻居，如可能最好等第二天早晨再洗。如果与别人合住，应该注意出门时随手将门关上，不要在房间里喧哗，以免影响别人休息。休息的时候可以按上"请勿打扰"的标志灯，或在门外挂上"请勿打扰"牌子。到别的房间找人应该敲门，经主人许可后再进入，不要擅自闯入。不可在走廊过道上跑跳着从一个房间到另外一个房间。不可在走廊上大声说话。应该轻声而不是怦然关门。电梯门口朋友见面的时候应该轻声说话，尤其在夜间人们睡觉的时候。当多人聚集在宾馆大厅的时候，应该轻声交谈，且不可从一人跑向另一人。

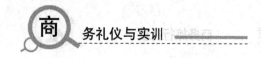

3. 会客活动内容应具体明确

在客房会客室里举行商务活动时，活动内容要具体明确，所有的话题应紧紧围绕活动的中心内容进行。不浪费客人的宝贵时间。

4. 注意安全

入住宾馆，进入客房后应先阅读房间门后消防逃生路线图，熟悉所在房间的位置和逃生楼梯的方位。之后，要查看一下窗户和侧门是否锁好。如果宾馆员工无法将侧门锁好，可以要求换一个房间。旅行期间，只要可能就要将你所带的贵重物品随身携带。不要把钱或贵重物品留在房间里，要把珠宝、照相机、文件等都锁在宾馆的保险箱里。

进入宾馆的房间后，离开房间时，为了安全起见，如果条件允许，你可以让电视机开着。待在房间里的时候，把门关好并上好锁。除非你在等人，否则不要开门。开门前要先问一声，或从窥孔那儿查看一下来人是谁。如果对方宣称自己是宾馆员工，或者你有其他的考虑，可以给前台打电话进行核实。晚上睡觉前，应将防撬扣或是防撬链扣好、挂好。房门钥匙要随身携带。不要当众展示你的钥匙，也不要把它放在饭馆的餐桌上、健身房里或者其他容易丢失的地方。

门厅的灯可以亮着，可以开夜灯睡觉，或者开着洗手间的灯睡觉，以便让自己感到安全，或者遇到紧急的情况，可以照亮。打电话、交谈或者看电视的时候应该轻声，因为宾馆里的墙壁不隔音。

5. 了解宾馆提供的服务

要认真阅读客房内的宾馆服务指南，了解宾馆提供的有关服务项目、服务内容和联系电话。如果有事可以找楼层服务员，也可以询问前台（或总服务台）和大堂经理。如现在许多四星级以下宾馆客房内电话不提供长途电话服务，需到总服务台办理手续；有的宾馆市话服务也要到总服务台交押金办理开通手续，开通宾馆电话服务可以节省一些手机漫游通话费用，节省开支。还有一些宾馆房费中包含早餐费用，免费提供一顿早餐。

典型案例 9—3

李明是一名刚毕业的大学生，在某贸易公司做业务员。一次公司派他去参加广州商品交易会，由于时间紧迫，他没有来得急预订宾馆。到广州后才发现展览中心附近地区的宾馆房间已经被各地参加广交会的客商预订满了。没办法，他只好住到了距离会场比较远的一家宾馆。他按照预先安排的行程预订了5天客房。但是到了最后一天，恰好他约见了一位重要客户下午2点钟在宾馆见面，由于这段时间一直忙于洽谈业务，他忘记宾馆12点退房的规定。到了中午，宾馆服务员来收房，他才想要延迟退房，可是这家宾馆马上就要接待一个旅行团，所以他只好拎着皮箱在宾馆门口约见客户了。

第九章　商务旅行礼仪

复习思考题

一、判断题

1. 老板与职员因私出差时应该是由老板先登机，并坐在飞机靠前的座位上。（   ）
2. 出差时穿着随便一些没有关系。（   ）
3. 在英国出差时，在被邀请的宴会上奏国歌时应站着。（   ）
4. 住饭店时拖鞋可以出现在饭店大厅外的地方。（   ）
5. 在出差旅行时，反正是公司的事情，应该任意报销交际费、交通费。（   ）
6. 乘坐由专职司机驾驶三排七人座轿车时，车上其余六个座位（加上中间一排折凳椅的两个座位）的顺序，由尊而卑依次应为：后排右座，后排左座，后排中座，中排右座，中排左座，副驾驶座。（   ）
7. 不要把现金、信用卡、贵重物品统统放在同一个地方，最好分几处放置，万一丢了也不至于全部丢失。（   ）
8. 在出国之前，把一些文件、证件（包括护照）、信用卡等其他重要的资料复印几份，以防失窃或者丢失。（   ）
9. 在你和上级一同出差的时候，如果是主人或者上级亲自开车，商务人员不应该坐在后排的座位上。（   ）
10. 如果是在炎热的夏天坐车，前排靠近空调的地方是冷气最足的，所以是较舒服的位子。（   ）

二、简答题

1. 商务酒店选择的基本标准是什么？
2. 商务旅行前需要做哪些准备工作？
3. 商务旅行中乘飞机的礼仪规范有哪些？
4. 入住宾馆的注意事项有哪些？

三、案例分析

一次晋升的机会被错过

某公司的何先生年轻能干，点子又多，很快引起了总经理的注意，拟提拔为营销部经理。为了慎重起见，决定再进行一次考查。恰巧总经理要去省城参加一个商品交易会，需要带两名助手，总经理选择了公关部杜经理和何先生。何先生也很珍惜这次机会，想找机会好好表现一下。

出发前,由于司机小王乘火车先行到省城安排一些事务,尚未回来,所以,他们临时改为搭乘董事长驾驶的轿车一同前往。上车时,何先生很麻利地打开了前车门,坐在驾车的董事长旁边的位置上,董事长看了他一眼,但何先生并没在意。

在上路后,董事长驾车很少说话,总经理好像也没有兴致,似乎在闭目养神。为活跃气氛,何先生转了一个话题:"董事长驾车的技术不错,有机会也教教我们,如果都自己会开车,办事效率肯定会更高。"董事长专注地开车,不置可否,其他人均无反应,何先生感到没趣,便也不再说话。一路上,除董事长向总经理询问了几件事,总经理简单地作回答后,车内再也无人说话。到达省城后,何先生悄悄问杜经理:董事长和总经理好像都有点不太高兴?杜经理告诉他原委,他才恍然大悟,"哦,原来如此。"

会后从省城返回,车子改由司机小王驾驶,杜经理由于还有些事要处理,需在省城多住一天,同车返回的还是四人。"这次不能再犯类似的错误了"何先生想。于是,他打开前车门,请总经理上车,总经理坚持要与董事长一起坐在后排,何先生诚恳地说:"总经理您如果不坐前面,就是不肯原谅来的时候我的失礼之处。"并坚持让总经理坐在前排才肯上车。回到公司,同事们知道何先生这次是同董事长、总经理一道出差,猜测着肯定要提拔他,都纷纷向他祝贺,然而,提拔之事却一直没有人提及。

(资料来源:杨眉主编,《现代商务礼仪》)

请问:何先生的行为有何不当之处。

项目实训

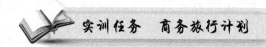

实训任务　商务旅行计划

一、实训要求

通过训练,了解国内商务旅行计划制订要求,掌握出国商务旅行的流程并学会编制商务旅行计划。

二、实训器材

计算机、纸张、笔。

三、实训准备

要求学生掌握国内外商务旅行的基本常识。需要学生查找国内外商务旅行计划的编制方法及注意事项。

第九章　商务旅行礼仪

四、实训组织

本实训可分组完成，每人扮演不同的角色进行演示。小组由 3 人构成，3 人分别轮流扮演黄总、施副总和秘书刘圆圆，其中扮演黄总的同学除要对扮演刘圆圆的同学完成的商务旅行计划及旅程表做出评价外，还要承担监督、评价刘圆圆完成任务。

对商务旅行计划要求精确到具体的时间，如上午几点到几点；对旅程表要求写出具体航班（航班、时间可上网查询或通过民航时刻表查询）。

五、实训任务

1. 完成一份黄总的商务旅行计划及一份旅程表，并交给黄总审阅。
2. 模拟演示为施副总办理出国手续。
3. 模拟演示为两位老总出行做具体的准备工作。
4. 考虑到施副总是首次出国，应提醒他注意相关问题，并告诉他出入境手续的办理。

六、实训考核

分别对完成的旅行计划、旅程表和现场演示的学生打分，最后评定总成绩。

七、情景模拟

坐落在杭州的浙江××低压电器公司近年来一直注重企业的自身发展，在新产品的研发、产品质量稳定率及销售渠道建设等方面走在了同行的前列，企业由此进入了快速发展阶段，产品几乎覆盖全国。我国加入 WTO 后，公司多个低压电器品种迅速打入欧洲市场。企业高层人员、技术人员及营销人员到外地或外国出差日渐频繁。

刘圆圆毕业于职业学校国际贸易专业，由于公司今年未聘到秘书专业的大学毕业生，就让刘圆圆先担任秘书工作，一方面让刘圆圆熟悉公司的机构、工作流程及业务，另一方面，可以发挥她外语方面的特长，为公司翻译一些资料，有外宾来访还可充当翻译。

上班没几天，刘圆圆碰到了这么一件难事。

公司行政会议讨论研究了近期工作安排，其中包括两位领导外出的情况。一是黄总经理到北京出席 5 月 8 日至 9 日召开的全国低压电器行业发展论坛，5 月 12 日下午参加成都举行的企业家沙龙，5 月 14 日上午还要出席本公司的一个新产品推广会议。考虑到北京论坛与成都的沙龙尚有一定的空隙，黄总有意在北京期间拜会北京××低压电器公司的领导，同时，走访信息产业部科技情报处，并到公司驻北京办事处听听他们下半年的打算，作些沟通。二是由于黄总的活动已排满，原定 5 月上旬到美国 P 公司参观考察只能由主管技术的施副总前往，而施副总从未出过国门。

令刘圆圆犯难的是，会议决定让她负责两位领导商务旅行的一些准备工作，包括预订机票、联系住宿、资料准备、办理护照等。

刘圆圆足足想了一天，完成了一份计划书，交给了黄总。以下是计划书的全文：

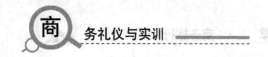

公司领导商务旅行计划书

根据公司行政会议的安排,黄总将于5月8日抵达北京、成都出席会议,施副总将于5月9日赴美国考察,具体安排如下:

1. 黄总计划

5月7日,黄总乘飞机到北京,联系一家四星级酒店。

5月8日至9日,出席全国低压电器行业发展论坛。

5月10日至11日,拜会北京××低压电器公司领导、走访信息产业部科技情报处,到公司驻北京办事处商议下半年工作。

5月12日,乘飞机到成都,联系一家四星级酒店,出席下午的企业家沙龙。

5月13日,乘飞机返回杭州。

5月14日,出席公司新产品推广会议。

准备物品有:钢笔、笔记本、公司简介、名片、照相机。

2. 施副总计划

5月8日,办理护照。

5月9日,乘飞机赴美国华盛顿,安排三星级酒店。

5月10日至11日,考察美国P公司。

5月12日,乘飞机赴纽约观光。

5月13日,乘飞机返回杭州。

5月14日上午,出席公司新产品推广会议。

准备的物品有:钢笔、笔记本、公司简介、名片、照相机、美元、美国地图。

黄总看完"计划书"后,皱着眉头问:"这叫计划书吗?这种计划我还让你安排?哪有明天到美国今天办护照的?美国与中国的时差呢?"

刘圆圆的脸一阵阵红了起来,起码她已认识到,学国际贸易专业的居然把"时差"给忘了,更别提她从未接触过的差旅事务的安排了。

八、实训考核

分别对完成的旅行计划、旅程表和现场演示的学生打分,最后评定总成绩。

第十章　商务通讯礼仪

> **学习目标**
>
> 通过本章的学习，掌握接打电话的基本礼仪，使用手机的礼仪规范，收发短信的礼仪规范，收发电子邮件的礼仪规范等，提高通讯礼仪水平，增强修养。

第一节　接打电话礼仪

日本著名企业家松下幸之助说："不管是在公司，还是在家里，凭这个人打电话的方式，就可以基本上判断出其教养的水准。我每天除了收到好多预约讲演的信件，还接到很多邀请讲演的电话，我凭着对方电话里的讲话方式，就能判断其教养如何；凭对方在电话里的第一句话，就可以基本决定我去还是不去。"

一、商务电话礼仪

使用电话通讯，有主动地拨打电话与被动地接听电话之别。从礼仪方面来讲，拨打电话与接听电话时有着各自不同的标准做法。

（一）拨打电话

1. 注意语言与声调

对个人形象影响最大的当首推语言与声调。从总体上来讲，语言和声调应当简捷、明了、文明、礼貌。在通话时，声音应当清晰而柔和，吐字应当准确，句子应当简短，语速应当适中，语气应当亲切、和谐、自然。不要在打电话时为自己的情绪所左右，要么亢奋激动、大声吼叫，要么情绪低沉、断断续续、小声小气，让对方干着急却听不清楚。打电话时最好双手持握话筒。讲话时，嘴部与话筒之间应保持 3 厘米左右的距离。这样的话就不会使对方在接听电话时因话音过高或过低而感到"难过"了。

2. 谨慎"开场白"

打电话时，开口所讲的第一句话事关自己留给对方的第一印象，所以应当慎之又慎。

规范的"开场白"有两种。第一种适用于正式的商务交往中，要求礼貌用语与双方的单位、职衔、姓名"一同道来"。其标准的"模式"如"您好！我是省化工进出口公司营销部副经理×××，我要找西华市化工进出口分公司经理×××先生。"第二种适用于一般性的人际交往，在使用礼貌性问候以后，应同时准确地报出双方完整的姓名。其标准的"模式"如"您好！我是于莉，我找×××。"不要还不知道对方是谁，一上来就跟人家套近乎。

3. 尊敬代接电话者

如果电话是由总机接转，或双方的秘书代接的，在对方礼节性问候之后，应当"礼尚往来"，使用"您好""劳驾""请"之类的礼貌用语与对方应对，不要对对方粗声大气、出口无忌，或是随随便便地地将对方呼来唤去。得知要找的人不在时，可请代接电话者帮助叫一下，也可以过后再打。无论如何，都不要忘了说话要客客气气的。

4. 处理好通话中的"突发事件"

在通话时，若电话中途中断，按礼节应由打电话者再拨一次。拨通以后，须稍作解释，以免对方产生误解，以为电话是来电者由于不满而故意挂断的。如遇拨错电话的情况，应向对方道歉。

5. 通话时集中沟通主要议题，提高通话效率

打电话时所使用的语言应当礼貌而谦恭，用比较简练的语言将所要叙述的事情讲完，避免浪费别人的时间。若非事关重大的时间、数据，一般没有必要再三地复述。

6. 礼貌结束通话

当通话结束时，别忘了向对方道一声"再见"，或是"早安""晚安"。按照惯例，电话应由打电话者挂断。挂断电话时，应双手轻放，不要末了再给对方的听觉以"致命一击"。

（二）接听电话

在接听电话时亦有许多具体要求。能否照此办理，往往意味着接听电话者的个人修养与对待拨打电话者的态度如何。在通电话的过程中，接听电话的一方显然是被动者，尽管如此，商务人员在接听电话时亦须专心致志、彬彬有礼。

1. 注意态度与表情

尽管"3G"网络时代已经到来，但是目前接听固话还处在"只闻其声"的阶段，从表面上看，商务人员接电话时的态度与表情对方是看不到的，但实际上对于这一切对方完全

可以从通话过程中感受得到。电话一般控制在铃响三声之内接听。否则，被认为失礼，应向对方致歉。商务电话应对时，第一句话当自报单位名称或所属部门，不论内线或外线，应一律用统一的礼貌用语应答。接电话时，态度应当殷勤、谦恭。在办公室里接电话，尤其是外来的客人在场时，最好是走近电话，双手捧起话筒，以站立的姿势，面含微笑地与对方友好通话。不要坐着不动，一把把电话拽过来抱在怀里，夹在脖子上通话。不要拉着电话线走来走去地通话；也不要坐在桌角、趴在沙发上或是把双腿高抬到桌面上大模大样地与对方通话。在通话途中，不要对着话筒打哈欠或是吃东西。也不要同时与其他的人闲聊，不要让对方由此产生不被尊重的感觉。

2．注意语言和语气

在办公室接电话时声音不要太大。接电话时声音太大会影响其他人的工作，而且对方也会感觉不舒服。

在正式的商务交往中，接电话时拿起话筒所讲的第一句话也有一定的规矩。接电话时所讲的第一句话，常见的有以下三种形式：

第一种是以问候语加上单位、部门的名称以及个人的姓名。它最为正式。如"您好！我是××集团公司人事部××，请讲。"

第二种是以问候语加上单位、部门的名称，或是问候语加上部门名称。它适用于一般场合。如"您好！××公司广告部，请讲"或者"您好！人事部，请讲"。后一种形式，主要适用于由总机接转的电话。

第三种是以问候语直接加上本人姓名。它仅适用于普通的人际交往。如"您好！×××，请讲。"需要注意的是，在商务交往中不允许接电话以"喂，喂"或者"你找谁呀"开场。

3．礼貌对待误拨电话

如遇对方误拨的电话，应耐心说明并及时告之，口气要和善，不可恶语相加。如有可能，不妨询问对方是否需要帮助他查找正确的电话号码，这样可以借机宣传本单位以礼待人的良好形象。

4．礼貌结束通话，认真道别

结束通话时应认真地道别，确定对方已经挂断电话，才能轻轻挂上电话，不宜"越位"抢先。在通话时，接电话的一方不宜率先提出中止通话的要求。万一自己正在开会、会客，不宜长谈，或另有其他紧急或重要的电话接进来，需要中止通话时，应说明原因，并告之对方："一有空闲，我马上回电话给您。"免得让对方觉得我方厚此薄彼。如遇对方不能适时结束通话，我们应当委婉、含蓄地结束通话，不要令对方难堪。如不宜说："你说完了没有？我还有别的事情呢"，而应当讲："好吧，我不再占用您的宝贵时间了""真不希望就此道别，不过以后真的希望再有机会与您联络"。

5. 在接电话时，要注意代接电话时的态度

商务往来比较多的人，可请秘书代为处理电话，也可在本人不在时使用录音电话。不过本人在场时，一般是不合适使用录音电话的。万一需要用录音装置时，则必须使自己预留的录音友好、谦恭。通常，预留的录音应为："您好，这里是××公司××部。本部门工作人员现在因公外出，请您在信号声音响过之后留言，或者留下您的姓名与电话号码。我们将尽快与您联络。谢谢，再见。"代接电话时，讲话要有板有眼。被找的人如果就在身旁，应告诉打电话者："请稍候"，然后立即转交电话，不要抱着恶作剧或不信任的态度先对对方"调查研究"一番，尤其是不允许将这类通话扩音出来。被找的人如果尚在别处，应迅速过去寻找。不要懒于行动，连这点"举手之劳"都不愿意做，蒙骗对方说"人不在"，或是大喊大叫"×人找××人"，闹得"世人皆知"，让他人的隐私"公开化"。转接电话时，要询问清楚对方的姓名、电话、单位名称，以便在接转电话时为受话人提供便利。在不了解对方的动机、目的是什么时，请不要随便说出指定受话人的行踪和其他个人信息，如手机号等。

倘若被找的人不在，应在接电话之初立即相告。并可以适当地表示自己可以"代为转告"的意思。不过应当先讲"××人不在"，然后再问"您是谁"或"您有什么事情"，切勿"本末倒置"过来。省得让打电话的人疑心：他要找的人正在旁边，可就是不想搭理他。表示自己可以"代为转告"的意思时应当含蓄一些，如"需要我为您效劳的话，请吩咐"，听上去就"可进可退"。不要一开口就"不由分说"，说什么"你有什么事情都尽管可以告诉我，我一定会如实转告"等。只有在比较熟的人之间才可以直接询问"您有留言吗？""要不要我告诉××人，一回来就打电话给您"。代接电话时，对方如有留言，应当场笔录下来。之后，还应再次复述一次，以免有误。

6. 确认听话内容

听不清楚对方的说话内容时应确切地将情况告诉对方，并请对方改善。如听筒好像有问题，听不太清楚，可不可以大声点？在电话中传达有关事宜应重复要点，对于号码、数字、日期、时间等应再次确认，以免出错。

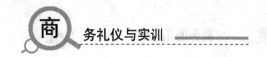

典型案例 10-1

某政府部门传达室，一位先生要找××领导。他拿起传达室的内线电话向楼内打电话："××局长吗？我是从××地方来的××处长啊，我现在要找你去谈些重要的事。"声音之高，一屋子静坐等候的人都听得清清楚楚的，大家听了都面面相觑，似乎听了不该听的话。

第十章 商务通讯礼仪

二、使用手机礼仪

(一) 公共场所手机使用礼仪

不宜旁若无人地大声通话。信号不良时，可改换通话位置或改用其他的通讯方式，不能大声呼叫。

在会场、影院、剧场、音乐厅、图书馆、展览馆等需要保持安静的场所，应主动关机或置于振动、静音状态；如接到来电，应到不妨碍他人的地方接听。

不要在驾驶汽车时或飞行过程中使用手机，不在加油站使用手机。

(二) 收发手机短信礼仪要求

在需要保持安静的公共场所或在与人交谈时，将短信接收提示音调至静音或振动状态。

不在与人谈话时查看或编发短信。

编发短信用字用语规范准确、表意清晰。短信内容后最好留下姓名，以使接收方知晓发送人。短信署名既是对对方的尊重，也是达到目的的必要手段。如果是正事，不署名会耽误事的。

不编发有违法规或不健康的短信，不随意转发不确定的消息。收到不良短信可建议或告诫发送者停止发送。

短信祝福一来一往足矣。每逢节日，人们都会发短信相互祝福。来而不往非礼也，所以别人发来短信，我们就要回复一个短信。接到对方的短信回复后，一般就不要再发致谢之类的短信，因为对方一看，又得回过来。就祝福短信来说，一来一往足矣，二来二往就多了，三来三往就成了繁文缛节。

有些重要的电话可以先用短信预约。如有时要给身份高或重要的人打电话，为了不要打扰对方的工作，可以先给对方发短信，如"有事找，是否方便给您打电话？"如果对方没有回短信，一定不是很方便，可以在较长的时间以后再拨打电话。

及时删除自己不希望别人看到的短信。一些人经常把手机放在桌上，如果出办公室办事或者去卫生间，也许有好奇之人就会顺手翻看短信。如果上面有一些并不希望别人看到的短信，就可能引起麻烦。如果不幸被对方传播出去，后果就更严重。

上班时间不要没完没了发短信。上班时间每个人都在忙着工作，即使不忙，也不能没完没了地发短信，否则就会打扰对方的工作，甚至可能让对方违纪。如果对方正在主持会议或者正在商谈重要事项，闲聊天式的短信更会让对方心中不悦。

发短信的时间不能太晚。有些人觉得晚上10点以后不方便给对方打电话了，发个短信告知就行。短信虽然更加简便，但如果太晚，也一样会影响对方休息。

提醒对方最好用短信。如果事先已经与对方约好参加某个会议或活动，为了怕对方忘记，最好事先再提醒一下。提醒时适宜用短信而不要直接打电话。打电话似乎有不信任对方之感。短信就显得非正式、亲切得多。短信提醒时语气应当委婉，不可生硬。

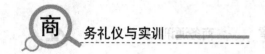

典型案例10-2

会场上响起各式彩铃，看看你的手机道德有多少

地点：某会议现场。

一次，政府某部门召集我市第三产业的一些企业开会。会上来的都是该市一些企业的相关负责人。会议期间，整个会场上手机铃声此起彼伏，现在的手机铃声又新鲜，什么新闻联播开播片头曲、什么童声歌曲、什么搞怪的段子等等就在会场上此消彼长。会议主持人委婉提醒了几次，但是声音依然不绝于耳。

第二节 收发电子邮件和传真礼仪

收发电子邮件是人们利用网络办公最常见的手段，也是最重要的方式。在收发电子邮件的不同阶段，我们务必要遵循一定的规则。

一、收发电子邮件礼仪

（一）撰写与发送

电子邮件的撰写与发送皆有一定的规定和要求：

（1）为节约费用，在撰写电子邮件时，尤其是在撰写多个邮件时，应在脱机状态下撰写，并将其保存于发件箱中。然后在准备发送时再连接网络，一次性发送。

（2）利用网络办公时所撰写的必须是公务邮件，不可损公肥私，将单位邮箱用作私人联系途径之用，不得将本单位邮箱地址告诉亲朋好友。

（3）在地址板上撰写时，应准确无误地键入对方邮箱地址，并应简短地写上邮件主题，以使对方对所收到的信息先有所了解。

（4）在消息板上撰写时，应遵照普通信件或公文所用的格式和规则。邮件篇幅不可过长，以便收件人阅读。

（5）邮件用语要礼貌规范，以示对对方的尊重。撰写英文邮件时不可全部采用大写字母，否则就像是发件人对收件人盛气凌人的高声叫喊。

（6）不可随便发送无聊、无用的垃圾邮件，无端增加网络的拥挤程度。

第十章 商务通讯礼仪

（7）要保守国家机密，不可发送涉及机密内容的邮件，不得将本单位邮箱的密码转告他人。

（二）接收与回复

接收与回复电子邮件时，通常应注意以下几个方面：

（1）应当定期打开收件箱，最好是每天都查看一下有无新邮件，以免遗漏或耽误重要邮件的阅读和回复。

（2）应当及时回复公务邮件。凡公务邮件，一般应在收件当天予以回复，以确保信息的及时交流和工作的顺利开展。若涉及较难处理的问题，则可先电告发件人已经收到邮件，再择时另发邮件予以具体回复。

（3）若由于因公出差或其他原因而未能及时打开收件箱查阅和回复时，应迅速补办具体事宜，尽快回复，并向对方致歉。

（4）不要未经他人同意向对方发送广告邮件。

（5）发送容量较大的邮件需要先对其进行必要的压缩，以免占用他人信箱过多的空间。

（6）尊重隐私权，不要擅自转发别人的私人邮件。

（三）保存与筛选

商务人员要定期对邮箱的邮件进行筛选，保持邮箱的整洁与清晰。

（1）对于有价值的邮件，必须要保存好，或者复制后专门建立文件夹进行保管。

（2）对于一些垃圾邮件，或者已经没有实际价值的商务邮件，应该进行及时的清理，以免使邮箱里的信件过多，占用邮箱的容量，也不便于管理。

二、收发传真礼仪

（一）发收传真的基本工作程序

1. 发传真

发传真的基本工作程序是：进纸——拿话筒——拨对方传真号——听到"嘟嘟"声——按"启动"键——挂话筒——传真自动开始——听到"嘟嘟"声——结束。

2. 收传真

收传真的基本工作程序是：响铃——按"启动"键——传真自动开始——听到"嘟嘟"声——结束。

（二）传真的常见格式

传真是通过传真机传递的信函，大多为业务信函。企事业单位都有专用的传真纸，纸上面印有现成的传真格式，拟发传真时按格式填写即可。下面为一种常见的传真格式：

发传真人单位名称、地址=电话和传真号码、电子邮件网址

TO：　　（收传真人单位）　　　　　　DATE：　（发送传真日期）
ATTN：　（Attention，收传真部门或个人姓名）　FAX NO：（传真号）
FROM：　（发传真部门或个人姓名）　　　PAGE（S）：（所发传真页数）
RE：　　（Regarding，传真内容标题）

（传真信函）：

称呼语：

信体：

客套结语：

署名：

第三节　常用商务文书礼仪

商务文书就是商务往来所需的信函、公文、报告等。

一、商务邀请函

商务礼仪活动邀请函，又叫请柬，也称请帖，是商务礼仪活动主办方为了郑重邀请其合作伙伴（投资人、材料供应方、营销渠道商、运输服务合作者、政府部门负责人、新闻媒体朋友等）参加其举行的礼仪活动而制发的书面函件。它体现了活动主办方的礼仪愿望、友好盛情，反映了商务活动中的人际社交关系。企业可根据商务礼仪活动的目的自行撰写具有企业文化特色的邀请函。邀请函写好后，最好提前一段时间发出，以便受邀者安排时间的余地。

一般来说，商务礼仪活动邀请函的文本内容包括邀请函的主体内容和邀请函回执两个部分。

商务礼仪活动邀请函的主体内容符合邀请函的一般结构，由标题、称谓、正文、落款组成。

第十章 商务通讯礼仪

（一）标题

标题由礼仪活动名称和文种名组成，还可以包括个性化的活动主题标语。活动主题标语可以体现举办方特有的企业文化特色。

（二）称谓

邀请函的称谓使用"统称"，并在统称前加敬语。如"尊敬的×××先生/女士"或"尊敬的×××总经理（局长）"等。

（三）正文

邀请函的正文是指商务礼仪活动主办方正式告知被邀请方举办礼仪活动的缘由、目的、事项及要求。正文要写明礼仪活动的日程安排、时间、地点，并对被邀请方发出得体、诚挚的邀请，要尽量做到用词准确、精练、恳切、得体。正文结尾一般要写常用的邀请惯用语，如"敬请光临""欢迎光临"。

（四）落款

落款要写明礼仪活动主办单位的全称和成文日期。书写格式包括以下内容：

（1）封面：注明"请柬""恭请"等。

（2）顶格写被邀请人的名字及称谓。

（3）内容另起一行，空两格，交代活动内容、时间、地点。

（4）结尾具礼、发柬者名称及时间（有必要时，可加上入场券）。

 典型案例 10-3

邀请函

尊敬的××先生/女士：

　　过往的一年，我们用心搭建平台，您是我们关注和支持的财富主角。

　　新年即将来临，我们倾情实现网商大家庭的快乐相聚。为了感谢您一年来对阿里巴巴的大力支持，我们特于2006年1月10日14:00在青岛丽晶大酒店一楼丽晶殿举办2005年度阿里巴巴客户答谢会，届时将有精彩的节目和丰厚的奖品等待着您，期待您的光临！

　　让我们同叙友谊，共话未来，迎接来年更多的财富，更多的快乐！

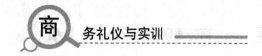

二、祝词

（一）祝词的概念、类型

祝词泛指对人、对事表示祝贺的言辞或文章。祝词多用在喜庆的仪式上，如各种工程开工庆典、寿辰和重要节日及其他的社会活动，表示良好的愿望或庆祝。

根据祝贺的内容不同，祝词可以划分为祝事业、祝酒、祝寿、祝婚、祝节日等类型；从表达形式上划分，祝词有韵文（诗、词）体和散文体两种类型。祝事业多用于重大会议开幕、工厂开工、商店开业、展览剪彩以及其他纪念活动等，祝愿此事业顺利进行，早日成功。祝酒用于宴会、酒会上，传达祝酒者美好的愿望。祝寿一般是对祝寿对象表示良好的愿望，希望他们健康长寿。祝婚一般是祝愿新婚夫妇幸福美满。

（二）祝词的写作格式

散文体祝词的写作格式一般由标题、称呼、正文、结束语、落款五个部分组成。

1. 标题

标题写在第一行居中的位置，通常有两种写法：一是直接写"祝词"；二是写出具体祝贺的内容，如《××市长在×××市××晚宴上的祝词》。

2. 称呼

称呼在标题之下第一行顶格书写，以示尊重。对人的称呼按照书信写作的要求来写即可；祝事业的直呼单位或部门名称即可，要注意称呼的先后顺序和亲切感。

3. 正文

正文是祝词的核心。这部分写法比较灵活，针对不同的祝贺对象、不同的祝贺动机，写出相应的祝贺内容。但总的来说，都应包含下面几层意思：首先应向受祝贺的单位或人员表示祝贺、感谢或问候，或者说明写祝词的理由或原因；其次常常对已做出的成就进行适当评价或指出其意义；再次写表示祝愿、希望、祝贺之语，也可以给被祝者以鼓励。

4. 结束语

正文结束后常用一句礼节性的祝颂语结束全文。如《为庆祝朱总司令六十大寿的祝词》最后的结束语是"人民祝你长寿！全党祝你永康！"

5. 落款

最后在正文的右下方署祝者的名称（单位或个人）以及发祝词的年、月、日。如果在标题部分已注明，此处可省。

第十章 商务通讯礼仪

（三）祝词与贺词的异同

祝词与贺词有时被合称为祝贺词，二者都是泛指对人、对事表示祝贺的言辞和文章，它们都富于强烈的感情色彩，针对性、场合性也很强。因此祝词和贺词在某些场合可以互用，如祝寿也可以说贺寿，祝事业的祝词常常也兼有贺词的意思。虽然祝词与贺词有时可以互用，但二者所包括的含义并不相同。严格地说二者是有区别的。祝词一般对象是事情尚未成功，表示祝愿、希望的意思；而贺词一般对象是事情已成，表示庆贺、道喜的意思。如祝贺生日诞辰、结婚纪念、竣工庆典、荣升任职等，一般用贺词的形式表示庆贺、道喜。另外，贺词的使用范围比较广，如贺信、贺电等也属于贺词类。

三、便条

便条，也称条据。和书信相比，它显得比较随便，然而正因如此，反而往往使对方感到亲切、自然。不过留便条也要注意礼仪。商务交往，除应用电话、传真、书信往来沟通外，很多时候必须亲自走访，当面商议决定。但抵达目的地后，并不一定能见到所要会见的人，对方或许因事外出，或许另有他事，短时间内不能会面，此时访客又不便久候，只好留置名片，并在名片背面留言。然而名片背面的空间有限，虽简明扼要，有时并无法表明必要的意思，所以可能就地取出任何一张可以写字的纸条留言，以表达来访目的，或择时再会，此为便条的由来。

便条的内容通常比较简洁，有什么事情说清楚就可以。如果不用特制的便条纸，用干净、整洁的纸就可以了。按照常规，如果接受便条的对方不是自己的同事，而是客户的话，最好把便条装入信封里。此外，如果使用便条作为邀约信的话，最好提前一周送到，以便让对方有所准备。"临阵磨枪"，打对方一个措手不及，不仅给对方逼人就范的感觉，而且也是非常不尊重对方的。

（一）便条的形式

便条的形式包括假条、借条、收条、留言、介绍信、致歉、感谢等。

（二）便条的格式

（1）先写看便条人的姓名（顶格写）加上冒号（英文用逗号则可）。

（2）换一行开头空两格写什么事情或要写的内容。

（3）在右下角写上写便条人的姓名。

（4）换一行对准姓名写上写便条的日期（英文便条的日期写在右上角）。

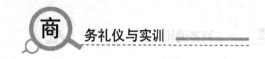

四、开幕词

开幕词在表示欢迎后是介绍本交易会或展览会的意义、主办人的意愿的讲话。开幕词的篇幅要求简短,内容切忌重复、啰嗦;语言要求口语化、富有感情色彩,又要求生动活泼;语气要热情、友好。

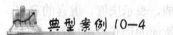

在"中国国际××展览会"开幕式上的讲话

女士们、先生们、同志们:

早上好!由新加坡××有限公司主办,中国××协会与我分会所属的上海市国际贸易信息和展览公司承办的"中国国际××展览会"今天在这里开幕了。我谨代表中国国际贸易促进委员会上海市分会、中国国际商会上海分会表示热烈祝贺!向前来上海参展的西班牙、比利时、香港地区以及我国各省的中外厂商表示热烈的欢迎!

本届展览会将集中展示具有国际水准的各类××产品及生产设备,为来自全国各地的科技人员提供一次不出国的技术考察机会;同时,也为海内外同行共同切磋技艺创造了条件。

朋友们,同志们,上海是中国最重要的工业基地之一,也是经济、金融、贸易、科技和信息中心。上海作为长江流域乃至全国对外开放的重要窗口,将实行全方位的开放。我国政府已将浦东的开发开放列为中国今后10年发展的重点,上海南浦大桥的正式通车,将标志着浦东新区的开发已经进入实质性的启动阶段。上海将进一步改善投资环境,扩大与各国各地区的合作领域。我真诚地欢迎各位展商到上海的开发区和浦东新区参观,寻求贸易和投资机会,寻找合作伙伴。作为上海市的对外商会——中国国际贸易促进会上海市分会将为各位朋友提供卓有成效的服务。

最后,预祝"中国国际××展览会"圆满成功!感谢大家!

五、介绍信

介绍信是用来介绍联系接洽事宜的一种应用文体。它具有介绍、证明的双重作用。介绍信主要有普通介绍信和专用介绍信两种形式。普通介绍信一般不带存根,正中写"介绍信"。内容包括称呼、正文、结尾、署名和日期,并注上有效日期。专用介绍信共有两联:一联是存根;另一联是介绍信的本文。两联正中有间缝,同时编有号码。

第十章 商务通讯礼仪

典型案例 10-5

普通介绍信

兹介绍我公司_____同志等_____人（系我公司_____），前往贵处联系_____，请接洽。

此致

敬礼！

×× 公司（盖章）

（有效期　　天）年　月　日

六、答谢词

答谢词是指特定的公关礼仪场合，主人致欢迎词或欢送词后，客人所发表的对主人的热情接待和多方关照表示谢意的讲话。答谢辞也指客人在举行必要的答谢活动中所发表的感谢主人的盛情款待的讲话。答谢辞的写作重点在于表达出对主人的殷勤好客的真挚感谢之情。答谢词的开头，应先向主人致以感谢之意。答谢词的主体，先是用具体的事例，对主人所做的一切安排给予高度评价，对主人的盛情款待表示衷心的感谢，对访问取得的收获给予充分的肯定。然后，谈自己的感想和心情。如颂扬主人的成就和贡献，阐发访问成功的意义，讲述对主人的美好印象等。答谢辞的结尾，主要是再次表示感谢，并对双方关系的进一步发展表示诚挚的祝愿。

典型案例 10-6

答 谢 词

尊敬的×××先生，尊敬的×××集团公司的朋友们：

首先，请允许我代表×××代表团全体成员对×××先生及×××集团公司对我们的盛情接待表示衷心感谢。

我们一行5人代表×××公司首次来贵地访问，此次来访时间虽短，但收获颇大。仅3天时间，我们对贵地的电子业有了比较全面的了解，与贵公司建立了友好的技术合作关系，并成功地洽谈了×××电子技术合作事宜。这一切都得益于主人的真诚合作和大力支持。对此，我们表示衷心的感谢。

电子业是新兴的产业，蒸蒸日上，有着广阔的发展前景。贵公司拥有一支由网络专

205

> 家组成的庞大的队伍,技术力量相当雄厚,在网络工作站技术市场中一枝独秀。我们有幸与贵公司建立友好的技术合作关系,为我地电子业的发展提供了新的契机,必将推动我地的电子业迈上一个新台阶。
>
> 　　最后,我代表×××公司再次向×××集团公司表示感谢,并祝贵公司迅猛发展,再创奇迹。更希望彼此继续加强合作,共创明天。
>
> 　　最后,我提议:为我们之间正式建立友好合作关系,为今后我们之间的密切合作,干杯!

复习思考题

一、判断题

1. 打电话时最好双手持握话筒。讲话时,嘴部与话筒之间应保持1厘米左右的距离。（   ）
2. 电话一般控制在铃响两声之内接听。否则,被认为失礼,应向对方致歉。（   ）
3. 按照惯例,电话应由拨电话者挂断。挂断电话应双手轻放,不要末了给对方听觉"致命一击"。（   ）
4. 不在驾驶汽车时或飞行过程中使用手机,不在加油站使用手机。（   ）
5. 发传真的基本工作程序:进纸——拿话筒——拨对方传真号——听到"嘟嘟"声——按"启动"键——挂话筒——传真自动开始——听到"嘟嘟"声——结束。（   ）
6. 如果你觉得晚上10点以后打电话不方便,那么可以发短信息联系。（   ）

二、简答题

1. 简述拨打电话的礼仪规范。
2. 简述公共场所手机使用礼仪。
3. 简述接收和回复电子邮件的礼仪规范。

三、案例分析

根据所学电话礼仪,指出下面案例中的不当之处并加以纠正。

场景1:

绿色家园小区居民李先生一周前在某空调销售中心购置了一台1.5匹的空调,按约定应该在空调送货3天内厂家负责安装,可是两周都过去了,也没有来人安装空调,于是他给该空调销售中心打电话进行投诉。一大早,××公司销售部业务小刘刚进公司就听到电话铃响个不停,她放下了手提包,然后慢悠悠地接起电话,不耐烦地问:"大早上就打电话,

第十章　商务通讯礼仪

谁啊？""是××公司么？我购买你们公司的空调，可是……"她一边听着客户投诉，一边做着记录，最后她记下了客户电话和地址，承诺他们公司会尽快解决此事。

场景2：

为了节约成本，他们公司把安装和维修空调的事宜外包给另一个公司了，于是小刘给那个公司的负责人孙总打电话，询问此事。小刘说："李总吗？您好！我是××公司销售部的刘华，我们有客户反映购买的空调没有及时安装。我想问一下，这是怎么回事啊？"

李总说："你们公司已经拖欠我们安装维修费用总计5万元，我都跟你们经理说好几次了，他总说目前资金周转难，让我等一段时间，可是我开的是家小公司，现在工人没钱发工资了，自然不能干活了！你和你们经理说说……"还没有等对方说完，小刘就挂了电话。

场景3：

小刘接着给经理打手机，经理正好在开一个重要的会议。他的手机的铃声打断了总公司领导的讲话，大家的目光都集中到他的身上。经理有点窘迫，对电话那头的小刘说："我正在开会呢，稍后等会后有时间我再联系你？"

场景4：

小刘等经理电话，结果这时有个打错的电话，"——喂，你这是眼科医院吗？"

小刘愤愤地说："你打错了，看来你眼睛真有毛病！"于是，"啪"的一声挂断了电话。

场景5：

这时又有一个客户乙也来投诉这个事情。小刘说："我们已经知道这个事情了，我们正在协调解决，你放心。"这时经理的电话接了进来，她对客户说"您稍等……"，她接起了另一部电话："您好，哦，经理呀！……"于是她对客户说："我现在要接一个非常重要的电话，您放心我们会尽快解决此事。一有消息，我就会马上回复您！"她挂断了客户的电话，接着和经理通话……

场景6：

中午，小刘正在吃饭，这时电话响了，小刘嘴里塞满食物去接听电话，电话是经理打来的，经理告诉她事情已经解决了，明天安装公司就会派工人入户安装空调，让她通知客户。

场景7：

下午，一个电话接进来要找经理，经理示意她问清楚对方是谁。

对方说："我是××公司业务赵××，我上次已经和你们经理通过话了，我们公司是负责电器设备养护和维修的，想和你们公司开展一下这方面的合作。"

小刘得知是推销业务的，捂住话筒，轻声对经理说："推销业务的"，经理摆手示意让她把电话推掉。

小刘说："很不巧，我们经理有个很重要的会议，现在不在公司。"

对方说:"那么麻烦把你们经理电话号码告诉我一下。"

小刘说:"我们经理去外地开会了,不方便接听电话,如果您方便的话,留下您公司电话和公司名称,如果我们公司有这方面需求,会跟您联系的。"

场景 8:

通知客户顺利解决此事。小刘说:"您好,你是李先生吗,我是××公司销售部业务小刘,我们公司明天早上 9 点钟会派人上门给您安装空调,请您家里留人。对于由于我们工作疏忽给您带来的不便表示歉意,还希望您以后继续支持我们公司的产品。"事情已经解决了,但客户又继续说了很多,没有任何马上结束通话的意思,马上就要下班了,小刘还有几份重要文件等着处理,于是她客气地说:"时间不早了,我就不耽误您时间了,如果您以后遇到什么有关产品的问题请与我们公司的客服联系,再见!"

一、实训要求

掌握接听拨打电话的基本礼仪规范和方法,学会利用电话交谈的技巧来处理日常事务。

二、实训条件

电话机 3 部,实训室。

三、实训组织

根据学生人数分成几个大组,选出一名组长,以组为单位进行情景模拟。按照事先确定的演出组的顺序进行分小组展示,最后由指导教师给出评分和点评,进行小组考核。学生实训结束后根据实训结果写出实训报告。

四、情景模拟与任务

模拟接听拨打电话。

(1)一位电视台广告部的客户要找该公司公关部的经理,经理不在。

(2)该公司的原料供应商打给业务部催款,你是该业务部的职员,但是公司目前资金周转困难,所以该公司的经理不想接这个电话,让秘书不要把电话转给他。

(3)有一个该公司的客户收到了该公司的货,但是货品有部分质量不合格,所以客户的火气非常大,刚开始找业务员,业务员解决不了,客户要求退货,退货损失就很大,只有经理能够处理这件事情。

（4）一个客户对该公司生产的产品很感兴趣,打电话进行咨询,你是新来的业务员,对产品还不是很熟悉,就想找一个资深的业务员来处理这个电话。

（5）你正在跟一个人通话,结果又有另一个更紧急的电话打进来（办公室有2部电话）,同时处理两个来电。

（6）一个保险公司的推销员打来电话向该公司推销保险,你该怎么拒绝。

（7）你突然接到一个电话,结果是一个打错的电话,上来就问某人在不在,你们单位没这个人,你怎么处理。

五、实训结果

学生在互相练习接听拨打电话的过程中,逐步掌握接听拨打电话的礼仪和技巧,并学会熟练地填写电话记录单和电话留言单。

六、实训测评

评价关键点	评价（根据实训效果在相应的栏目内填打"×""√"）
拨打电话前做好充分准备	
问候对方并做自我介绍	
确认对方的身份	
电话铃响2~3声后拿起话筒	
接听电话态度良好	
边对话,边记录	
重复重要的电话内容	
通话结束后,等对方挂断电话,才轻轻地放下电话	
记录需要向上司请示的电话内容并及时报给上司	
能够替上司合理地挡驾	
冷静处理投诉电话、无聊的电话、无礼的电话、打错的电话	
自报公司名称和本人身份	
在对方要找的人不在的情况下,留下必要的对方的必要信息	
通话中微笑交谈,注意谈话语调、音量和语速	
礼貌道别并挂断电话	

实训任务二

天津某科技园区举行一次招商洽谈会,假如你是主办方的工作人员,要向全国各地的投资商发出邀请函,撰写邀请函,注意邀请函与传真书写的格式规范,操作过程要注意使用传真机的礼仪。

实训任务三

王斌和李华是天津一家电脑生产企业的业务员,出差到广州参加电子产品展销会。开幕仪式上,主办单位领导致开幕词,在会场上他们遇到了一家有合作意向的公司。次日,王斌和李华按照名片上的地址亲自到厂家登门拜访,他们出示了介绍信,可是销售经理恰巧出去办事不在,他们给销售经理留下便条。最后经过双方磋商,签订了第一批采购合同。广州厂商为了庆祝两家企业初次合作,在一家大酒店设宴款待他们。席间,东道主销售部孙经理发表了祝酒词,随后王斌和李华也表达了谢意。后来,广州这家企业又邀请他们游览了广州的风景名胜,临行时,由于太匆忙,他们把一些重要文件遗忘在了宾馆。后来宾馆的服务员经过多方联系,用快递将文件递送到了他们所在的公司。王斌和李华所在企业撰写致谢信表达感激之情。

实训任务与要求:

根据所给的案例,分写撰写商务文书,包括开幕词、便条、祝酒词、答谢词、感谢信。要求符合写作规范和礼仪、语言简练。

第十一章 涉外商务礼仪

> **学习目标**
>
> 通过本章的学习，熟悉涉外商务接待活动，着重掌握接待过程中的礼仪；了解部分国家的商务礼仪；熟悉进行涉外商务出国访问期间拜访客户需要注意的礼节。

第一节 部分国家的商务礼仪

随着国际商务交往的日益频繁，充分了解各国的商务礼仪会对商务工作大有裨益。

一、亚洲主要国家的商务礼仪

（一）韩国的商务礼仪

韩国是一个很注重礼节的国家，韩国人讲究长幼有序和礼貌谦让。

韩国商人重视初次见面时的印象。与韩国商人首次会面时要穿正装。会面时韩国商人习惯握手，也会轻微鞠躬。韩国人的姓名通常有三个字，姓在前、名在后，可称其姓，但千万不可直呼其名。韩国有一半以上的人姓"金""李""朴"这3个姓，因此称呼其头衔是区分他们的一个好办法。

韩国人用餐时不可边吃边谈，用餐时不能随便出声，对这一餐桌的礼节如不遵守极可能引起反感而影响到谈判的成功。

进入韩国人的住宅或韩式饭店时，不要将室外穿的鞋穿到屋里去，要换备用的拖鞋。如应邀作客，要准备一束鲜花或小礼物给主人，并以双手奉上。

韩国商人与不了解的人士交往时常需要一位双方都尊敬的第三者做介绍，否则不容易得到对方的信赖。

韩国商人不喜欢直接说或听到"不"字，所以常用"是"字来表达否定的意思。韩国人忌讳"4"这个数字。与韩国商人相处时要避谈政治话题，可以多说其文化艺术的优秀可敬之处。

与韩国商人进行商务谈判时需要耐心，他们的谈判过程比较冗长，即使感觉十拿九稳的生意也不可在谈判中过于急促，鲁莽的直率会引起不快。按照习惯，首次见面的目的在于互相认识，建立信任感而不是确定交易。

到韩国商人的公司拜会，必须事先预约，会谈的时间最好安排在上午 10 时到 11 时，下午 2 时到 3 时。韩国商人喜欢单独见面。如果是集体见面，则我方商务高级成员应先进去，然后按级别进去，韩方人员可能已按级别高低列队迎候。

赠送礼品在与韩国人交往中占有重要地位。韩国人收送礼品都很有讲究，他们一般不能以钱作为礼品，这样很可能会冒犯对方。最适合的包装纸颜色是红色，礼品避免包装成三角形状，因为三角形带有不好的含义。

（二）日本的商务礼仪

日本人具有典型的东方风格，他们一般比较慎重、耐心而有韧性，有信心、事业心和进取心都比较突出。

日本人很注重礼仪和身份。与日本的商务人员打交道，要注意服饰、言谈、举止的风度。日本人在交谈中会极力回避否定语，因此，"晦"变成为日本人的口头禅。其实，这种语意只在表明他在倾听你的意见，没有其他的意思。

日方要求对方派出的商务活动人员（主要负责人）在年龄和职务上要与其基本一致。在日方看来，如果他们派出一位职务较高、年龄也较大的人员，而对方派出的是年轻人，则认为对方没有诚意或认为对方不太重视本次商务活动。

日本人有"当日事，当日毕"的习惯，生活节奏快，时间观念强，约定的时间一般都严格遵守，不会无故失约和延误。

日本商人在商谈中一般不正面或很少直截了当地回答问题，常使对方产生模棱两可的印象，甚至误会。

日本商人注重和谐的人际关系。他们很注意商务活动中的人际关系，参加日本商人的交易谈判就像参加文化交流会，如果有人开门见山直接进入商务问题而不愿展开人际交往，其很可能会处处碰壁，欲速则不达。

日本商人寸利必争，善于讨价还价。日本商人精于讨价还价，并且笑容可掬，有地位的日本商人十分注重谈话方式，以表现文化修养。日本人认为奇数表示吉祥，但也忌用"9"，他们不太喜欢偶数，尤其是偶数中的"4"忌用。此外"13""14""19""24""42"等数字也在忌讳之列。日本人还忌讳三人合影。

日本人没有相互敬烟的习惯。与日本人喝酒，不宜劝导他们开怀畅饮。日本人接待客人不是在办公室，而是在会议室、接待室。他们不会轻易让人进入机要部门。

送礼是日本人交际中的一项重要内容，即使是小小的纪念品，他们也会铭记于心，因为它不但表明诚意，而且也表明彼此交往已经超越商务界限。日本人不喜欢在礼品包装上

第十一章 涉外商务礼仪

系蝴蝶结,用红色的彩带包装礼品象征身体健康。不要给日本人送动物形象的礼品。

日本人对待名片较严肃。赠送或接受名片要用两只手,仔细地看上名片四五秒钟,庄重地把它放在会议桌上,然后过会儿虔诚地把它放进一个皮革(而不是塑料)制名片夹里。

二、欧洲主要国家商务礼仪

(一) 德国的商务礼仪

对工作严肃认真、一丝不苟是德国人的一大特点。他们在社交场合举止庄重,讲究风度。这不光体现在穿着打扮上,也体现在言语举止上。与德国人相处,你几乎看不到他们皱眉头等漫不经心的动作,因为这些举动在他们看来是对客人的不尊重,是缺乏教养的表现。

德国商人十分注重生意,讲究效益,按部就班,不太愿意冒风险。在他们看来,没有必要在谈判前就培养亲密的个人关系,友好的关系通常是在双方谈生意期间建立起来的。他们精于讨价还价,有时与德国人交谈,对方说话的声音会越来越响,或对一个争端性的问题毫无隐晦地发表见解甚至辩论,而且态度明确,一般强调自己方案的可行性,不大愿意向对手做较大让步,有时显得十分固执,没有讨价还价的余地。德国人办事谨慎而追求完美,在商谈时会将所有的细节完全研讨过,并完全确认感到满意之后才会签约。

时间观念强是德国人的又一大特点。一旦与德国人约定时间,就宜按时到达,因为在他们的眼中,迟到或过早抵达都是不懂礼貌的表现。所以,在商务谈判中,宜先熟悉问题,然后单刀直入。他们视浪费为"罪恶",讨厌浪费的人,一般人都没有奢侈的习惯。

德国人比较注重礼节形式,他们在待人接物上所表现出来的独特风格往往会给人以深刻的印象。

随着国际交往频繁,在德国社交场合与客人见面时一般行握手礼。与德国人握手时必须注意两个方面:一是握手要用右手,伸手动作要大方,且握手时务必要坦然地注视着对方;二是握手的时间宜稍长一些、晃动的次数宜稍多一些,握手时所用的力度宜稍大一些。

德国人重视称呼。一般情况下,切勿直呼德国人的名字,仅称其姓大都可行,或用"先生""女士"等称呼对方。在与客人打交道时,他们更乐于对方称呼他们的头衔,但他们并不喜欢听恭维话。与德国人交谈,切勿疏忽对"您"与"你"这两种人称代词的使用。称"您"表示尊重,称"你"则表示地位平等、关系密切。对德国人称呼不当,通常会令对方大为不快。与德国人交谈时,尽量用德语,或携带翻译同往。尽管大多数的德国商人会说一些英语,但使用德语会令对方高兴。

应邀到德国人家里做客最好带点礼品。按照德国送礼的习俗,送高质量的物品,即使礼物很小,对方也会喜欢。在德国不兴厚礼,可以送那些从中国国内带来的特产,如茶叶、酒、小吃,也可以送上一本画册或一幅中国国画或书法作品。德国人对礼品的包装纸特别讲究，忌用白色、黑色或咖啡色的包装纸，更不要使用彩带系扎礼品。去德国人家里，鲜花是送给女主人的最好礼物，但必须要单数，一般5朵或7朵即可，但不宜选择玫瑰或蔷薇，因为前者表示求爱，后者则专用于悼亡。

德国人一般不会约在晚上与客人见面，因为在他们看来，晚上是家人团聚的时间。在德国，人们忌讳"13"这个数字，要是13日碰巧又是个星期五，人们会特别的小心谨慎。

德国商人大多会把决定性的谈判内容安排在约定的会谈时间内完成，而不是推到吃饭时接着谈。在德国，通常谁提出邀请，就由谁支付餐费。如想邀请德国商业伙伴到中国，一定要明确表达负担哪些费用，否则对方会误解成你也同时负担他来华旅费和住宿费用。

（二）俄罗斯的商务礼仪

俄罗斯人很注重服饰，外出时不扣好扣子或者将外衣搭在肩上会被认为不文明的表现。俄罗斯公共场所都设有衣帽间，进门后必须把大衣、帽子、围巾存放到衣帽间，否则将被视为无礼。

俄罗斯人的姓名，通常由本名、父名、姓氏三节构成。别人介绍的时候，会在名字的第二个字之前而不是第一个字之前加上头衔。以后，你可以用名字的第一个字加上父姓来称呼，但是要等到你的谈判对象暗示你可以的时候再用。

在社交场合，一般以握手礼最为普遍。握手时应脱掉手套，站直或上体微前倾，保持一步左右的距离。若是许多人同时互相握手，切忌形成十字交叉形。亲吻也是俄罗斯人常用的重要礼节。在比较隆重的场合，男人要弯腰亲吻女子的右手背。

俄罗斯商人一般在初次见面时不轻易交换名片。进入客户会客室后，要等对方招呼才能入座。吸烟应看当时的环境并征得主人的同意才行，若是主人主动敬烟则另当别论。

在商务谈判上，俄罗斯商人固守传统，缺乏灵活性。在进行正式洽商时，他们喜欢按计划办事，如果对方的让步与他们原来的具体目标相吻合，容易达成协议；如果有差距，他们让步特别困难。他们特别重视谈判项目中的技术内容和索赔条款。在谈判中要配置技术方面的专家。同时要十分注意合同用语的使用，语言要精确，不能随便承诺某些不能做到的条件。对合同中的索赔条款也要十分慎重。

在通常情况下，俄罗斯人在寒暄、交谈时，对人的外表、装束、身段和风度都可以夸奖，面对人的身体状况不能恭维，这习惯正好与中国人不同。在俄罗斯，几乎听不到诸如"你身体真好""你真健康、不生毛病"这些恭维话。因为在俄罗斯人的习惯中，这类话是不准说的，人们觉得说了就会产生相反的效果。

与许多西方国家的公民一样，俄罗斯人不喜欢"13"这个数字。俄罗斯人也不喜欢"666"这个数字，认为它是魔鬼。俄罗斯人喜欢"7"这个数字，在俄语里，"7"经常被用来形容好的事情。

第十一章 涉外商务礼仪

应邀去俄罗斯人家里作客时可带上鲜花或烈性酒，送艺术品或图书作礼品是受欢迎的。每年的4—6月是俄罗斯人的度假季节，不宜进行商务活动。同时商务活动还应当尽量避开节假日。

（三）法国的商务礼仪

法国人初次见面时一般不需送礼，第二次见面则必须要送礼物，否则会被人认为是失礼的。在法国从事商务活动宜穿保守样式西装。访问前，绝对要预约。客人在拜访或参加晚宴时，要送鲜花给主人，送花要送单数，但不可以送不吉利的"13"。

法国商人在谈了一半的时候就会在合同上签字，但也许明天又要求修改。这一点令对手觉得头疼。在尚未成为朋友之前，法国人不会跟你成交大宗买卖的。

法国商人在公务之余的交际几乎不会有在晚上被邀或邀请对方在外面举行宴会的。家庭宴会是最隆重的款待，但无论是家庭宴会或午餐招待，都不会被看成是交易的延伸。因此当我方要招待时，如果被对方发现有利用交际而促使商谈能够顺利进行的意图的话，他们马上会断然拒绝。

当你和法国商人谈判时，即使他们的英语讲得很好，他们也会要求用法语进行谈判。在这点上他们很少会让步。除非他们恰好在国外而且在生意上对你有所求。

在正式宴会上，往往有一种习俗就是主客身份越高，他或她就来得越迟。因此，如果有人邀请你出席有公司总经理参加的宴会，你可以预见他肯定会晚到，并且宴会总要推迟半小时。但是你必须严守时间，迟到将不会被原谅。

法国人的穿着极为讲究，在会谈时尽可能穿上高档次的品牌服装。

每年的8月份大多数法国人都要度假，所以洽谈生意或者出国访问尽量避开这个时期。

法国人忌讳黄色的花，认为这是不忠诚的表现；忌送香水等化妆品给法国女士，因为它有过分亲热或图谋不轨之嫌。法国人喜欢有文化修养和美学素养的礼品，如唱片、艺术画册等。他们非常喜欢名人传记、历史书籍、回忆录等礼品。

（四）英国的商务礼仪

英国人崇尚"绅士风度"和"淑女风范"，讲究"女士优先"。英国商人会在开始时保持一段距离，然后才慢慢接近，这种人际关系的建立并非出于慎重，而是因为怕羞。但是，在遇到决策时，他们也会毫不犹豫地做出决定；遇到有纠纷时，他们也不会轻易地道歉，他们自信自己的所作所为是完美的。

英国人在与客人初次见面时的礼节是握手礼，不像东欧人那样常常拥抱。随便拍打客人被认为是非礼的行为，即使在公务完结之后也如此。

英国人衣着讲究，好讲派头，出席宴会或晚会时习惯穿黑色礼服，衣裤须烫得笔挺。

与英国人交往要尽量避免感情外露。受到款待一定要致谢,事后致函表示谢意,更能引起注意,赠送小礼品能增加友谊。

在英国经商,必须遵守信用,答应过的事情必须全力以赴不折不扣地完成。谈生意时态度须保守、谨慎。初次见面或在特殊场合,或者是表示赞同与祝贺时才相互握手。在英国,不流行邀对方吃早餐谈生意。一般说来,他们的午餐比较简单,对晚餐比较重视,视晚餐为正餐。

若请你到英国人家里作客,需要注意,如果是一种社交场合,不是公事,早到是不礼貌的,女主人要为你做准备,你去早了,她还没有准备好,会使她难堪。最好是晚到10分钟。在接受礼品方面,英国人和我国的习惯有很大的不同。他们常常当着客人的面打开礼品,无论礼品的价值如何,或是否有用,主人都会给以热情的赞扬表示谢意。

在商务交往中,英国商人重交情,不刻意追求物质,一副大家的作风。对于商务谈判,他们往往不做充分的准备,细节之处不加注意,显得有些松松垮垮。但英国商人很和善、友好、易于相处。因此,遇到问题也易于解决。英国商人好交际、善应变,有很好的灵活性,对建设性的意见反映积极。

到英国从事商务活动要避开7月和8月,这段时间工商界人员多休假。另外,在圣诞节、复活节也不宜开展商务活动。

英国人非常忌讳"13"这个数字,认为这是个不吉祥的数字。日常生活中英国人尽量避免"13"这个数字,用餐时,不准13人同桌,如果13日又是星期五的话,则认为这是双倍的不吉利。在英国不能手背朝外,用手指表示"二",这种"V"形手势是蔑视别人的一种敌意做法。

三、美洲主要国家商务礼仪

(一)美国的商务礼仪

美国人性格外向、热情直爽、不拘礼节、追求实际,他们在礼仪中存在着许多与众不同之处。

美国商人喜欢表现自己的不正式、随和与幽默感。经常说几句笑话的人往往易为对方接受。美国商界流行早餐与午餐约会谈判。当你答应参加对方举办的宴会时,一定要准时赴宴,如果因特殊情况不能准时赴约,一定要打电话通知主人,并说明理由,或者告诉主人你什么时间可以去。赴宴时,当女士步入客厅时,男士应该站起来,直到女士找到了位子你才可坐下。美国社会有付小费的习惯,凡是服务性项目均需付小费。

应邀去美国人家中作客或参加宴会,最好给主人带上一些小礼品,如化妆品、儿童玩具、本国特产或烟酒之类。美国人不太计较礼物的贵重,但却很讲究包装。给美国人送礼

第十一章　涉外商务礼仪

时，不要送双数，他们认为单数是吉祥的。除节假日外，应邀到美国人家中作客甚至吃饭一般不必送礼。对家中的摆设，主人喜欢听赞赏的语言，而不愿听到询问价格的话。

美国人不重视"地位"，尤其是社会地位。大多数美国人都不愿意自己因年龄或社会地位的关系而特别受人尊敬，这样会令他们觉得不自在。许多美国人甚至觉得"先生""太太""小姐"的称呼太客套了。不论年龄，大家都喜欢直呼其名。

美国人做生意喜欢开门见山、明确答复。当无法接受美国商人提出的条款时，要坦白相告，不要含糊其辞。谈判时，不要指名批评某人或者贬低处于竞争关系的企业的缺点。

美国人忌讳"13""3""星期五"。认为这些数字和日期都是厄运和灾难的象征。他们还忌讳有人在自己的面前挖耳朵、抠鼻孔、打喷嚏、伸懒腰、咳嗽等，他们认为这些都是不文明的，是缺乏礼教的行为。若喷嚏、咳嗽实在不能控制，则应避开客人，用手帕掩嘴，尽量少发出声响，并要及时向在场的人表示歉意。

（二）加拿大的商务礼仪

加拿大是世界上驰名的"枫叶之国"。加拿大人的生活习性包含着英、法、美三国人的综合特点。加拿大人性格乐观、友善和气、喜欢说笑，被喻为是世界上"永不发怒的人"。

在加拿大从事商务活动，首次见面一般要先作自我介绍，在口头介绍的同时递上名片。加拿大人喜欢别人赞美他的衣服或是向他请教一些加拿大的风俗习惯及旅游胜地。在商务谈判中，要集中精力，不要心不在焉。在正式谈判场合，衣着要整齐庄重。加拿大人有较强的时间观念，他们会在事前通知你参加活动的时间。

加拿大商人崇尚办事立竿见影。与加拿大商人谈判时，切忌绕圈子、讲套话。谈话时，切忌把加拿大和美国进行比较，尤其是拿美国的优越方面与他们相比。切忌询问加拿大客户的政治倾向、工资待遇、年龄以及买东西的价钱等诸如此类的事情，他们认为这些都属于个人的私事。切忌对加拿大客户说"你长胖了""你长得胖"，由于加拿大商人没闲心锻炼身体所以偏胖，因而说上面那样的话他们会认为带有贬义。

按照加拿大的商务礼俗，宜穿保守式样西装。一般而言，加拿大商人颇保守，大部分招待会在饭店和俱乐部举行。如果应邀去加拿大人家里做客，可以事先送去或随身携带上一束鲜花给女主人。但不要送白色的百合花，在加拿大，白色的百合花只有在葬礼上才用。

邀请加拿大商人赴宴，切忌请他们吃虾酱、鱼露、腐乳和臭豆腐等有怪味、腥味的食物；忌食动物内脏和脚爪。切忌在自己的餐盘里剩食物，他们认为这是一种不礼貌的行为。

在与加拿大商人交往时，应注意送的礼品不可太贵重，否则会被误认为贿赂对方。切忌送带有本企业广告标志的物品，他们会误认为这不是通过送物品表达友谊，而是在做广告。

出席商务性宴会，如果对方请柬上注明"请勿送礼"，那你应遵照主人的意见，不要携带礼品出席宴会。

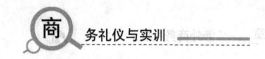

典型案例（一）

中国一家拥有职工约6000人的大型国有企业，为了避免濒临破产的局面，想寻找一家资金雄厚的企业做合作伙伴。经过多方努力，这家企业终于找到了一家具有国际声望的日本大公司，经过双方长时间艰苦地讨价还价，终于可以草签合约了，全厂职工为之欢欣鼓舞。本以为大功告成的中方人员，没想到在第二天的签字仪式中，公司领导因官僚作风，到达签字地点的时间比双方正式的约定晚了10分钟。待他们走进签字大厅时，日方人员早已排成一行，正恭候他们的到来。中方领导请日方人员坐上签字台，日方的全体人员却整整齐齐、规规矩矩地向他们鞠了一个大躬，随后便集体退出了签字厅，中方领导莫名其妙，因为迟到10分钟对他们来讲实在不算什么。事后，日方递交中方一份正式的信函，其中写到："我们绝不会为自己寻找一个没有任何时间观念的生意伙伴。不遵守约定的人，永远都不值得信赖。"无疑，双方的合作搁浅了，中方为了自己迟到的10分钟付出了沉重的代价。

第二节 出国访问礼仪

在涉外交往中，相互拜访是一种常见的形式。在拜访时，尤其是在进行正式拜访时，必须恪守一系列完备的礼仪规范。

一、出访原则

出访原则主要是指有关正式出国访问时，特别是在进行具体的准备工作时，所应遵守的惯例和规定。进行出国访问时，必须做好下列八项工作：

（一）确定出访国与出访日期

在国际交往中，重要的出访活动，按惯例均须由相关双方通过外交渠道商定。在一般情况下，出访的具体日期最好应当避开东道主一方重要的节假日与重要的活动时间。

（二）经过报批并通报给东道主

目前，在我国凡正式因公组团出国访问，必须依照有关方面的规定，报请上级主管部门审核、批准。在正式出访之前，还需要以传真或电子函件的形式，将我方的出访通报给东道主。其内容应当包括：访问的性质与目的，访问的日期与停留天数，抵离目的地的航班或车次，全部出访者的名单。按照国际惯例，出访者的正式名单，必须按礼宾序列进行排定。

第十一章 涉外商务礼仪

（三）办妥护照与签证

护照是一国公民出入本国国境和在境外进行旅行时必须持有的国籍证明和合法身份证件。在领取护照后，要认真查验其有无差错。在使用期间，要注意其有效期，并严防丢失。签证指的是一个主权国家的主管部门，为同意持有合法护照的外国人出入或过境本国领土而正式颁发的签注式证明。当前，世界各国的签证主要分为礼遇签证、外交签证、公务签证、普通签证等四种。有些国家之间，根据外交协定，还可按照护照的不同种类而免予办理签证。除互免签证的国家外，出国访问者在办理护照后，只有获得了前往国的签证方可成行。在办理签证时，要提交必要的文件、资料，必要时，还须交纳一定数额的"签证费"。

（四）制定具体而详尽的访问日程

按照常规，出访者在访问国进行访问的日程应由宾主双方经过协商之后，由东道主根据来访者的意愿制定。其内容大致应当包括：举行迎送仪式，安排宴会，进行会见、会谈，出席签字仪式，外出观光游览，召开记者招待会，举办晚会等。在一般情况下，出访之前，出访者可就某些重要的访问日程提出自己的建议或要求。

（五）确定出访时乘坐的交通工具

在国际交往中，出访时来回乘坐的交通工具均应由出访者自行负责解决。在具体确定选择何种交通工具时，最重要的是要安全、省时、经济，并且选择合理而方便的具体时间、地点与路线。在一般情况下，要尽量避免在晚间，特别是后半夜抵达目的地，以乘坐直达目的地的交通工具为佳。

（六）准备必要的卫生检疫证明

出访人员在出国之前，除了要按规定注射疫苗、携带预防药品之外，还应办理《健康证明书》《预防接种证明书》《艾滋病检验证明书》，并且随身携带，以备入境他国时查验之用。

（七）认真做好安全保密工作

通常，出访期间，特别是重要代表团出访期间，有关其安全、保卫方面的一切事项均由东道国方面全权负责。出访者所要注意的主要是在这一方面给予东道国有关人员以协助、配合。在国外期间，尽量不要个人单独行动，尤其是不要前往不安全区域活动或是夜晚外出活动。还需要注意的是，在出访期间，应对保密问题给予高度重视，严防泄密。在一般情况下，出访时不准私自携带涉密的文件、资料以及一切与此相关的笔记、图表、录音、录像、软件。确有必要携带时，应经本单位或上级有关领导批准，并妥为保管。在一切可能泄密的场所,如饭店、商店、餐馆、酒吧、机场、车站以及交通工具之上,切勿阅读涉密文件,或谈论涉密事宜。在使用公用通信工具时,亦应注意此点,严防他人窃密。

(八)充分了解出访国的风土人情与主要交往对象的个人状况

在出国访问前,应集中一段时间专门系统而认真地学习有关出访国的国情、习俗等方面的知识。对于主要交往单位及其个人的状况,亦应有一定程度的掌握。

二、仪表与着装的礼仪

首先要适时理发,梳理整齐。如出国访问时间较长,除出访前应理发外,任何男士都不得留长发、蓄胡须,女士也应注意不做奇形怪状的发型或留长指甲,不盲目追求所谓的时髦。

参加商务活动前,不要吃葱、蒜、韭菜等有异味的食品,必要时可以嚼口香糖或含茶叶,以除去臭味。有病的人员不要参加涉外活动,如感冒、外露皮肤病等,以免令人反感。

在正式场合,忌讳挖眼屎、擤鼻涕、抠鼻孔、挖耳秽、剔牙齿、剪指甲等不卫生的动作。患有传染病的人严忌参加外事活动。

在对外交往中,不能仅凭个人爱好着装。从原则上说,参加正式、隆重、严肃的活动,多着深色、上下同色、同质的毛料服装,配黑色皮鞋和颜色相宜的袜子。对于男士在正式场合的着装,有必须遵守"三色原则"的要求。所谓"三色原则",是指全身上下的衣着应当保持在3种色彩之内。对于女士在正式场合的着装的评价,人们往往关注于一个细节,即她是否了解不应该使自己的袜口暴露在外。不仅在站立之时袜口外露不合适,就是在行走或就座时袜口外露也不合适。穿裙装的女士最好穿连裤袜或长筒袜。在国外的社交场合,涉外人员的着装应当重点突出"时尚个性"的风格。既不必过于保守从众,也不宜过分地随便邋遢。目前的做法是,在需要穿着礼服的场合,男士穿着黑色的中山套装或西装套装,女士则穿着单色的旗袍或下摆长于膝部的连衣裙。在休闲场合,涉外人员的着装应当重点突出"舒适自然"的风格,着装颜色不限,深浅均可。参观游览活动一般可以着便装,了解参观游览活动安排,在两场正式活动之间,则需要正规着装。

三、住宿的礼仪

出国进行商务活动都会住宿在宾馆、饭店之内。在国外住宿应该注意以下事项:

(一)要讲究礼貌

在宾馆里,碰到了其他人,无论与自己是否相识,均应当主动向对方打招呼。在通过走廊、出入电梯或是接受饭店里所提供的各项服务时,要懂得礼让他人。在国外许多国家,住宿宾馆时,对提供了服务的客房服务生、行李员、餐厅侍者都要支付一定数目的小费。

大型代表团如住在旅馆里,亦可按当地习惯给小费。如住在国家宾馆,接待人员不肯收小费,则可酌情赠送小纪念品。

(二) 要保持肃静

宾馆是专供住宿者进行休息的场所,保持肃静被视为宾馆的基本规定。在宾馆内的公共场所,会见客人、用餐或个人休息时,一定要注意尽可能降低说话音量,走路要轻。进入客房,要轻关房门,并将房门关闭,以防自己活动的声音影响他人。

(三) 要注意卫生

在宾馆客房内最好不要吸烟,以免影响室内空气质量。不要随地吐痰或者将废弃物扔到地上或窗外,更不要乱涂乱画。不要在客房内洗涤、晾晒衣物,可以把换洗的衣服放入衣柜内的洗衣袋中,并填写洗衣单,把单子也放入袋中,然后再打电话送洗。在国外,许多宾馆的卫生间并不提供免费的盥洗用具,如牙刷、牙膏、洗发液等,这些都要自备。

(四) 要严守规定

在国外的饭店,尤其是星级宾馆,通常有以下规定:第一,除了一家人外,不允许两名已经成年的同性共居于一室;第二,不允许住客在自己所住宿的客房内留宿其他的外来人;第三,住客会见来访人士,特别是异性来访者一般应在宾馆设有的咖啡厅或者会议室内进行。欧美的一些酒店浴室内还设有一根绳子,可千万别乱拉,因为那是为防止心脏病人突然发病时的报警装置。

(五) 要注意仪表

若在旅馆房间内接待临时来访的外宾时,如来不及更衣,应请客人稍坐,立即换装,不得光脚,着拖鞋、睡衣、短裤接待来客。住客不可身着内衣、睡裙、背心等在宾馆内公共场所活动。

四、饮食的礼仪

在国外,去饭店吃饭一般都需事先预约。预约饭店时有几点要特别注意说清楚。首先,要说明就餐的人数与时间;其次,要表明是否要吸烟区或者视野良好的座位,在预订的时间到达是最基本的礼貌。还有再昂贵的休闲服也不能随意穿着上餐厅,吃饭时得体的穿着是欧美人的常识。去高档的餐厅就餐,男士要穿着整洁,女士要穿套装和有跟的鞋子。如果指定穿正式的服装的话,男士则必须打领带,进入餐厅的时候,男士应先开门,请女士进入,同时应请女士走在前面。入座、餐点端来时,都应让女士优先。特别是在团体活动时,更别忘了让女士们走在前面。

进门时，先把大衣以及帽子、雨伞等寄存衣帽间；进门后由领座员引导入座。服务员一般会先请客人点饮料，然后摆上菜单供客人选菜。点菜与上菜的顺序大致为：冷菜、主菜、奶酪（配以面包、黄油）、葡萄酒、甜食或水果，最后喝咖啡或茶。点完菜后，服务员会先将餐具摆上。有些中国人习惯用餐前用餐巾把餐具擦一下。这在外国是十分忌讳的，表示顾客对餐馆的卫生不满意。服务员若是看到这种情况会马上换一套新的。因此，应注意不要这样做。万一发现某一餐具不干净，可直接找服务员说明，请其调换。

吃西餐时，如果吃不完已盛到自己盘内的食物是很不礼貌的。在进餐中途暂时离开座位时，餐巾应放在椅子上，如果放在桌子上，会被误以为已用完餐。欧美餐厅算账大都在座位上付钱，如果用餐者发现账单上不含服务费，那么就应付总额10%~15%的小费。不过，有些没有写明"服务费"的账单上会写着"OK"，表示不需付小费。你如果希望饭店送食物进客房，可要求"房间服务"，不过这比在餐厅吃要贵15%左右，而且小费要付现金，约为餐费的20%。

五、出行的礼仪

（一）步行礼仪

国外步行的礼仪遵循"女士优先"。在升降梯上应把左侧让给有急事的人。路遇熟人时，忌在路中央交谈或在路旁久谈。与女子路谈，应边走边谈，忌在路边立谈。不要在马路、走廊上数人并排行走。开闭门时，如后面还有人，应按住门等候。勿随便露出令人误解的微笑。勿牵手或钩肩搭背行走。注意遵守交通法规，不要任意闯红灯，要走人行横道。很多国家规定，只要有人踩上斑马线，汽车必须停下来让行人先走。就行进方向而言，目前主要存在两种模式：一种是"右侧通行"，如俄罗斯、法国、德国、中国、美国、巴西等国家；另一种是"左侧通行"，主要是日本、英国以及英联邦国家和地区。

（二）乘车礼仪

轿车座次安排通常有以下几种情况：

第一种，双排座、三排座的小型轿车。基本座次原则为"由前而后，自右而左"。但具体安排根据驾驶员的身份不同而具体分为两种情况。

如果由主人亲自驾驶，前排为上，后排为下，以右为尊。双排五座轿车上其他的四个座位的座次，由尊而卑依次应为：副驾驶座，后排右座，后排左座，后排中座；三排七座轿车上其他六个座位的座次，由尊而卑依次应为：副驾驶座，后排右座，后排左座，后排中座，中排右座，中排左座（参见图11-1）。

第十一章 涉外商务礼仪

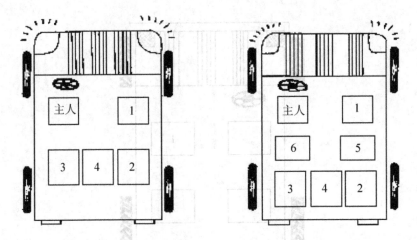

图 11-1　主人亲自驾驶的双排座、三排座的小型轿车座次安排

如果由专职司机驾驶，通常后排为上，前排为下，以右为尊（参见图 11-2）。

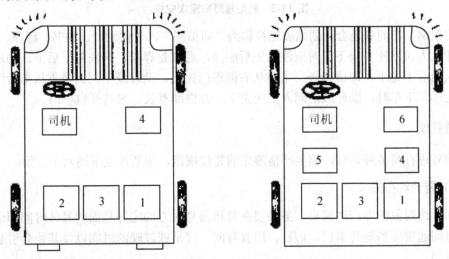

图 11-2　专职司机驾驶的双排座、三排座的小型轿车座次安排

第二种，轻型越野车，简称吉普车。不管由谁驾驶，其座次尊卑依次为：副驾驶座，后排右座，后排左座（参见图 11-3）。

第三种，多排座的中型轿车或大型轿车。无论由何人驾驶，通常应以距离前门的远近来确定座次，离前门越近，座次越高。驾驶员身后的第一排为尊，其他座位以前排为上，后排为下，右高左低。

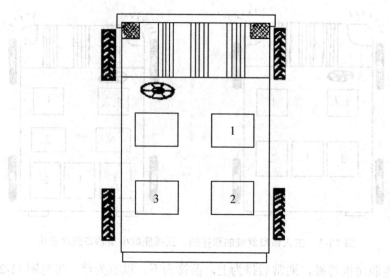

图 11-3　轻型越野车座次安排

按照惯例,在商务场合,副驾驶座被称为"随员座",专供助理、秘书、翻译、警卫、陪同等随从人员就座。上下车时应注意先后顺序,通常是尊长、来宾先上后下,助理或其他陪同人员后上先下。即请尊长、来宾从右侧车门先上,助理或陪同人员再从车后绕到左侧车门上车。下车时,助理或陪同人员应先下,并协助尊长、来宾开启车门。

六、拜访礼仪

在国外进行商务拜访时,需要严格遵守的礼仪规范,主要涉及下述六个方面:

（一）要有约在先

受到拜访对象的专门邀请后,务必要在拜访前与对方约定好见面的具体时间和地点。约定的时间通常应当避开节日、假日、用餐时间、过早或过晚的时间以及其他会引起对方不便的时间。

（二）要守时践约

进行涉外拜访时之所以要守时践约,不只是为了讲究个人信用,提高办事效率,而且也是对交往对象尊重友好的重要表现。

要做到守时践约,既不可迟到或失约,也不必早到。万一因故不能准时抵达,务必要及时通知拜访对象,以免对方久候。必要的话还可将拜访另行改期。在这种情况下,一定要记住向对方郑重地道歉,应该杜绝出现失约不到的情况。有些外国人喜欢选择酒吧、餐

第十一章 涉外商务礼仪

馆、咖啡厅或饭店的前厅作为会客地点。倘若对此处的环境、路线不太熟悉，则不妨提前5分钟抵达，确认地点无误后，先在附近小候片刻，然后准时赴约。

（三）要进行通报

进行拜访时，倘若抵达约定地点之后，未与拜访对象直接见面，或是对方没有派人员在此迎候，则在进入对方的办公室或私人居所的正门之前有必要先向对方进行一下通报。

具体而言，前往大型的企业拜访他人，尤其是拜访职高位显的重要人士时，应首先前往接待处，向接待人员进行通报。或者先行前往秘书室，由秘书代为安排、通报。

前往饭店、宾馆拜访他人时，通常情况下，首先应当在拜访对象下榻的饭店、宾馆的前厅里打一个电话给对方，由对方决定双方见面的具体地点，切勿直奔对方的客房而去。

前往私人居所或普通人的办公室进行拜访时，要首先轻叩一两下房门，或是轻按一两下门铃，得到主人的允许后再推门而入。叩门或按门铃时要保持耐心，不要再三再四，或者二者并用。为安装起见，国外的有些私人居所的门上装有监视器、对讲机或门镜。在此处登门拜访时不要胡闹或者吓唬主人。

（四）要登门有礼

登门拜访外国友人时，不论与对方是深交还是初识，均应遵守以下基本的礼节，切忌不拘小节、失礼失仪。

首先，当主人开门迎客时，务必要主动向对方问好，并且要与对方互行见面礼节。倘若主人一方早已在门口恭候，并且不止一人时，则对对方的问候与行礼必须在先后顺序上合乎礼仪惯例。标准的做法如下：

第一，是先尊后卑。即先向地位、身份高者问候、行礼，后向地位、身份低者问候、行礼。

第二，是由近而远。即先向距离自己最近者问候、行礼，然后依次而行，最后再向距离自己最远者问候、行礼。

然后，应在主人的引导之下进入指定的房间，并且在指定的座位上就座。在就座之时，要与主人同时入座，不要抢先就座。

进入外国友人的办公室或私人居所后，按照惯例应当将自己身上的帽子、墨镜、手套和外套脱下来，以示对对方的敬意。

（五）要举止大方

在拜访外国友人时，在其办公室或私人居所内进行停留时要注意自尊自爱，并且时刻以礼待人。

与主人或其家人进行交谈时，要慎选话题。特别重要的是，不要跟对方开玩笑，出言无忌。与异性交谈时，更要讲究分寸。不要有意回避其他的人，或是故意压低声音。

对于在主人家里所遇到的其他客人，不管对方来得比自己早，还是到的比自己晚，都要表示尊重、友好相待。不要在有意无意之间冷落对方，更不要对对方视若不见、置之不理。

在主人家里，不要随意脱衣、脱鞋、脱袜，也不要大手大脚，动作嚣张而放肆。未经主人的允许，不要自作主张地在主人家中四处乱闯，尤其是不应当进入其卧室。随意乱翻、乱动、乱拿主人家中的物品，也是严重的不合乎礼仪规范的行为。

（六）要适时而止

在拜访他人时，尤其是进行较为正式的拜访，要注意在对方的办公室或私人居所里进行停留的时间的长度。

具体来讲，若宾主双方事先并未议定拜访的时间长度，则拜访者应自觉把握好时间。在一般情况下，礼节性的拜访，尤其是初次登门拜访应控制在 15~30 分钟内。最长的拜访，通常也不宜超过 2 个小时。有些重要的拜访往往需由宾主双方提前议定拜访的时间长度，在这种情况下，务必要严守约定，绝不要单方面延长拜访时间。自己提出告辞时，虽主人表示挽留，仍须执意离去，但要向对方道谢，并请主人留步，不必远送。在拜访期间，若遇到其他重要的客人来访或发生重要事件，或主人一方表现出厌客之意，应当机立断地告退。

七、馈赠的礼仪

馈赠礼品对顺利开展商务活动是必要的，但是也要注意礼品的选择，以下八类物品在对外商务活动中不宜充当礼品：

第一类，一定数额的现金、有价证券。不接受现金、有价证券或实际价值超过一定金额的物品，不仅是一项常规的职业禁忌，而且被视为反腐倡廉的应有之举。

第二类，天然珠宝、贵金属饰物及其他制成品。原因与第一类相同。

第三类，药品、补品、保健品。在国外，个人的健康状况属于"绝对隐私"，将与健康状况直接挂钩的药品、补品、保健品送给外方人士，往往不会受欢迎。

第四类，广告性、宣传性物品。若将带有明显广告性、宣传性或本单位标志的物品送与对方，会被误解为有意利用对方，或借机进行政治性、商业性宣传。

第五类，冒犯受赠对象的物品。若礼品本身的品种、形状、色彩、图案、数目或其寓意冒犯了受赠者的个人、职业、民族或宗教禁忌，会使馈赠行为功亏一篑。

第十一章　涉外商务礼仪

第六类，易于引起异性误会的物品。向异性赠礼时务必要三思而后行，切勿弄巧成拙，误向对方赠送示爱之物或含有色情的礼品。

第七类，以珍稀动物或宠物为原材料制作的物品。出于维护生态环境、保护珍稀动物的考虑，在国际社会中不要赠送此类物品。

第八类，涉及国家机密、行业秘密的物品。在外事活动中，我方人员要有高度的国家安全意识与保密意识。对于外方人士，既要讲究待人以诚，又要注意防范。不可将内部文件、统计数据、情况汇总、技术图纸、生产专利等有关国家、行业的核心秘密随意送出。

八、其他需要注意的礼仪

在国外，在公共场合吸烟时要非常注意，公共场合吸烟会影响到他人，所以国外许多的公共场所都是不允许吸烟的，如博物院、医院、教堂、会议厅、体育馆、剧场、商店、公共汽车等处。一般在火车、飞机、轮船上也分设有吸烟与不吸烟的车厢与座位，并有禁止吸烟的明显标志，一般是画着一支点燃的烟，上面涂个红"X"，下面写上禁止吸烟。下面列举一些在外国公共场合吸烟应注意事项：禁止吸烟的公共场所不要吸烟；不要在有空调的房间吸烟；不要边走路边吸烟；洗手间不要吸烟；商业洽谈时，即便会客室、会议室、办公室里面有香烟和烟灰缸，但如果对方不吸烟，自己最好也不吸烟。国外特别是欧美国家一般是不敬烟的。在可以吸烟的场所，旁边如有女士，若想吸烟时应说："对不起，我可以吸烟吗？"在征得对方同意后再吸。

合影留念时，一般由主人居中，主人右侧为第一主宾的位置，左侧为第二主宾的位置，双方其他的人员相间排列，两端的位置不要留给客方。

 典型案例 11-2

> 小王刚到某公司不久，由于业绩突出，荣升为销售经理，公司派他到法国巴黎的一个公司洽谈一个合作项目。刚抵达法国巴黎的那天下午，小王邀请陪同他游玩的法国生意伙伴上咖啡厅喝一杯，说好了由小王来付账单。享受完醇厚浓郁的法式咖啡，起身时小王留下了3法郎的小费，向来对数字糊里糊涂的小王一时还未弄清楚英镑与法郎的汇率，于是便向身旁的法国生意伙伴请教这点钱够不够应付小费的，对方点点头说是可以了。但当小王转身时眼角却瞥见那位陪同他的法国朋友正急忙地从口袋里又掏出来几枚硬币放在了桌子上，一时令小王颇为窘迫，很显然他不情愿当面指责小王小费给得太寒酸了。由此可见，商务人员在国外的宾馆或餐厅等场合接受别人服务需要给付小费的时候，一定要事先弄清楚小费给多少适宜，以免造成不必要的尴尬。

227

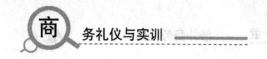

第三节 接待外宾礼仪

随着国际交往的密切，越来越多的外宾来访我国，如何迎接好外宾是一项非常重要的工作。迎宾是指在交往中，在有约在先的情况下，由主人一方出动专人前往来访者知晓的某一处所恭候对方的到来。

一、接待前的准备

在接待外宾工作之中，要进行必要的先期准备，以求有备而行。

（一）掌握基本状况

一定要充分掌握要接待对象的基本状况。来宾尤其是主宾的个人简况，如姓名、性别、年龄、籍贯、民族、单位、职务、学历、专长、著述、知名度等。必要时，还需要了解其婚姻、健康状况，以及政治倾向与宗教信仰。在了解来宾的具体人数时，不仅要求准确无误，而且应着重了解对方由何人负责、来宾之中有几对夫妇等。来宾此前有无正式来访的记录。如果来宾，尤其是主宾在此前进行过访问，则在接待规格上要注意前后协调一致。来宾如能报出自己一方的计划，如来访的目的、来访的行程、来访的要求等，在力所能及的前提之下，应当在迎宾活动之中兼顾来宾一方的特殊要求，尽可能地对对方多加照顾。

（二）制订具体计划

制订接待的具体计划可有助于使接待工作避免疏漏，更好地、按部就班地顺利进行。按照惯例，它至少要包括迎送方式、交通工具、膳宿安排、工作日程、文娱活动、游览、会谈、会见、礼品准备、经费开支以及接待、陪同人员等各项基本内容。

单就迎宾而言，接待方亦应有备在先，最为重要的有下面几项内容，即迎宾方式、迎宾人员、迎宾时间、迎宾地点及迎宾车辆等。

1. 迎宾方式

迎宾方式包括要不要搞迎宾活动，如何安排迎宾活动，怎样进行好迎宾活动。

2. 迎宾人员

一定要精心选择迎接来宾的迎宾人员，数量上要加以限制，身份上要大致相仿，职责上要划分明确。在迎宾工作中，现场操作进行得是否得当乃是关键的一环。

3. 迎宾时间

首先要预先由双方约定清楚，然后要在来宾启程前后再次予以确认，迎宾人员务必要

第十一章 涉外商务礼仪

提前到达迎宾地点。

4. 迎宾地点

（1）交通工具停靠站，如机场、码头、火车站、长途汽车站等。

（2）来宾临时下榻之处，如宾馆、饭店、旅馆、招待所等。

（3）东道主一方用以迎宾的常规场所，如广场、大厅等。

（4）东道主的办公地点门外，如政府大院门口、办公大楼门口、办公室门口、会客厅门口等。

前三类地点多用以迎接异地来访的客人。其中的广场主要用以迎接贵宾。第四类地点也就是办公地点门外，则大多用以迎接本地来访的客人。

5. 安排汽车，预订住房

如有条件，在客人到达之前将住房和乘车号码通知客人。如果做不到，可印好住房、乘车表，或打好卡片，在客人刚到达时及时地发到每个人的手中，或通过对方的联络秘书转达。这既可避免混乱，又可以使客人心中有数，主动配合。指派专人协助办理入出境手续及机票（车票、船票）和行李提取或托运手续等事宜。重要的代表团，人数众多，行李也多，应将主要客人的行李先取出，及时送往住地，以便更衣。客人抵达住处后，一般不要马上安排活动，应稍作休息，起码给对方留下更衣的时间。

二、接待过程中需要注意的礼节

（一）迎宾

迎宾所指的是在人际交往中，在有约在先的情况下，由主人一方出动专人前往来访者知晓的某一处所恭候对方的到来。

在一般情况下，迎宾仪式包括以下内容：

（1）宾主双方热情见面。

（2）向来宾献花。

献花者通常应为女青年或少先队员。若来宾不止一人，可向每位来宾逐一献花，也可以只向主宾或主宾夫妇献花。向主宾夫妇献花时，可先献花给女主宾，也可以同时向男女主宾献花。

（3）宾主双方其他的人员见面。

依照惯例，应当首先由主人陪同主宾来到东道主方面的主要迎宾人员面前，按其职位的高低，由高而低，一一将其介绍给主宾。随后，再由主宾陪同主人行至主要来访人员的队列前，按其职位的高低，由高而低，一一将其介绍给主人。

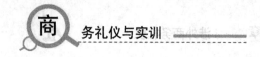

（4）主人陪同来宾与欢迎队伍见面。

（二）商务宴请

接待外宾应该举办专门的宴会，最常见有两种：一是在外宾抵达之后所举行的宴会，故称欢迎宴会；二是在外宾离去之前所举行的宴会，称作送别宴会。凡举办宴请外宾的正式宴会务必提前发出请柬、准备菜单、排好座次，并且安排好我方出席宴会作陪的人员。

为外国来宾所举行的宴会的具体程序如下：

（1）在宴会正式开始前，主人及东道主一方的少数重要人员应当排列成行，专门在宴会厅或休息厅迎接客人。

（2）当主人陪同主宾一行进入宴会厅，并在主桌上就座后，宴会宣告开始。当宾主一同入场时，其他出席宴会的陪同人员应起立鼓掌。在宴会正式开始时，应由主人首先致欢迎词，然后再请主宾致答词。此后，即可开始用餐。

（3）主人宣布宴会结束，主宾起身告辞后，主人应陪同其走出门外，并与其握手道别。原列队于门口迎宾的人员，可按原定顺序再次列队于宴会厅门口，与其他的客人握手话别。

（三）商务会晤

1. 见面

在外事交往中，在与外宾见面时，视对象、场合的不同，礼仪也有所差异。会见欧洲客人时，欧洲人喜欢拥抱的礼节，有时还伴以贴面和亲吻。但要注意，不可吻出声响。在商务活动中一般不行此礼，且中方人员不主动拥抱、亲吻外宾。男士还有特别的脱帽礼和对女士的吻手礼。对英国客人，人们穿得很正式，最好不要有身体接触。可以拥抱，但不能有其他的身体接触。对意大利客人，握手很重要，在业务活动中表示很正式的尊重。对德国客人，握手很正式并伴有几乎感觉不到的鞠躬，除非对主人很了解，其他的接触，如拥抱和接吻面颊是不提倡的。

会见东亚客人（如日本、韩国、朝鲜）时，鞠躬是常见的传统礼节。行礼时立正站直，双手垂在眼前面，俯身低头，同时问候，弯身越低，越示敬意。对日本人、韩国人、朝鲜人的鞠躬礼，每次必须同样还礼。对日本客人，眼睛的直接接触和身体的直接接触都不提倡，因为这代表傲慢，不要看他的眼睛，取而代之的是看他的领带打结处，以表尊敬。在日本鞠躬要哈腰，头要低到身体一半处，双手放在一起。如果我们见到的人的年纪越大、职位越高，那么我们鞠躬应该越深，声音和态度应该平静，不要嘈杂。会见拉美客人时，握手和拥抱很频繁，说话时他们比美国人站得更近，向后站是不礼貌的。

2. 洽谈

（1）座次排列。

座次安排是洽谈礼仪中一个非常重要的方面。尽管各国的风俗习惯有所不同，仍存在

第十一章 涉外商务礼仪

一定的国际惯例,即一个多数人能接受或理解的安排方式。座次的基本讲究是以右为尊、右高左低。在这里高低是指洽谈参与者身份地位的高低。

业务洽谈(特别是双边洽谈)多使用长方形的桌子。通常宾主相对而坐,各占一边。谈判桌横对入口时,来宾对门而坐,东道主背门而坐。谈判桌一端对着入口时,以进入正门的方向为准,来宾居右而坐,东道主居左而坐。双方的主谈人是洽谈中的主宾和主人。主宾和主人居中相对而坐,其余人员按职务高低和礼宾顺序分坐左右。原则仍是以右为尊,但加上一条就近主谈人位置。这样,主谈人右手第一人为第二位置,主谈人左手第一人为第三位置,右手第二人为第四位置,左手第二人为第五位置,以此类推。记录员一般位于来宾的后侧,翻译员位于主谈人的右侧。

参与洽谈人员的总数不能是奇数,可以用增加临时陪坐的方法避免这个数字。多边洽谈一般采用圆桌的形式,有时为了强调对贵宾的尊重,己方人员有不满座的习惯,即坐2/3即可,但须视情形而定。由于座次排列属于重要的礼节,来不得半点的马虎,为了避免因出错而失礼或导致尴尬的场面,在座次安排妥当后,在每个位置前可安放一个名签以便识别,用引座员加以指引也是得体和恰当的。

(2)与外国友人交谈应该主动回避的话题。

商务活动中的礼节性会见,由其性质所决定,不可能时间很长,所以会见的双方应掌握分寸,言简意赅,多谈些轻松愉快、相互问候的话题,避免单方面的冗长的叙述,更不可有意挑起争论。在会见中,如果人员较多,亦可使用扩音器。主谈人交谈时,其他的人员应认真倾听,不得交头接耳或翻看无关的材料。不允许打断他人的发言或使用人身攻击的语言。

(四)陪同外宾参观

随着我国加入 WTO,我国与外国的各方面联系不断加强,来我国投资的外资企业、合资企业、独资企业不断增加。与此相适应,外事交往与接待工作日益频繁。许多外宾在同国际进行各种形式的经济合作之前,都要先参观一下合作伙伴的企业,以便了解对方各方面的情况,为决策和合作做准备。在接待这类外宾时,一定要注意各种礼仪要求。外宾来本单位参观,必须提前派专人负责精心安排,指定陪同的人员,确定参观的基本程序,提前搞好要参观处的环境卫生。总之,要做好相关事宜的安排准备。

外宾来参观企业时,企业的工作一定要正常进行,决不能停工接待。有的单位为了表示自己的热情,在外宾来参观时常自行悬挂标语、外国领袖像等,如写上大幅标语"欢迎×××代表团来厂参观指导"之类的东西,这实在是弄巧成拙。外宾对这种空洞的形式是十分反感的。一般接待外宾,如果涉及重要的经济合作关系,必须由领导亲自陪同,同时,要指派一名聪明、干练的助手作为导游负责人。把一切都安排得井井有条会显得接待单位更有气魄和风度。领导者个人一般不要自己去当导游先生。陪同参观的人不应多，以免影响其他工作。但所有陪同之人一定不能中途退场，否则会造成误解。如有特殊情况需离开时，必须婉转地向外宾解释清楚。擅自离开陪同队伍是十分无礼的举动。在陪同外宾参观时，一般是一边观看一边介绍情况。主要情况一定要由陪同的领导含主要领导亲自来介绍。在介绍情况时，一定要简明生动、实事求是，不可吹嘘或夸大其词。如果给外宾留下虚伪印象，恐怕很难达成生意协议。在一路参观过程中，要提前向雇员说明，当外宾主动同我方雇员交谈、握手时，一定要热情相迎，不可拒之不理。在参观过程中，不要自己一味大侃不停，应时时照顾到客人的反应及情绪。当外宾提问时，尤其是提出一些尖锐问题时，一定要冷静、幽默地笑而相答。切勿流露出反感的情绪。对于一些原则性问题应慎重相告，不可随便答复。在陪同外宾参观的过程中，对那些因对个别之处感兴趣停留时间过长而落在后面的外宾一定要派专人照顾，以免冷落对方。

在参观的沿途和参观结束时一般都要拍照。在同外宾一起拍照时不能回避或躲闪，应大方自然地接受拍摄。在参观结束拍照留念时，主要领导应主动同外宾参观团中的主要负责人一起。

（五）礼品馈赠

在外事交往中，人们经常互相赠送礼品表示心意，增进友谊。应针对不同的对象选择不同的礼品。为表达心意而选择送礼品的适当时机是一门敏感性和寓意性都很强的艺术。

1. 赠送礼品的价值

赠送对方礼品的价值多少应根据具体情况而定。一般情况下，欧美等国家人们重视的是礼物的意义价值而非货币价值，他们仅把礼物看做是传递友谊和感情的手段。有时赠送很昂贵的礼品，对方会怀疑你是否要贿赂他或另有所图，因而心存戒备。所以可选择那些价值不太高而具中国特色的礼品，如景泰蓝礼品、玉佩、绣品、瓷器、字画等。

2. 礼品的选择

在确定礼品的价值范围后，具体礼品的选择则要根据对方的习俗和文化修养来判断。来自不同地区的人们，由于文化背景不同，其爱好和要求亦有所不同。如法国人爱花，但不喜欢别人送菊花，因为在法国菊花与丧事有关；日本人不喜欢有狐狸图案的礼品，因为日本人视狐狸为贪婪的象征。所以，在送礼品时要注意这些差异。与此同时，不论送什么礼品，都要加以美观大方的包装，否则就会令对方很不愉快。

第十一章 涉外商务礼仪

3. 赠送礼品的时机

赠送礼品的时机视具体情况而定，但对于初次交往，各国人都不习惯送礼。一般我国在离别前赠送纪念品，英国人多在晚餐或看完戏之后赠送礼品，而法国人则喜欢重逢时馈赠礼品。若想给对方制造惊喜，亦可在开车前赠送或飞机起飞后由空中小姐代送等。总之，赠礼时机应因人因地而宜。

4. 接受礼品时的礼节

接受对方的礼物后要表示感谢，但要注意方式应有所不同。接受美国人的礼物，可当场打开，并表示你的欣赏与感谢；但对来自日本人的礼物，要等客人走后再打开，并写信或电话致谢。总之，不论采取何种方式，在接受对方礼物后都要向对方表示感谢。此外，当收到不宜接受的礼物时，应及时采取委婉的方式退还给对方。

（六）话别、送行

话别的主要内容有：一是表达惜别之意；二是听取来宾的意见或建议；三是了解来宾有无需要帮忙代劳之事；四是向来宾赠送纪念性礼品。

饯别，又称饯行，指在来宾离别之前，东道主一方专门为对方举行一次宴会，以便郑重其事地为对方送别。为饯别而举行的专门宴会通常称作饯别宴会。在来宾离别之前，专门为对方举行一次饯别宴会，不仅在形式上显得热烈而隆重，而且往往还会使对方产生备受重视之感，并进而加深宾主之间的相互了解。送行，在此特指东道主在异地来访的重要客人离开本地之时，特地委派专人前往来宾的启程返还之处，与客人亲切告别，并目送对方渐渐离去。在接待工作中需要为之安排送行的对象主要有：正式来访的外国贵宾，远道而来的重要客人，关系密切的协作单位的负责人，重要的合作单位的有关人员，年老体弱的来访之人，携带行李较多的人士等，当来宾要求主人为之送行时，一般可以满足对方的请求。考虑为来宾送行的具体时间问题时，重要的是要同时兼顾下列两个方面：一是切勿耽误来宾的行程；二是切勿干扰来宾的计划。为来宾正式送行的常规地点通常应当是来宾返还时的启程之处，如机场、码头、火车站、长途汽车站等。倘若来宾返程时将直接乘坐专门的交通工具从自己的临时下榻之处启程，则亦可以来宾的临时下榻之处作为送行的地点，如宾馆、饭店、旅馆、招待所等。举行送行仪式的话，送行的地点还往往要选择宜于举行仪式的广场、大厅等。为来宾送行之际，对于送行人员在礼节上有着一系列的具体要求：一是要与来宾亲切交谈；二是要与来宾握手作别；三是要向来宾挥手致意；四是要在对方走后，自己才能离去。

典型案例 11-3

国外某投资集团十分看好某县独特的旅游资源,在有关部门的努力下,原则上决定巨资开发当地独特、优美的旅游资源。为了进一步落实投资具体事宜,该投资公司派出以董事长为团长的高级代表团来到该县进行实地考察。当地县政府对这次接待活动格外重视,接待规格之高是史无前例的。县政府在代表团到达当天举办盛大欢迎宴会,出席宴会的外方代表团成员共8人,中方陪同人员100人。菜肴极其丰富,不仅有专门从海南空运过来的龙虾、鲍鱼,还专程从北京全聚德请来一级厨师制备地道的北京烤鸭,甚至还有当地特有的山龟、果子狸,其规模和档次甚至超过国宴。

然而,面对主人热情洋溢的祝酒词以及丰盛的山珍海味,外方代表团成员没有中方陪客那样兴奋,对中方的盛情款待似乎并不领情。第二天,代表团参观了当地尚未开发的旅游资源。外方赞不绝口,但没有按照以前期望的那样签署投资协议。

复习思考题

一、判断题

1. 日本人喜欢双数,不喜欢单数。（ ）
2. 美国人是"自来熟",与任何人都能交上朋友。（ ）
3. 向法国女士赠送礼品,可以选择香水等化妆品。（ ）
4. 加拿大人不喜欢"666"这个数字,认为它代表魔鬼。（ ）
5. 与英国人初次见面为了表示热情,可以相互拥抱。（ ）
6. 按国际惯例,外宾前往参观时,一般都安排相应身份的人员陪同。（ ）
7. 悬挂双方的国旗,以右为上,左为下。（ ）

二、简答题

1. 与日本商人进行交往,应该注意哪些礼节?
2. 你在出国访问乘车时应注意哪些礼仪?
3. 出国访问的原则有哪些?
4. 简述如何接待外宾。

三、案例分析

焦小姐是一名白领丽人,她机敏漂亮,待人热情,工做出色,因而颇受重用。有一次,

第十一章　涉外商务礼仪

焦小姐所在的公司派她和几名同事一道前往东南亚某国洽谈业务。可是，平时向来处事稳重、举止大方的焦小姐，在访问那个国家期间，竟然由于行为不慎而招惹了一场不大不小的麻烦。

事情的大致经过是这样的：焦小姐和她的同事一抵达目的地就受到了东道主的热烈欢迎。在为他们举行的欢迎宴会上，主人亲自为每一位来自中国的嘉宾递上一杯当地特产的饮料，以示敬意。轮到主人向焦小姐递送饮料之时，一直是"左撇子"的焦小姐不假思索，自然而然地抬起自己的左手去接饮料。见此情景，主人骤然变色，对方没有把那杯饮料递到焦小姐伸过去的左手里，而是非常不高兴将它重重地放在餐桌上，随即理都不理焦小姐就扬长而去了，大家觉得非常的纳闷和不解。

请问：焦小姐的"行为不慎"指的是什么？为什么会由此而招惹了一场不大不小的麻烦呢？

 实训任务一　外宾接待礼仪

一、实训要求

通过对外宾接待流程的演练，使学生掌握接待外宾的一般礼仪程序和方法。

二、实训器材

花束、咖啡等饮料，模拟乘车座次需要的椅子、模拟接待室家具等。

三、实训准备

制订一份接待计划，包括接待安排时间、地点、接待方式和接待人员、下榻宾馆、迎送车辆等事宜。

四、实训组织

根据学生人数分成几个大组，选出一名组长，以组为单位安排扮演角色。按照事先确定的演出组的顺序进行分小组展示，最后由指导教师给出评分和点评，进行小组考核。学生实训结束后根据实训结果写出实训报告。

五、情景模拟与任务

1. 角色分配：外商、公司总经理、生产厂长、经理助理等。

2. 背景资料：盛泰公司是一家专门为国外农机产品制造商提供配套机械零件的生产厂家，此次一家加拿大合作厂商来到该工厂进行实地参观考察，公司总经理办事处负责相关接待事宜。

3. 地点：模拟机场、会客厅、工厂。

4. 模拟场景

场景1：模拟机场。演示到机场迎接外宾的情景。

场景2：模拟乘车。模拟一个双排五座轿车座次。

场景3：演示外宾到工厂参观的过程。

5. 实施要点

准确了解来访人员的信息，了解接待对象的文化习俗和禁忌。接待人员要求训练有素，让学生充分体会扮演角色特点，具备必要的礼仪知识。

六、小组考核

教师根据各分组的接待方案，组织同学观看整个接待过程，由各组分别讨论，最后教师点评任务完成情况，学生撰写实训报告。

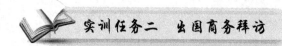

实训任务二　出国商务拜访

一、实训要求

通过对拜访流程的演练，使学生掌握出国访问进行商务拜访的一般礼仪程序和方法。

二、实训器材

电话、小礼品（具有中国特色）、公文包、名片、咖啡杯、接待室必备的办公家具等。

三、实训准备

教师讲解商务拜访主要流程，提示学生在演练过程中可能出现的问题。

四、实训组织

每三名同学分成一组，选出一名组长，以组为单位安排扮演角色。按照事先确定的演出组的顺序进行分小组展示，最后由指导教师给出评分和点评，进行小组考核。学生实训结束后根据实训结果写出实训报告。

五、情景模拟与任务

1. 角色分配

中方公司——唐明，美方公司——约翰先生、前台秘书。

2. 背景资料：唐明是中国爱德华纳公司的业务经理，这次他被公司派往美国华盛

第十一章 涉外商务礼仪

顿与一家美国投资公司经理约翰先生接洽，商谈合作开发在华环保科技基地项目的相关事宜。

3. 地点：接待室

4. 模拟场景

场景1：演示唐明和约翰先生通过电话预约见面时间和地点。

场景2：该投资公司前台接待处。演示唐明与接待处秘书对话。

场景3：该公司的接待室。演示秘书引导唐明进入接待室以及与约翰先生见面做介绍的场面。

场景4：演示谈话交流的情景。

场景5：演示唐明赠送礼品过程。

5. 实施要点

学生要充分体会角色特点，认真演示，尤其是谈话要进入角色。演示过程要连贯，着装尽量符合职业特点。

六、小组考核

同学和教师认真观看各个小组的演示过程，记录正确与不当的地方，进行综合评价，最后由教师对此小节实训任务完成情况进行总评。

附录　商务礼仪常用英语

greeting　问候
introduction　介绍
visiting cards　名片
compliments　赞美与恭维
congratulation　祝贺
apology　致歉
making and receiving business calls　接打商务电话
thanks for calling　谢谢您打来电话
answering an acquaintance's phone　接听熟人电话
answering a stranger's phone　接听陌生人电话
call transferring　转接电话
answering the phone for your boss　上司不在或为上司挡驾的电话
leaving and taking messages　电话留言和记录
the telephone line is busy　电话占线
handling calls of wrong numbers　接到拨错的电话和拨错电话
leaving business messages　留商务口信
ringing back　回电话
dealing with urgent call　处理紧急电话
dealing with complaining call　处理投诉电话
etiquette for business visiting　商务拜访礼仪
making an invitation　邀请访问
accepting an invitation　接受邀请
visiting a customer　拜访客户
reception etiquette　商务接待礼仪
reception　招待会
cocktail party　鸡尾酒会
tea party　茶话会
serve a courst　上菜

welcome dinner 欢迎宴会
informal dinner 便宴
buffet dinner 自助餐
return dinner 答谢宴会
farewell dinner 告别宴会
grand celebration 隆重庆祝
hold a meeting/seminar/conference/forum/symposium 举行会议/研讨会/大会/座谈会/学术报告
enter into negotiation 举行谈判
schedule mutually agreed upon 双方商定的议程
memorandum of understanding 谅解备忘录
It's a rewarding trip 不虚此行
opening session 开幕会议
resolution 决议
I've heard so much about you. 久仰！
welcome/ opening/closing speech 欢迎/开幕/闭幕词
opening/closing ceremony 开/闭幕式
signing ceremony 签字仪式
turning-over ceremony 移交仪式
commencement ceremony 开工典礼
goodwill visit 友好访问
declare...open/closed 宣布开幕/闭幕
warm and friendly speech 热情友好的讲话
respectable/honorable 尊敬的
host 东道主
distinguished /honorable guests 嘉宾
on the occasion of 值此……之际
in the name of 以……的名义
all my colleagues 全体同人
heartfelt 由衷地
have the honor of 荣幸地
have the pleasure(in doing .../to do) 愉快地
business community 商界

promote understanding 增进理解
enhance/strengthen cooperation 促进合作
cutting the ribbon at an opening ceremony 剪彩
foundation stone laying ceremony 奠基礼
cordial greetings 亲切的问候
meet the common interest of 符合……的共同利益
looking back on; in retrospect 回顾过去
look into the future 展望未来
propose a toast to 提议为……干杯
wish…a complete success 祝……圆满成功
gracious and eloquent remarks 热情动人的讲话
incomparable hospitality 无比盛情的款待
establish new contacts 结交新朋

参 考 文 献

[1] 林有华. 社交礼仪[M]. 北京：高等教育出版社，2005.
[2] 吴景禄，张宏亮. 实用公关礼仪[M]. 北京：北京交通大学出版社，2007.
[3] 李波. 商务礼仪[M]. 北京：中国纺织出版社，2006.
[4] 吕为霞，刘彦波. 商务礼仪[M]. 北京：清华大学出版社，2007.
[5] 吴新红. 商务礼仪[M]. 北京：化学工业出版社，2006.
[6] 金正昆. 商务礼仪教程[M]. 北京：中国人民大学出版社，2005.
[7] 刘国柱. 现代商务礼仪[M]. 电子工业出版社，2005.
[8] 胡晓娟. 商务礼仪[M]. 北京：中国建材工业出版社，2003.
[9] 陈冠颖. 现代交际礼仪·商务篇[M]. 广州：广东人民出版社，2002.
[10] 赵景卓. 社交礼仪[M]. 北京：中国商业出版社，2002.
[11] 陈栋康. 国际商务礼俗[M]. 北京：对外经济贸易出版社. 1992.
[12] 迟振航. 英美习俗与社交礼节[M]. 沈阳：辽宁人民出版社. 1985.
[13] 何伶俐. 高级商务礼仪指南[M]. 北京：企业管理出版社，2003.
[14] 林隆. 110个国家的礼仪风俗[M]. 北京：中国城市出版社，2007.
[15] 王琪. 现代礼仪大全[M]. 北京：地震出版社，2005.
[16] 胡锐，边一民. 现代商务礼仪教程[M]. 杭州：浙江大学出版社，2004.
[17] 金正昆. 涉外礼仪教程[M]. 北京：中国人民大学出版社，2002.
[18] 曹浩文. 如何掌握商务礼仪[M]. 北京：北京大学出版社，2003.
[19] 宋学军. 商务礼仪[M]. 北京：九州出版社，2004.
[20] 李品媛. 现代商务谈判[M]. 大连：东北财经大学出版社，1994.
[21] 郑成刚. 现代礼仪社交大全[M]. 长春：吉林大学出版社，2004.
[22] 陆纯梅. 现代礼仪实训教程[M]. 北京：清华大学出版社，2008.
[23] 金正昆. 交际礼仪[M]. 北京：中国人民大学出版社，2008.
[24] 刘森. 商务秘书实务与训练教程案例集[M]. 成都：西南财经大学出版社，2007.
[25] 向国敏. 现代会议策划与实务[M]. 上海：上海社会科学院出版社，2003.
[26] 黄琳. 商务礼仪[M]. 北京：机械工业出版社，2008.